Historias de certidumbre:

los *Milagros* de Berceo

Historias de certidumbre:
los *Milagros* de Berceo

por

M. ANA DIZ

Lehman College

The City University of New York

Juan de la Cuesta

Newark, Delaware

The cover is a painting which represents Berceo at work.

MANUFACTURED IN THE UNITED STATES OF AMERICA

ISBN: 0-936388-69-2

Índice

Agradecimientos

QUIERO EXPRESAR AQUÍ mi gratitud a Inés Azar, María Luisa Bastos, Billy Bussell Thompson, Alan Deyermond, John Esten Keller, Paola di Robilant y Mercedes Roffé, cuyo apoyo generoso me fue indispensable para completar este libro.

Introducción

A MEDIDA QUE ME detuve a examinar aspectos específicos de los
Milagros de Berceo, mi visión del texto fue adquiriendo un
perfil cada vez más preciso que me llevó finalmente a interpretar el
personaje de María como cifra de la Iglesia. Las interpretaciones son
siempre problemáticas. Por una parte, es inevitable y necesario que
el trabajo continuado con un texto o una cuestión literaria lleve a
alguna clase de interpretación totalizante; por otra, está la ilusión de
que esa interpretación agote las posibilidades significativas de un
texto, y con ella, el riesgo de convertir en ejercicio de reducción lo
que empezó como impulso de dejar respirar el texto del modo más
libre posible. Tengo conciencia de que mi visión de los Milagros no
es sino un particular más que se añade a otros particulares, a otras
visiones y lecturas, un acento que se suma a otros acentos. Mi
lectura tiene la vulnerabilidad de todos los ensayos que exponen
alguna clase de tesis y, por eso, suscitará necesariamente desacuerdos y revisiones, ajenas y mías. Con todo, espero que las lecturas
locales sobre las que baso esa interpretación puedan contribuir a
ahondarla o aun a contradecirla.

El papado imprime su sello en el tono de la religiosidad católica.
En nuestro propio siglo, frente a la inflexión cristológica de papas
como Juan XXIII, que se manifiesta en preocupaciones sociales
porque subraya los Evangelios, potencialmente subversivos, los
papas marianos como Pío XII o Juan Pablo II tienden a acentuar el
celo necesario para preservar el orden eclesiástico, monárquico,
célibe y masculino. El culto mariano, que surge como un desarrollo
de la cristología pero que no es de origen popular, es la devoción que
ha contribuido más a consolidar la autoridad y el crecimiento
institucional de la Iglesia. De ahí que no creo que sea mera coincidencia que el siglo XIII, el período más fuerte del papado en
Occidente, sea el siglo de María. En los términos más generales,
propongo que en los Milagros, Berceo no sólo entona un himno de

1

alabanza a la Virgen sino también un prolongado encomio al estamento de los *oratores*, definido precisamente por la palabra: porque la cantan, la administran, la escriben y prescriben.

En el primer capítulo, me pregunto cómo se logra, en términos formales, el efecto de certidumbre que producen los milagros, que ni la historia ni la concepción doctrinal del milagro pueden explicar. (Pensemos, por ejemplo, en la acumulación de relatos, que traiciona la concepción teológica porque despoja al milagro de la impredictibilidad que le atribuye la doctrina.) También desde la retórica propongo que el encomio, más que el didactismo, es la dominante discursiva de los *Milagros*: me detengo aquí en la cercanía natural de los géneros deliberativo (*exempla*) y epideíctico (elogios, discurso de la propaganda), y señalo sus diferencias, para insertar luego el encomio de Berceo en la tradición del epideíctico cristiano realizado en los himnos. A partir de lo que sabemos gracias a las investigaciones de Brian Dutton, reflexiono sobre la incomodidad que a veces produce la palabra "propaganda" y distingo entre propaganda (de una iglesia local) y propagación (de una ideología). En la identidad profunda entre la persona celebrada y quien la celebra, y en una lectura literal del prado introductorio, baso mis reflexiones sobre el protagonismo doble (María y los devotos) de los *Milagros*.

En la lectura de algunos milagros, examino, en el segundo capítulo, cómo se realiza el gran modelo del dictamen revocado que domina la organización de los relatos y que remite al modelo tipológico de la Caída y la Redención. De esos particulares que iluminan el modo en que Berceo da cuerpo poético al paradigma, parte el cuestionamiento de algunas afirmaciones tradicionales, derivadas más de la teología que del texto de Berceo. Así, por ejemplo, la Virgen no sólo tiene el efecto de reintegrar sino también de separar y aislar; no sólo defiende al hombre de ataques exteriores, sino que lo libera de sí mismo, esto es, lo despoja de todo lo que lo hace único. María es una figura híbrida: reúne los predicados femeninos clásicos, que sirven para humanizarla, esto es para debilitarla, volverla vulnerable; y también, junto con ellos, detrás de ellos, los atributos "masculinos" de la autoridad y de la verticalidad.

Estudio, en el capítulo 3, dos escenas convencionales de los milagros (la epifanía y la plegaria) que, a primera vista, no parecen tener otro rasgo en común que el carácter privado del encuentro de

María con sus devotos. Las dos escenas, sin embargo, comparten la representación de discursos que no son tan diametralmente opuestos como podría pensarse. En los *Milagros*, la oración imperativa, sea la de las órdenes de la Virgen o la de los ruegos del devoto, está siempre marcada por la satisfacción y la eficacia: a la voz que ordena o que suplica responde el otro con actos no verbales; se cumplen las órdenes de María, se otorgan los ruegos de la humanidad. El paradigma (palabra y hecho) refleja el modelo más amplio de la historia judeo-cristiana, que realiza en actos las palabras de Dios, y se relaciona también con el lenguaje clerical que, en los sacramentos, efectivamente hace lo que dice.

En el capítulo 4, un análisis de los relatos de judíos ("El niño judío," "Los judíos de Toledo" y "El mercader de Bizancio") los reveló como "textos de persecución" que apuntan a convalidar, con visos de legalidad, la fe cristiana frente al judaísmo; en ellos, la legalidad de "la buena fe" se expresa en escenas colectivas de violencia sacralizada. Se me impuso aquí la necesidad de incluir un excurso sobre la ordalía (prácticas, regulaciones, objeciones teológicas y pragmáticas, causas de su desaparición) porque creo que la estructura mental que supone la ordalía está presente en todo el libro de Berceo. Puesto que es posible decir, en términos muy generales, que la ordalía desaparece en el siglo XIII, mi interpretación impone la necesidad de preguntarse cuál es la sociedad de Berceo. Caben por lo menos dos respuestas posibles a esta pregunta deliberadamente ambigua. Si pensamos en la cercanía de San Millán a los mercados de Nájera y Logroño, hacia fines del XII, donde concurre un creciente número de mercaderes francos; si recordamos las dificultades financieras y los pleitos que amenazan al monasterio; si aceptamos la imagen del Berceo culto, comprometido en tareas administrativas fuera del cenobio, quizás notario, viajero, la respuesta es relativamente clara: la sociedad riojana de Berceo está sufriendo cambios notables. El segundo ensayo de respuesta será muy diferente si miramos la sociedad de los *Milagros*. Ese mundo representado es, a las claras, el de un tiempo anterior. En primer lugar, el valor de la palabra oral en los *Milagros* es coherente con la ordalía, rito que se constituye como ceremonia demostrativa en una sociedad analfabeta. No hay en los relatos de Berceo rastros de los cambios demográficos que afectan a la sociedad riojana; la vida monacal no parece tocada por otros problemas que los de la muerte, o los del premio y del castigo divinos. Es un mundo eminentemente agrario, en donde los obispos no son fuente de conflicto sino figuras de consenso comunitario. Esta sociedad de consenso es precisamente el ámbito propio de las ordalías. Propongo también una significación amplia de las violencias colectivas, que se funden con las plegarias y los cantos de la comunidad: el pueblo cristiano constituye la Iglesia Militante, del mismo modo que la alegoría del prado anticipa simbólicamente, en el mundo de aquí y de ahora, a la Iglesia Triunfante.

Arguyo, en el capítulo 5, contra la supuesta influencia positiva del culto mariano en los modos en que se perciben las mujeres. Por debajo de las diferencias de voz que separan a Alfonso el Sabio de Berceo, creo que Berceo, Alfonso, Gautier de Coinci y todos los cantores marianos, comparten unas bases comunes que hacen muy difícil que el culto por María contagie positivamente la visión de la mujer.

La lectura del prado toma en cuenta elementos alegóricos y tipológicos, y reúne implícita y explícitamente todos los hilos de mi interpretación. Examino cómo se privilegia la figura del tercero (en notarios, interpretadores, apelaciones, embajadas) y establezco relaciones con el mismo fenómeno registrado en la realidad histórica: por ejemplo, con las funciones mucho más extendidas del embajador en el siglo XIII, que, de ser meramente una "carta viviente" pasa a adquirir el poder de ministro plenipotenciario. Resumo, del modo más breve posible, la legión de textos patrísticos que asocian a María con la Iglesia, e inserto el canto de las aves en la tradición de metáforas corporativas, tan importantes en la concepción del estado que florece hacia el XII.

Una palabra sobre la fuente latina de Berceo. Toda comparación entre los textos en latín y en lenguas vernáculas debe partir de reconocer, como apunta Bertolucci, que ambos son parte integral de una tradición literaria. Y debe también dar cuenta de la compleja transposición que implican las versiones vernáculas: de prosa a verso, de latín a romance; de textos destinados muy probablemente a un público restringido de monjes, a poemas narrativos que, por el mero hecho de estar escritos en romance, definen ya un auditorio laico. El consenso en la crítica de Berceo fue, en algún momento, que la fuente latina que tantas veces invoca el poeta es un texto árido. Contra ese lugar común, Bertolucci defiende el valor literario de las fuentes latinas caracterizando las formas que moldean su estilo: de la *abbreviatio* dependen elementos retóricos como el énfasis, la repetición y la geminación, la iteración sinonímica, los ablativos (absoluto y disoluto, en sus versiones de antítesis y de sentencia). Es preciso reconocer, sin embargo, que la inclusión de una batería de recursos retóricos no garantiza felicidades estéticas. Creo que una lectura del texto latino en el que se basan los *Milagros* favorece el antiguo lugar común y muestra que los hechos registrados en la fuente adquieren en Berceo una vocalización poética.

Reconozco, ahora más que nunca, que hay mucho por hacer en lo que respecta a la cuaderna vía:

> La voluntad de fragmentar la lengua, separando —y realzando mediante[...] pausas, las distintas unidades léxicas y sintácticas, siempre me pareció un rasgo peculiar de los poemas de clerecía del siglo XIII, relacionado con el fenómeno de la dialefa, que también impone una prosodia silabeada y un ritmo pausado o desligado muy distinto del ligado y fluido de los versos con sinalefa. (Uría Maqua)

También importa el efecto de la cuarta línea de la cuaderna, que, como señaló Uría Maqua, crea, por una parte, la impresión de clausura, de algo cerrado y cabal, y por la otra, considerada en su contexto, produce un efecto de fragmentación: en este caso, el fenómeno formal es espejo de la semántica del culto mariano, que separa y une, que fragmenta e integra. Creo que hay que volver a valorar la lucidez de las observaciones de Uría Maqua, recuperadas por Rico, cuando entiende la dialefa como uno de los ejes de la poética del mester de los clérigos, rastrea sus orígenes y señala la necesidad de estudios más minuciosos.

Me han interesado, sobre todo, las posibilidades semánticas de la dialefa, y también de la rima y el ritmo. Si uno no recurre a las estadísticas, siempre más fáciles pero también más engañosas o estériles, la tarea, que a mi juicio exige una lectura en voz alta, es extremadamente lenta y no ofrece las satisfacciones siempre un poco más inmediatas de la interpretación sustentada en el análisis conceptual o aun retórico. Ese examen (no exhaustivo) me permitió apreciar los juegos verbales de Berceo, que no se limitan a los que he señalado en mi lectura del prado (los que comprometen las palabras "prado" "Eva" y "Ave" o los lexemas del campo semántico de "bondad"), y que se logran, en gran medida, gracias a la extremada artificiosidad del hiato que violenta la lengua. En otros casos, la lectura en voz alta mostró que el ritmo es también portador de significado.

Creo que toda lectura requiere una combinación peculiar de abandono y resistencia. En el caso de los *Milagros*, esa resistencia es tan necesaria como difícil: por pertenecer al canon de la literatura medieval española, la obra está necesariamente impregnada de las interpretaciones a las que ha dado lugar, en un conjunto en el que no siempre es fácil distinguir esas glosas de lo que leemos efectivamente en el texto. Por añadidura, la materia misma remite a conceptos cristianos que están enraizados en nuestra conciencia como parte de nuestro bagaje cultural. Todo conspira para que los *Milagros* nos resulte un libro familiar, natural, homogéneo.

Mi resistencia a esa homogeneidad ha consistido, a veces, en atender al léxico y a las etimologías de palabras cuyos significados, por no presentar dificultades obvias, se dan muchas veces por sentados; otras veces, en no separar la estructura narrativa, del léxico, o de su textura retórica, o del ritmo y de la rima. En ocasiones, puse momentáneamente entre paréntesis el marco teológico; o lo desfamiliaricé, sometiéndolo, hasta donde me fue posible, a una lógica "neutra." Otras veces, leí simbólicamente sectores propuestos por el texto mismo para una lectura literal, o literalicé lo que se presenta como obviamente simbólico. Enfrentada con temas clásicos, como el de la peregrinación, no prevaleció tanto el impulso de controlar cómo se ajusta el texto al paradigma sino, más bien, cómo se desvía de él. De los datos de la historia, me interesó tanto lo que el texto de Berceo registra de su época como lo que silencia, o los aspectos que no son compatibles con lo que sabemos de la sociedad de su tiempo. Frente a una oposición conceptual, miré más el término que el texto deja en sombras (las relaciones humanas, por ejemplo) que el que subraya (las relaciones verticales entre Dios y la humanidad). Dado un término relacional como el de la maternidad de María, enfoqué su complementario, el estado de infancia permanente en el que deben permanecer sus devotos. Y, a lo largo de todo el proceso, me resistí a desechar lo que a primera vista parecía incompatible o incoherente. Lo tácito, "lo dado" es muchas veces el lugar del error; dar por sentado lo que entendemos como evidente es, en ocasiones, una forma de ceguera. Por eso, también me he detenido, como en el caso de la propaganda, a reflexionar sobre lo consabido; el ejercicio puede, en el peor de los casos, hacer que nuestras generalizaciones sean menos vacías, o en el mejor, darnos otro tipo de acceso al texto que leemos.

El concepto de alteridad propuesto por Jauss ciertamente ha contribuido a comprender mejor la situación de los modernos que leemos literatura medieval. Con todo, la conciencia de esa alteridad invita a veces a mirar sólo un horizonte, el de la Edad Media, y a ignorar el propio; esta autocensura, que se traduce a veces en una mirada que se pliega por completo a la visión medieval, termina inevitablemente censurando los textos. Gradualmente también, lo otro medieval se vuelve tan ajeno que llegamos a deshumanizarlo por completo. Como adolescentes incapaces de imaginar que sus padres puedan experimentar placeres o pasiones intensas, a veces infantilizamos los textos y olvidamos que, por radical que sea la diferencia entre visión medieval y moderna, quienes escriben en la Edad Media son algo más que imágenes compuestas, *collages* de tradiciones retóricas. Así, por ejemplo, reconocemos el *topos* de la autoridad de lo escrito y no se nos ocurre que ese gesto protocolar convive con un escritor de carne y hueso, cuya convicción del valor de lo escrito no puede haberle impedido el interés, o la satisfacción, de producir un texto bien compuesto y, por qué no, también original.

Los textos medievales elaboran incansablemente historias preexistentes y tópicos tradicionales. En literatura, el culto mariano es un ciclo lírico-narrativo, hasta cierto punto comparable con los que se forman alrededor de figuras como Carlomagno, Alejandro, el rey Arturo o el Cid. Hay, sin embargo, una diferencia notable entre los estudios sobre la épica y los que examinan obras del culto mariano. El carácter religioso y supranacional de la figura de María invita a veces a adherirse sólo a los paradigmas de la historia sagrada y a ignorar que, como en las obras épicas, bajo el concepto amplio del culto mariano se mueven voluntades, estilos e ideologías de escritores que representan en sus obras realidades diversas (y no siempre contemporáneas) y que expresan ideas y preocupaciones de su propio tiempo. En términos generales, mi trabajo es el resultado de haberme preguntado cómo se realiza el paradigma de la historia sagrada en la obra de un poeta inserto en un momento particular de la historia humana.

Historias de certidumbre

EL "REALISMO" DE LA FE

Dezitnos de la cosa toda certenedat

L os *Milagros* de Berceo, que incluyen los relatos más conocidos de las colecciones europeas, no ahorran maravillas: los muertos hablan y resucitan; un cadáver de treinta días se mantiene incorrupto; el fuego selecciona sus presas; los cofres son capaces de viajar por mar y de entregarse sólo a quien pertenecen; se oyen voces del cielo. En el marco de la literatura mariana, este predominio de lo extraordinario puede relacionarse con la diferencia entre los relatos internacionales, que tienden a lo espectacular, y los milagros locales, siempre más modestos en maravillas. Según Paul Bétérous (25 y 32), es como si el autor se refrenara cuando localiza el milagro en un sitio específico próximo al oyente o al lector. El gusto por lo asombroso y extraordinario es también asociable con la oralidad y con el intento de retener la atención de unos oyentes cuyo interés se percibe siempre como más volátil que el de un público lector (Deyermond, *Poetry* 52). Desde una perspectiva aún más amplia, Jacques Le Goff (*Civilización* 439) piensa que lo que atrae a los espíritus medievales no es lo observable y probable por una ley natural sino lo extraordinario y excepcional. Con todo, conviene resistir a la tentación de crear aún más distancia que la que efectivamente nos separa de los textos medievales. El atractivo de lo excepcional no es monopolio de la Edad Media.[1]

---

[1] Para la distancia que nos separa de la literatura medieval, recuérdense los ya clásicos trabajos de Jauss —"Experience" y "Alterity"—, cuyos principios lúcidos y utilísimos quedan a veces distorsionados por

La concepción medieval del milagro, cuyas bases quedaron establecidas en la obra de San Agustín (*De civitate Dei* 21.8.3), revela, al menos en la superficie, una paradoja central: el milagro es acontecimiento simultáneamente extraordinario y natural. El poder de Dios se muestra en la naturaleza, siempre milagrosa, y también en hechos que se reconocen más fácilmente como milagros por constituir manifestaciones inusitadas de ese mismo poder (Ward 3-19). Por eso, el milagro no es una transgresión sino más bien una suspensión divina, impredecible, de las leyes de la naturaleza: siendo naturaleza y milagro obras y signos del poder de Dios, no pueden estar en relación de genuina oposición. En parte, esta concepción es evidente en Berceo y en todos los escritores de milagros, que subrayan los poderes de los taumaturgos pero al mismo tiempo naturalizan el carácter extraordinario de los hechos milagrosos.

En el sentido de su más cruda materialidad, el milagro es comparable con el cuento de hadas o con el relato fantástico, y sin embargo, sabemos que no puede estar más lejos de uno o del otro. Este conocimiento intuitivo ha sido articulado ya con alguna precisión. A diferencia de los cuentos de hadas, el milagro constituye una parcela limitada de lo maravilloso puesto que reduce la multiplicidad y diversidad de sus fuentes a un solo origen (Dios) y, al someterlo al control divino, de algún modo despoja a lo maravilloso de su esencial imprevisibilidad (Le Goff, *Lo maravilloso* 9-24). Contra cuentos de hadas y milagros, lo fantástico moderno invita a una percepción ambigua del mundo representado en el texto; la superrealidad, que se postula como una posibilidad cuya existencia es cuestionable, es elemento productor de perturbación e incertidumbre (Todorov, *Introduction* 28-62).

En el milagro, en cambio, la aparente suspensión de lo natural se presenta como indudable y nunca equívoca porque se proponen como compatibles dos órdenes diferentes de realidad. Esta premisa obra una transformación fundamental: una vez reconocido como milagro, el hecho extraordinario deja de ser una transgresión de leyes naturales, pasa de infundado a fundante y se constituye como argumento, mostración, develamiento, prueba. No se trata del creer

---

"aplicaciones" exageradas.

temporario, imprescindible en la lectura de cualquier relato de ficción, y que, de hecho, la permite, sino de una fe preexistente del lector, que la lectura confirma y que persistirá después de cerrar el libro. Por eso, que se anime lo inanimado y adquiera voluntad propia, que no operen las leyes de causa y efecto, que lo que no tiene cuerpo cobre imagen corpórea, son hechos que constituyen, más bien, modos de expresar un conjunto de leyes cuya existencia no se discute, y de afirmar la contigüidad y la relación íntima de esos dos órdenes, el natural y el que llamamos sobrenatural.

Es fácil comprender que las ideas que se hace la Edad Media sobre lo que es el curso normal de la naturaleza (que el milagro, para serlo, debe de algún modo contravenir) difieren de las nuestras. Pensemos en San Agustín, tan consciente de los límites del conocimiento humano, cuando se admira ante la conducta del imán, que le parece poco menos que milagrosa (Sumption 65-66). Sin embargo, el interés por la solución sobrenatural, que lleva a ver milagros en los acontecimientos más triviales, resulta excesivo aun para las pautas medievales. *"Falsitas sub velamine sanctitatis tolerari non debet,"* dice Inocencio III, definiendo de algún modo el tono que prevalecerá en el resto del siglo. En efecto, a partir de 1215, el impacto de las órdenes mendicantes, el escolasticismo, la política centralizadora del papado y, en general, el programa de reforma de Letrán IV, se hacen sentir en el mundo de las especulaciones teológicas. Y también en la hagiografía. Michael Goodich observa (4 y 207) que los hagiógrafos del XIII muestran una nueva preocupación por subrayar la confiabilidad de sus relatos. Los procesos de canonización y las biografías oficiales, productos de la religión culta, se adhieren a las nuevas pautas de mayor exactitud jurídica y "objetividad."

En la Península, respondiendo a posibles excesos, Alfonso el Sabio explica los milagros entre las clases de "naturas" (*Setenario* 27); insiste en la subordinación de la naturaleza a la voluntad divina que la ha creado, y en el poder de Dios para contravenir las leyes naturales (*Partidas* 1. 4. 123); distingue entre *natura naturans* y *natura naturata* (*Partidas* 1. 5. 120); y estipula las cuatro condiciones necesarias para que haya milagro: debe venir de Dios ("Que venga por poder de Dios y no por enganno, como los encantadores, que hacen parecer las cosas de otra guisa"), ser *contra natura*, producirse por mérito del beneficiario y ocurrir sobre cosa que sea para confirmar la fe (*Partidas* 1. 5. 121). Un siglo antes, lo mismo habían hecho los teólogos, que advertían contra la tendencia a explicarlo todo con milagros ("*ad miracula confugere*," Chénu 29).

Con todo, esas especulaciones teológicas y doctrinales, en donde el milagro queda sometido a toda clase de límites y condiciones, tiene poco que ver con la literatura de la época. Abundan las anécdotas que ilustran que el milagro es el lugar en el que la fantasía popular encuentra la posibilidad de los vuelos más osados y más libres. Se ven como milagrosas las curas de dolores de cabeza, de fiebres o de indigestión; en la abadía de Fécamp, por ejemplo, se registra como milagro el incidente de un niño atragantado por un trozo de carne demasiado grande, que puede volver a respirar después de tomar un vaso de agua (Sumption 67). La lista es tan amplia como entretenida. Para explicar la convivencia de las prolijas distinciones escolásticas y esta indiscriminación generalizada, es preciso atender a la distancia considerable que existe entre la doctrina y la multitud de creencias y prácticas que conviven en la experiencia de la religión popular.

Berceo narra los hechos extraordinarios de María en un discurso que comunica certidumbre. El lector moderno no necesita hacer las transposiciones entre su propia visión del mundo y la visión medieval para recibir el impacto del texto, para experimentar esa peculiar "sensación de inmediatez" en la que con tanto acierto se detiene Jorge Guillén:

> ... ninguna crítica, ninguna vacilación irónica, ninguna nube de ambigüedad se interponen entre la fe y el mundo. Visible o invisible, el más acá y el más allá se enlazan en la unidad de un solo bloque: la Creación. (15) ... el mundo de Berceo nos causa lo que Rafael Lapesa ha llamado muy acertadamente "sensación de inmediatez." Por muy lejos que se extienda el más allá —y a veces es la misma gloria de Dios— ese más allá es siempre un más acá, y la maravilla tan evidente se sitúa ahí, ahí mismo, tangible, para que la compartamos. (18)

Con palabras semejantes Ernest Rénan (74) describía la fe: "Il ne faut pas marchander avec le surnaturel, la foi va d'une seule pièce, et il ne sied pas de réclamer en détail les droits dont on a fait une fois pour toutes l'entière cession."

Observamos que la doctrina del milagro puede explicar esa certidumbre; pero cuando registramos diferencias notables entre esa doctrina y la práctica literaria, recurrimos al concepto de religión popular. También los datos proporcionados por la historia se prestan a que les otorguemos significados diversos. Pensemos en la herejía, con la que suelen explicarse dos fenómenos de signo contrario, aunque no contradictorios: por un lado, las restricciones doctrinales impuestas por la Iglesia sobre lo que puede considerarse milagro se entienden como respuesta a las acusaciones de los herejes, que atacan los excesos; por otro lado, en época de Berceo, la herejía sirve también para explicar el ambiente propicio para la expansión del milagro, que normalmente resurge con cada nuevo impulso misionero o cuando la fe es amenazada (Manselli 57). En esos momentos, el milagro ayuda a la propagación de la fe; es, en las palabras de Gregorio Magno, como el agua para regar la planta recién nacida, indispensable al principio, y cada vez menos necesaria a medida que la fe crece y se afirma (Sumption 57-58). Todo esto es posible y no necesariamente incongruente. Con todo, si nos preguntamos cómo es que un texto como el de Berceo produce su certidumbre, no podremos recurrir a la doctrina ni a la historia ni a la religión popular.

La distinción entre lo posible o imposible en la realidad y lo verosímil en un discurso cualquiera es tan antigua como Aristóteles, cuando afirma que es siempre preferible lo que es imposible pero verosímil a lo que es posible pero no convincente (*Poética*, cap. 24). Cada época, cada género, cada obra muestra un modo particular de crear verosimilitud. Podemos aceptar, aunque no hayamos estudiado el fenómeno a fondo, que el verosímil medieval tiene poco que ver con el de una novela del siglo XIX; o que el verosímil de la épica es diferente del que propone la literatura religiosa de Berceo. Que un caballo cubra en un salto distancias improbables, que un caballero parta en dos el cuerpo de su enemigo de un solo golpe, pueden ser hechos perfectamente verosímiles en un poema épico o una novela de caballerías, pero no en otros géneros medievales. Del mismo modo, hechos totalmente aceptables a la razón del lector moderno se convierten, en obras medievales, en índices de un designio divino. De ahí que la verosimilitud pueda estudiarse sólo dentro de los marcos genéricos y epocales de cada texto.

Si en la doctrina, la concepción del milagro es el producto de una cierta articulación de ideas, en el texto literario, es necesario entender la certidumbre como efecto producido por una retórica particular. Juan Manuel Cacho Blecua hace una reflexión semejante, y señala que el efecto de los milagros se debe a procedimientos narrativos, semejantes a los del folklore, a la "perspectiva humana" desde la que se narra, y a la habilidad de Berceo para integrar "lo extraordinario y lo cotidiano ... en un mismo relato sin ninguna marca distintiva" y para narrar "lo más extraordinario en los términos más cotidianos" (58).

Creo que ese efecto de certidumbre que producen los *Milagros* se logra gracias a una serie de estrategias. Algunas de ellas, las más locales, dependen directamente del narrador y se manifestan en la sintaxis del relato o de la frase; otras, también locales, sirven para inscribir en el texto el modo en que han de leerse los relatos; otras, por fin, se advierten sólo cuando dejamos los relatos particulares y miramos el libro en su totalidad.

La narración de las historias es, en primer lugar, absolutamente predecible: las anticipaciones, el ordenamiento escogido para presentar los hechos, los comentarios del narrador y otros varios modos de impartir información se encargan de eliminar expectativas. No se trata de que el narrador no logre crear un suspenso eficaz; por el contrario, todo indica en estos textos que uno de los apoyos centrales de la técnica del relato es la sistemática abolición del suspenso, convertida en valor narrativo productor de placer. Se trata, en efecto, del poderoso atractivo de un texto que nos invita a reconocer, una y otra vez, las múltiples variaciones posibles de lo igual. La fórmula conceptual de base funciona de modo semejante al esquema de la cuaderna vía, marco firme y rígido, dentro del cual el buen poeta (y Berceo es uno de ellos) encuentra la libertad para crear las finas variaciones de un ritmo que sólo un oído poco atento podrá encontrar monótono. La previsibilidad es un posible aspecto de la coherencia, y la variedad, que se logra con una mínima pero notable dosis de lo imprevisible, asegura la singularidad del relato y el interés de su lector.

La estrategia más eficaz y frecuente para naturalizar lo extraordinario consiste en sobrenaturalizar la "naturaleza." El instrumento es la sintaxis causal. Berceo no ahorra explicaciones: si el hombre que busca protección en la iglesia no escapa de la persecución de sus enemigos es porque "quísolo la Gloriosa e Dios desamparar" (17, 382); la muerte llega sólo cuando a Dios le place. Inmerso en esta causalidad divina, el lector aceptará como natural que la casulla estrangule a Siagrio en el momento en que se la pone, "ca lo qe Dios non quiere nunqa puede seer" (1, 71). La voluntad de Dios no explica los hechos a nivel humano, pero los motiva a nivel divino. Esa motivación, que remite siempre a una causa primera de la que depende la totalidad de los fenómenos, constituye la base de una coherencia generalizada que se propaga al hecho sobrenatural.[2]

Hacia el final de cada relato, el beneficiario del milagro queda relativamente oscurecido para ceder su lugar de privilegio a los testigos, que pasan a ocupar el primer plano de la escena. Juan Manuel de Rozas ("Composición" 436) compara esos personajes anónimos con los donantes de las pinturas medievales, retratados de rodillas en un rincón del cuadro. Creo que estos personajes evocan sobre todo la figura del testigo cristiano, que exhibe la conciencia peculiar de la historia que caracteriza al cristianismo (véase Elliott, 36, que señala el carácter nunca pasivo del acto cristiano de atestiguar). Los testigos son también el personaje colectivo y anónimo, que si bien es marginal para la sintaxis narrativa del relato, resulta central en el proceso de su lectura. Su función es prescribir el modo en que han de leerse los relatos y por eso constituyen otra de las estrategias con las que se construye la certidumbre. Los testigos se asombran ante el hecho extraordinario pero siempre comprenden su origen. Esa reacción es uno de los modos de representar lo que el narrador establece como norma del "sentido común," ese texto cultural difuso cuya relación con el mundo representado, define, entre otras, la verosimilitud de todo

---

[2] Todas las citas de las obras de Berceo y de la fuente latina de los *Milagros* corresponden a las ediciones de Brian Dutton. Todos los subrayados son míos.

texto de ficción.[3]

Berceo subraya y al mismo tiempo atempera la admiración de los testigos. A veces, la reacción maravillada se atempera porque cambia de objeto: en el milagro 8, la respuesta admirada de las gentes pasa de la resurrección al cuerpo mutilado del romero de Santiago, que atrae sobre sí todas las miradas:

> Sonó por Compostela   esta grand maravilla,
> viniénlo a veer   todos los de la villa... (8, 215)

Otro tanto ocurre con uno de los contrahechos del milagro 17, que lleva permanentemente a cuestas, en acto de penitencia, las armas con las que cometió su crimen:

> Teniendo qe su dicho   no li serié creído,
> delante muchos omnes   tollióse el vestido,
> demostrólis un fierro   qe trayé escondido,
> cinto a la carona,   correón desabrido.
>
> Podié aver en ancho   quanto media palmada,
> era cerca del fierro   la carne muy inchada;
> la qe yazié de yuso   era toda qemada,
> fuése end otro día   de buena madurgada.
>
> Fiziéronse los omnes   *todos maravillados,*
> *ca udién fuertes dichos,   vedién miembros dannados,*
> doquier qe se juntavan   mancebos o casados,
> d'esso fablavan todos,   mozos e ajumados. (17, 407-409)

La descripción minuciosa del cuerpo hinchado y quemado del

---

[3] Para el concepto de verosimilitud, es siempre útil el número 11 de *Communications*, dedicado por entero al tema; también véase Todorov, "Introduction" 92-99. En rigor, la concepción moderna surge de haber elaborado muchas de las ideas de la retórica clásica: en Cicerón (*De inventione* I. XXI) o en el *Ad Herennium* (I. IX. 16) puede leerse, por ejemplo, que un discurso será plausible o verosímil si se adecua a las creencias del público.

penitente revela cuál es el objeto de la admiración de las gentes: más que el hecho mismo del castigo mariano, es la forma en que el castigo se manifiesta, el cuerpo mutilado, lo que despierta en los testigos una fascinación que necesita alimentarse de detalles.[4]

Observa Le Goff (*Lo maravilloso* 9) que la Edad Media no reconoce *lo maravilloso* en tanto categoría literaria: lo que para el lector moderno es una categoría mental, o un fenómeno que implica no sólo la presencia de un objeto extraordinario sino de un sujeto que lo percibe como tal, para la Edad Media cristiana, es simplemente un universo de objetos admirables, que se expresa en el sustantivo *mirabilia*. También distingue, en los siglos XII y XIII, tres categorías de lo sobrenatural: lo *mirabile* (nuestro maravilloso); lo *magicus*, que a pesar de incluir la magia negra y también la blanca, terminó orientándose hacia el mal y conectándose exclusivamente con el diablo; y lo *miraculosus*, o sobrenatural cristiano. En el milagro del parto maravilloso, se describe primero la reacción de las gentes:

> *Fiziéronse las gentes   todas maravilladas,*
> tenién qe fantasía   las avié engannadas,
> pero a pocca d'ora   fueron certifigadas,
> rendién gracias a Christo   todas manos alzadas. (19, 443)

Las gentes se admiran. Sin embargo, la maravilla queda calificada, primero, como posible efecto de un engaño de la imaginación: "fantasía," palabra que explica Alfonso el Sabio:

> Fantasía es crençia… ssin rrecabdo… porque viene assí commo enffermedat; ca bien assí commo el enffermo que ha la ffiebre, e mayormiente en la cabesça, sse le antoian muchas cosas que non sson assí, otrossí la ffantasía ffaz entender muchas maneras de opiniones desaguisadas al omne e que non sson de la guisa que él cuyda. Et por esto ha este nonbre, commo cosa que sse ffaze e sse desffaze ayna en manera de antoiança. Et en ésta veen ssienpre las cosas temerosas porque nasçe de rramo de malenco-

---

[4] Véase la cantiga 19 de Alfonso, que relata el mismo milagro, y que no incluye comentario alguno sobre la reacción de los testigos.

nía." (*Setenario* 47-48)

Más adelante, esa reacción inicial se atempera por completo en el modo en que los mismos testigos tratan de averiguar el caso:

> Dissieron: "Dezit, duenna,   por Dios e caridat,
> por Dios vos conjuramos,   dezitnos la verdat;
> dezitnos de la cosa   toda certenedat,
> e cómo vos livrastes   de vuestra prennedat.
>
> Por Dios avino esto,   en ello non dubdamos,
> e por Sancta María   a la qe nos rogamos,
> e por sant Migaël   en cuya voz andamos,
> es esti tal miraclo   bien qe lo escrivamos." (19, 444-445)

Con todo, importa notar que esos testigos admirados poseen de antemano la seguridad de que la mujer se ha salvado por obra de Dios y de María, y que sólo preguntan los detalles del suceso para poder escribir con ellos una historia de certidumbre.

La fe de los testigos es la misma que exigen los milagros fuera de la literatura: San Marcos atribuye a la incredulidad de los nazarenos el hecho de que Jesús no hiciera milagros ("A los que creyeren les acompañarán estas señales..." 16. 17-18). Esta absoluta confianza en el poder taumatúrgico de Jesús es condición previa, punto de partida fijado por él mismo. Si pensamos, con Owen Barfield (16), que lo que llamamos realidad se diferencia del sueño, la alucinación o la fantasía por el hecho de que lo real es una representación compartida y colectiva, la fe de esos testigos de Berceo es uno de los vehículos más poderosos de la certidumbre.

En los *Milagros*, la figura del testigo, que en buena medida contribuye a crear verosimilitud, tiene una función comparable a la que cumplen las "máquinas de risa" en ciertas escenas de las comedias de televisión, que inducen al auditorio real a conformar su respuesta con la de ese otro público fabricado que se ríe. O, mejor aún, la técnica de enfocar a los testigos que, al reconocer el milagro alaban a María, es la misma de las cámaras que filman hoy el discurso de algún político y que escogen puntuar las frases del orador con el registro de los gestos de aprobación (o desaprobación) del público o de alguna figura prominente.

La repetición, recurso eficaz y frecuente en los *Milagros*, se manifiesta en reiteraciones martilleantes de palabras, construcciones sintácticas y motivos, enumeraciones y recapitulaciones, paralelismos, aliteraciones y anáforas (Artiles 68-73). Joaquín Artiles (71) se limita a atribuir a este fenómeno la función de superlativizar el mundo representado porque da por sentado, sin razón, que toda reiteración posee virtudes intensificadoras del significado. Desde luego, muchos de estos tipos de repeticiones se relacionan con la presentación oral de los relatos (ver Crosby). Hay, sin embargo, otra repetición, que no es la observable en la superficie lineal del texto, y que, acaso por más obvia, resulta casi invisible. Me refiero a la repetición que surge cuando dejamos cada relato individual para mirar la colección entera: una y otra vez, la Virgen socorre a sus amigos y condena a los rebeldes que no quieren servirla.[5]

Esta reiteración, característica de Berceo y de cualquier otra colección de milagros marianos, suscitó no pocas veces las quejas de algunos contemporáneos. William of Canterbury observa que el público llega a perder interés ante tantos relatos exagerados; también Thomas of Monmouth declara que, aunque la lectura ocasional de historias de milagros es estímulo valioso para la devoción, el tedio de leer tantas maravillas en la narración de milagro tras milagro, en donde a lo sorprendente de uno se sucede lo espectacular del próximo, puede terminar debilitando la piedad y la devoción de los lectores (Sumption 62). Con todo, si pensamos en el auge del relato de milagros en relación con la actividad evangélica medieval y cristiana, tendremos que reconocer que William y Thomas estaban equivocados. En un artículo de *Pravda* de mayo de 1957, el escritor Man Dun cita a un antiguo poeta chino: "Las flores perfuman el aire, brilla la luna, el hombre tiene una larga vida." Y añade su glosa:

Permítaseme dar una nueva explicación de estas frases poéticas. Las flores perfuman el aire —esto significa que las flores del arte

---

[5] Para el fenómeno de la repetición en el contexto de reflexiones modernas, véase Biglieri (*Poética* 34-36).

del realismo socialista son incomparablemente hermosas. Brilla
la luna —esto quiere decir que el sputnik ha inaugurado una
nueva era en la conquista del espacio. El hombre tiene una larga
vida —esto significa que la gran Unión Soviética vivirá decenas
y decenas de milenios.

Jacques Ellul (14) comenta que, frente a semejante exégesis, la
sonrisa inicial desaparece con la repetición porque quien lee ese
texto mil veces sufre un cambio radical. Así pensada, la reiteración
de los milagros marianos, que se suceden, uno tras otro, con la
precisión de un mecanismo de relojería, es acaso el recurso central
de la certidumbre.

La presencia de María se crea a base exclusiva de palabras: de los
relatos de quienes se han beneficiado de sus milagros, de los mismos
relatos repetidos por otros que han oído con fe esos testimonios. A
fuerza de ser contados, los milagros se van instalando "naturalmente" en el mundo. Éste es el proceso, lento y abigarrado de
narraciones escritas en latín y en lenguas vernáculas, que constituye
el culto mariano de los siglos XII y XIII (Gerhardt 419). En los
milagros literarios, el detalle local retiene a veces su poder de crear
el efecto de realidad; otras veces, el mensaje, tan reiterado, se
impone hasta oscurecer los detalles del relato individual (oímos "el
coro" de milagros más que los milagros individuales). Si nos
preguntáramos si de veras importa mucho recordar que el clérigo, y
no el pobre caritativo, es quien reza los gozos de la Virgen, tendría-
mos que responder que no. Podría argüirse que éste es el efecto
experimentado por el lector moderno, que puede leer secuencialmente los 25 milagros de la Virgen, a diferencia del público
contemporáneo de Berceo, que recibía el impacto de la recitación de
unos pocos milagros. Pero no creo que la recepción discontinua de
los relatos lograra que el público medieval retuviera tales detalles.
La memoria confunde los detalles y, acaso precisamente por eso,
retiene con fuerza singular la idea repetida de que los milagros son
hechos firmemente plantados en el mundo. Aquí son pertinentes las
reflexiones de Genette (*Figures III* 145):

> La répétition est en fait une construction de l'esprit, qui
> élimine de chaque occurrence tout ce qui lui appartient en

propre pour n'en conserver que ce qu'elle partage avec toutes les autres de la même classe, et qui est une abstraction: 'le soleil, le matin, se lever'.

Podemos leer, en Alfonso el Sabio por ejemplo, las condiciones para que un hecho extraordinario sea considerado milagro; podemos entender que, a diferencia de la misteriosa pero esperable transubstanciación de la eucaristía, el milagro es manifestación divina *extraordinaria* e *impredecible*. Sin embargo, las colecciones medievales de milagros, donde la irrupción de la gracia divina se vuelve norma, tergiversan la concepción canónica del milagro medieval. A fuerza de pura acumulación, el milagro se vuelve predecible. Sabemos de antemano que, cualesquiera sean las circunstancias de cada caso, María manifestará su gracia y su poder.

En la *Primera Crónica General* (147), se incluye un diálogo entre Adriano y el filósofo Segundo, que se niega a hablar y responde a las preguntas escribiendo en una tabla. El emperador le pregunta qué es la fe, y Segundo responde: "Marauillosa certedumbre de la cosa no connocuda." Bien mirado, el milagro es instrumento de la fe, sitio de la coherencia, la certidumbre y el alivio, porque confirma la existencia de un universo otro, de seguridades benévolas. Lo que borra el misterio no es sólo la naturalidad con que los personajes de Berceo asisten al hecho milagroso sino la reiterada afirmación de que el milagro, extraordinario e inexplicable, *ocurre* en el mundo. Si el misterio es un vacío de explicación, el dogma, que enuncia los misterios de la fe, repite la pregunta misma de lo que es inexplicable y misterioso, conservando su sintaxis pero achatando su entonación interrogativa. El misterio permanece: el dogma no lo explica y el milagro tampoco. En este sentido, los milagros de María se parecen mucho al dogma: son un lleno, una afirmación de misterios, una mostración de flagrantes imposibilidades que, a fuerza de afirmarse y de mostrarse, terminan no exigiendo explicación.

La fuerza irresistible que posee el detalle visual, lógico o psicológico para crear el efecto de lo real se manifiesta dentro y fuera de la literatura (véanse, sobre realismo y verosimilitud, las reflexiones de Fraker, 28-30). William of Canterbury presenta como milagro la historia de un caballero que pierde su caballo en la foresta de Pothieu y que lo encuentra después de invocar la ayuda de

Thomas Beckett y de caminar por la foresta el resto del día. William reflexiona: algunos dirán que el caballero encontró su caballo por casualidad; otros argüirán que, si se debe a alguna causa, entonces, el acontecimiento debe estar dirigido hacia algún fin; otros, en fin, lo atribuirán a una combinación de causas diversas. Pero lo cierto es que ni una hoja cae de un árbol sin causa; Dios ha ordenado las leyes de la materia de tal modo que nada ocurre en su creación sin que responda a su voluntad. Si buscamos las causas de las cosas, concluye William, debemos buscar la causa original (Sumption 67).

La reflexión de William es un ejemplo interesante que muestra el modo en que la Edad Media construye su coherencia. Primero, la afirmación del milagro; luego, la especulación y las distinciones, seguidas de un último movimiento, que es también el primero. Las distinciones escolásticas despliegan las verdades de la fe en los múltiples y, en más de una ocasión, inesperados caminos que puede encontrar la razón. En este sentido, podría decirse que esas distinciones ("detalles lógicos") proporcionan el "realismo" de la doctrina. De modo semejante a la distinción escolástica, creo que cada milagro funciona como "detalle" necesario para construir el "realismo" de la fe.

El encomio

Los milagros son literatura piadosa cuyo fin es edificar, promover la religiosidad popular, enseñar devoción y perpetuar la tradición mariana. En esta caracterización general se advierte una alternativa: el milagro es *exemplum* o es elogio. Quienes proponen el didactismo (por ejemplo, Cacho Blecua) ven en los relatos marianos la conocida prescripción de enseñar deleitando, y los entienden como *exempla* que invitan a confesarse, a hacer penitencia y, en general, a imitar la religiosidad de los protagonistas, o, en algunos casos, a escarmentar en cabeza ajena. Esa ejemplaridad se hace evidente en el colofón de los relatos, donde se produce el salto necesario de lo particular a lo general, propio del didactismo: "Ella, si la rogaron, a todos acorrió" (6, 159); o, "como libró su toca de esti fuego tal, / asín libra sus siervos del fuego perennal" (14, 329). Otros críticos (por ejemplo, Montoya Martínez, *Colecciones*) proponen, en cambio, que el milagro mariano no responde tanto a un interés didáctico sino que es un tipo de relato en el que todos los elementos, formales y temáticos, van dirigidos a la alabanza de la Virgen. Si Montoya no niega ciertos elementos didácticos, pero los entiende como subordinados al elogio, Cacho Blecua tampoco niega la *laudatio* sino que ve los dos aspectos, de imitación y de alabanza, como no excluyentes.[6]

En este desacuerdo menor importa entender por lo menos dos cosas. La primera es que si nos preocupamos por asignar tal o cual función a una obra literaria es porque creemos en la utilidad de establecer ciertas distinciones genéricas. La segunda se relaciona con la impureza inherente con que toda obra literaria realiza las categorías poéticas y retóricas. La limpidez de esas categorías depende precisamente de su carácter abstracto y de su pertenencia al campo de los modelos, elaborados siempre para la literatura (o la oratoria) pero fuera de ella. Ni la lengua, ni la literatura, hechas de palabras, cumplen, al realizarse en tal o cual habla específica, en tal o cual obra particular, una sola función, o actualizan una sola categoría. Se trata de reconocer esas funciones en la obra literaria particular y de decidir, mediante un proceso analítico e interpretativo, la función dominante que es responsable del tono general de la composición, y que está siempre relacionada con su significación más general. Muchísimos lugares de la retórica antigua y moderna (Jauss, "Genres"), desde Aristóteles, reconocen este principio fundamental.[7]

De Aristóteles (*Retórica* I. iii) parte la clasificación retórica de todos los discursos posibles en tres especies definidas por la actitud

---

[6] Estoy de acuerdo, como se verá, en que la alabanza es la función primordial de los milagros. Veo, sin embargo, una confusión cuando Montoya (*Colecciones* 53) opone milagro (*laudatio*) a leyenda hagiográfica (*imitatio*), aludiendo aquí a la *imitatio Christi* de la cual el santo es ejemplo. Montoya mezcla dos ámbitos de orden diferente cuando usa indistintamente el término *imitatio*, unas veces para referirse a la conducta del protagonista de la ficción (el santo imita a Cristo), y otras aplicando la idea de imitar a la conducta del lector de esa ficción (didactismo). Sobre la diferencia entre lo ejemplar y la *imitatio* véase Jauss, *Aesthetic* 110-111.

[7] No creo que la exigua evidencia de retóricas clásicas en las bibliotecas españolas o de menciones explícitas a términos retóricos técnicos en la obra de Berceo (Faulhaber) impida insertar el texto de los *Milagros* en su contexto retórico.

del hablante, por el objeto del discurso y por la calidad del receptor. Como en tantos otros lugares, repite el esquema aristotélico el autor de la *Rhetorica Ad Herennium*, I. ii, 2 (véase también Lausberg I. 106-110). En el género judicial o forense, el más dialéctico de todos, el orador tiene a su cargo la acusación o la defensa, y el discurso está centrado en los argumentos en pro y en contra. Al género deliberativo pertenecen los discursos cuya actividad central es el *officium suadendi o dissuadendi*, en los que el proceso suasorio se logra a base de *exempla*. En el género demostrativo o epideíctico, el menos dialéctico de los tres, se inscriben los discursos de alabanza o vituperio, cuyo apoyo primordial es la amplificación (*Retórica* I. ix; Faral 61-85; Bertolucci). Es obvio que un discurso puede presentar características mezcladas de los tres géneros, pero siempre será posible distinguir el género al que pertenece. En el judicial, por ejemplo, el orador podrá incluir ejemplos (vehículo del género deliberativo) que refuercen los argumentos de su acusación o su defensa; o podrá recurrir, en forma digresiva, a elogios o vituperios (actividad central del epideíctico).

Esta caracterización más o menos esquemática de los tres géneros de discurso admite matices. Así por ejemplo, Quintiliano repite que el elogio y el vituperio son las actividades centrales del epideíctico y añade, "especialmente la alabanza de dioses y hombres" (III. 7; Curtius 69). Esa observación incidental parece confirmarse en la práctica y en las listas de *topoi*, que indican el predominio del elogio sobre el vituperio. En la retórica antigua, como en muchos otros temas, también es posible encontrar tratamientos de la oratoria epideíctica que le atribuyen diferentes grados de especificidad o generalidad. Algunas caracterizaciones más estrictas o técnicas la limitan al objetivo de la pura mostración, según el sentido original de la palabra "epideixis;" las más amplias, sin embargo, le reconocen también otras funciones. Quintiliano es, otra vez, ejemplo de esa matización y esa apertura, cuando observa (III. 4) en los panegíricos un carácter suasorio que se relaciona directamente con los intereses de Grecia, objeta el término "epideíctico" por designar sobre todo el aspecto de mostración (*ostentatio*) y critica a Aristóteles y Teofrasto por no haber reconocido lo suficiente el valor práctico del género epideíctico (Burgess 95). En un sentido lato, desde las reflexiones de los primeros retóricos, ha habido quienes han incluido toda la literatura en la oratoria epideíctica. Por otra parte, de los tres géneros de la oratoria, el epideíctico es el que ejerció la influencia más fuerte en la poesía medieval (Curtius 155).[8]

En la caracterización de las tres ramas de la oratoria, por lo menos desde Quintiliano (III. 4), se ha observado la estrecha conexión entre deliberativo y epideíctico, dado que en el discurso epideíctico se reconoce también la presencia fuerte del elemento suasorio propio del deliberativo. En rigor, el elemento suasorio aparece necesariamente, aunque con diferente fuerza, en los tres géneros. El discurso didáctico, que se centra en el proceso suasorio y se basa en ejemplos, pertenece al género deliberativo. El de la alegoría, como el de la propaganda, con su fuerte componente de mostración, entra, en cambio, en la oratoria epideíctica. Northrup Frye (*Anatomy* 327) establece la relación entre propaganda y género epideíctico: "The rhetoric of eulogy, the so-called epideictic rhetoric of the Classical world, is in our day most clearly seen in advertising and publicity."

Epideíctico y deliberativo tienen mucho en común. Como la predicación, elogio y didactismo intentan ejercer alguna clase de influencia sobre el receptor; los dos proponen el valor de ciertos objetos; los dos, en fin, utilizan alguna clase de ilustración. Estas semejanzas obvias, sumadas al hecho de que muchos milagros integren colecciones de ejemplos, explican que se atribuya a los *Milagros* el modelo más estudiado de la literatura didáctica. Así, por ejemplo, se llaman "moralejas" (Rozas, "Composición" 435) a lo que son, en rigor, coplas de clausura que, a modo de coda musical, cierran cada narración. El valor afectivo del discurso, rasgo notable de los *Milagros*, es característica propia de la oratoria epideíctica: se trata, en efecto, de un discurso que siempre apela más a las emociones que al intelecto (Burgess 93). Douglas Kelly (242) apunta que esa afectividad, lograda a base de ornamento (objeto de tantas críticas en tiempos antiguos y modernos), resulta esencial para entender el carácter retórico de la literatura medieval.

En literatura, es sabido que tanto el lector postulado por el texto

---

[8] Aunque lejano ya en el tiempo (1902), el estudio de Burgess sobre la retórica epideíctica, en el que baso gran número de las observaciones que hago en este apartado, me parece todavía imprescindible.

como su relación con el protagonista, constituyen apoyos útiles para caracterizar diferencias genéricas. La actitud del lector propuesto por los *Milagros* puede describirse de dos modos muy diferentes, según se escojan como protagonistas la Virgen o los devotos. Si se piensa en el protagonista humano (sustituyendo el "omne" de los ejemplos por el "omne religioso o mariano" de los milagros), no es difícil afirmar el didactismo: los relatos invitan a imitar la religiosidad de la mayoría (*exempla emulanda*) y a evitar la falta de amor de los pocos que resultan castigados (*exempla vitanda*), y despiertan los sentimientos propios del género deliberativo (el miedo o la esperanza). Si, en cambio, entendemos que María es la protagonista de todos los relatos, la admiración y el amor de la Virgen, más que la imitación de sus devotos, será el sentimiento predominante y, en consecuencia, tendremos que afirmar que el elogio es la fuerza unificadora de la obra. La dificultad, sin embargo, no desaparece del todo. Porque los dos efectos postulados, el del didactismo y el del encomio, son casi indistinguibles: ¿qué es imitar la religiosidad de los devotos de María (efecto del didactismo) si no admirarla y cantar sus alabanzas (actividad epideíctica)?[9]

El milagro es narración que vive en el aislamiento propio de las colecciones. Jesús Montoya Martínez (*Colecciones* 21) explica la presentación desordenada de los relatos como reflejo apto de la idea de que "las acciones de Dios son diversificadas, en todos los elementos de la naturaleza y en todos los estamentos de la sociedad;" de ahí que "una ordenación jerarquizada violentaría esa connaturalidad con que el hombre medieval acepta esta actuación divina." Ese relativo desorden, que es el de los ejemplos didácticos, puede relacionarse igualmente con el discurso epideíctico. En el encomio de personas, uno de los *topoi* más importantes es el de los actos notables del elogiado; el orden de esas acciones, que se narran según sean necesarias para glorificar al individuo, no responde a una

---

[9] Retomo el tema en p. 45. Sobre el protagonismo de los milagros, se detienen, entre otros, Baños Vallejo (27-28), Saugnieux (*Milagros* 10) y Montoya (*Colecciones* 9-13), los tres, haciendo referencia al trabajo de Uda Ebel, que distingue entre milagro "románico," donde el protagonista es el devoto de María, y leyenda hagiográfica, protagonizada por el santo.

cronología ni a ningún otro criterio discernible (Burgess 116).

El relato didáctico nos persuade o disuade a propósito del valor de una conducta que debemos imitar o evitar, sin que esa conducta tenga una relación específica con un objeto particular: pensemos en los proverbios medievales, que señalan el valor de conductas opuestas, y en los ejemplos, que los amplifican, proporcionando el contexto adecuado para seguir un proverbio o su contrario. Los milagros marianos, en cambio, no proponen ninguna alternativa: siempre hay que amar a María. El lector de poemas épicos o de novelas de caballerías podrá admirar al protagonista; el de ejemplos didácticos podrá decidir si imitarlo o no. Pero a ninguno de los dos (excepto quizás a Don Quijote), se le ocurrirá buscar su protección, como al lector de los milagros de María. Esa actitud postulada por el texto presupone que la relación entre María y el lector ni se origina ni se detiene en las fronteras de los *Milagros* de Berceo. La relación entre el lector y la protagonista es de carácter extratextual, y la obra no la crea sino que se limita a fortalecerla y confirmarla. (Entre las clases de discurso que comparten con el milagro este rasgo peculiar podrían incluirse el género epistolar no literario, las fórmulas de la magia y el discurso de la propaganda.) Se trata, en otras palabras, de un texto que se proclama con insistencia como esencialmente referencial.

Diferente es también el tipo de lectura que piden ejemplos y elogios. El texto didáctico propone una lectura no literal, confía siempre en que el lector hará las transposiciones adecuadas de lo que el ejemplo le propone, ya porque los protagonistas del relato sean animales y no hombres, como en el caso de la fábula, ya porque se entienda que la historia relatada es, sobre todo, un vehículo apto para la moraleja. Berceo, en cambio, propone una lectura literal de sus milagros. Los relatos exigen un modo de leer representativo y no alegórico; esto es, piden que la interpretación se detenga, de algún modo, en el nivel literal de los milagros de María, sin que éstos se conviertan en signo obligado de otra cosa. En forma indirecta pero eficaz, la alegoría que les sirve de prólogo es señal hermenéutica que prescribe la lectura literal de los milagros: concluida la descripción del prado, el poeta pasa a descifrar cada uno de sus elementos, y entre ellos, los frutos, que son los milagros de María; de este modo, los milagros adquieren el carácter de significado, se constituyen como "lo otro" que se dice, se ubican en el momento final del proceso interpretativo.

Una de las pautas utilizadas por Aristóteles (*Retórica* I. 3) para distinguir entre los tres géneros de discurso es el carácter del receptor. El orador puede dirigirse a un público "crítico" (*krités*) que, frente al discurso, tenga en juego algún interés real y del que se espere que tome alguna clase de decisión: es el caso del que oye un argumento en los tribunales (género judicial o forense) o un discurso en la asamblea (género deliberativo). O, como en el epideíctico, puede tener frente a sí un público relativamente más pasivo (*theorós*, nombre tomado por analogía con el espectador del teatro), al que es necesario, sobre todo, entretener. Si se piensa en cómo se transmiten los milagros de Berceo al gran público analfabeto del siglo XIII, podrá objetarse que el poeta que recitaba en voz alta los milagros tenía ante sí un público como el de los oradores. Los peregrinos congregados eran tan visibles como el jurado del tribunal, los miembros de la asamblea o el público de las plazas. Sin embargo, a diferencia del orador, el que recitaba leía el discurso fijo de un texto de ficción (sea que lo leyera con los ojos o lo repitiera de memoria). Hechas estas salvedades, la lectura en voz alta de los milagros iba dirigida a los romeros que visitaban San Millán, esto es, a un público visible, que pertenecía a la categoría del *theorós* aristotélico. Su misma presencia en San Millán era prueba anticipada de que se trataba de un auditorio en busca de milagros, un público al que era necesario entretener.

Hay que tener en cuenta, además, que, en su origen, las especulaciones retóricas a propósito de los tres géneros del discurso se referían a los oradores y no a los poetas. De ahí que, cuando las pensamos para la literatura, se impongan ciertas transposiciones. La recepción del discurso es uno de esos lugares en los que es necesario distinguir entre oratoria y literatura. Si en la oratoria del tribunal, de la asamblea o de la plaza, el orador manipula a un público que tiene frente a sí, en la literatura, el escritor escribe para un público invisible. Esta invisibilidad del lector, en vez de constituir una desventaja, se transforma en la condición de una libertad que el orador no tiene. Porque el escritor no sólo inventa su ficción sino que posee la facultad de crear a su propio público.

El vicio y la virtud son los objetos propios del vituperio o el elogio (Aristóteles, *Retórica* I, 9). En términos más amplios, sin embargo, no existe objeto ni persona que no pueda suscitar elogio o vituperio; de ahí la extraordinaria variedad de temas admitidos por el género, que son los del discurso ocasional. Ernst Curtius (69 y 155), que ha señalado la importancia de la elocuencia epideíctica en el imperio y la vitalidad de su influencia en la literatura medieval, apunta esa amplia variedad de discursos posibles: elogio de gobernantes, oraciones pronunciadas en los funerales o en los cumpleaños, o para ofrecer consuelo, saludar y felicitar, etcétera. El elogio, de hecho, puede aplicarse a dioses y hombres, países y ciudades, puertos, bahías y acrópolis, plantas y estaciones, profesiones, artes y virtudes (Burgess 96; y Curtius 155). Entre los encomios personales, el más frecuente es el que se dirige a una persona de autoridad (el *basilikós lógos*), cuyo origen puede encontrarse en los himnos homéricos, en los elogios poéticos de Zeus Basileus y otras deidades (Burgess 127-129). La introducción de esos encomios, como el prado de Berceo, nombra y alaba al héroe, e incluye, en ocasiones, una enumeración de sus cualidades y actos. El discurso abarca una serie de tópicos característicos: patria, origen y familia; augurios conectados con su nacimiento que anuncian su destino; amor por aprender; actos notables del elogiado.

Cuando el objeto del encomio es una deidad, la composición recibe el nombre técnico de *himno* y los actos notables son los dones y beneficios con los que el dios protege a la humanidad. Entraría en esta especie literaria el himno litúrgico, definido por Garrido Bonaño como "composición poética sometida al metro prosódico, destinada a cantarse en honor de Dios y dividida en varias estrofas iguales" (549). En uno de sus discursos, Arístides (s. II d.C.) hace el retrato de un rey gracias al cual todos los puertos están a salvo, todas las montañas y ciudades, seguras, todo temor desterrado de su pueblo (Burgess 127-133). Los poetas cristianos desarrollaron notablemente el *basilikós lógos* de la literatura clásica, al que llamaron simplemente *encomium*, y en el que sustituyeron la figura del rey con la de Dios o la de algún santo.

Desde luego, la orientación moralizante y el deseo de instruir deleitando están presentes en la concepción misma de la literatura en la Edad Media. Pero sobre esa base común, creo, con Montoya Martínez, que el elogio es, en los *Milagros*, la función dominante a la cual se subordina la enseñanza. La alegoría del prado, encomio que prologa y abarca a los milagros, les imprime además, inequívocamente, su sello epideíctico. El prado mariano, que nombra y elogia a María y desarrolla el tema de la protección y la seguridad que ofrece a los hombres, es acaso el argumento más fuerte para incluir los *Milagros* en la tradición del epideíctico. Berceo describe allí el canto de concordia de las aves (que, en los relatos individuales, se replica en las coplas finales de alabanza) desarrollando el "todos cantan sus alabanzas," *topos* clásico del epideíctico, que se presta a que el poeta muestre su arte en toda clase de particularizaciones y amplificaciones del concepto de "todos." "*Omnis sexus et aetas,*" "*in toto orbe,*" "todos los pueblos y países," "la tierra entera canta sus alabanzas" son formulaciones diversas de este lugar común (Curtius 160-161).

En el prado, la enumeración de los nombres de María, hecha, en buena parte, a base de tipología, se inserta, además, en la tradición del elogio de la doxología cristiana. Erich Auerbach ("Prayer" 10-11) relaciona con esa tradición la plegaria a la Virgen que Dante pronuncia en el Paraíso (en la que enumera los hechos y virtudes de María), y distingue la modalidad judía y cristiana primitiva de la de los elogios griegos y latinos. Nunca, en ninguna de las dos, los predicados enumerados siguen una secuencia histórica. Pero si en los elogios clásicos se mencionan, por lo general, los hechos de los dioses y los héroes, sus cualidades y actitudes, en las formas judías ("Tú eres," que se corresponde con el "Yo soy" de Dios), como en las cristianas, prevalece en cambio la expresión de la esencia o la omnipotencia de la divinidad. La falta de secuencia histórica produce, además —añade Auerbach— la impresión de una armonía providencial de la historia del mundo, hecha posible gracias al Cristo encarnado.

El *locus amoenus* de la introducción es otra razón para vincular los *Milagros* con la retórica epideíctica, que siempre utilizó los tópicos de la naturaleza propios de la lírica (Burgess 184-87; Dronke, *Individualidad* 41-42). Alan Deyermond ("Traditions" 44) llama la atención sobre el tratamiento del tópico en Berceo y en *Razón de amor*. En mayor o menor medida, los dos poemas comparten una base de simbolismo cristiano (para *Razón*, véase Jacob). Como en el prado de Berceo, en *Razón de amor* se presenta un escenario no sólo físico sino también psíquico (Ferraresi 40), y en los dos poemas, después de describir el vergel, el poeta decide iniciar su canto. Desde luego, también hay diferencias. Como señalo en el cap. 6, en el prado no hay orientación temporal ni espacial, ni la tensión del conflicto entre deseo y cumplimiento, entre frío y calor, entre agua y vino (Ferraresi 27 y 40; van Antwerp 10); la visión tampoco tiene un fin, como en *Razón*, marcado por la partida de la doncella. El *locus amoenus* estructura y unifica ambos poemas, pero en *Razón de amor* es sólo escenario de la visión, a diferencia del prado; el mundo del prado, en fin, no es "un mundo de dos" sino de muchos. La fina lectura de van Antwerp, que concluye afirmando los orígenes populares de toda lírica, muestra las relaciones entre *Razón* y la lírica popular y contribuye a confirmar la poca validez de la separación entre las categorías "popular" y "culto." Creo que una lectura de los dos poemas, con sus enormes diferencias, apuntaría a esa misma interrelación profunda de tradiciones poéticas populares y cultas señalada más de una vez por Deyermond ("Interaction," "Folk-Motifs"). Con la misma materia, se tejen y destejen textos que pueden insertarse, a otro nivel, en diferentes tradiciones. Si en la lírica popular, el motivo de subirse al árbol se asocia comúnmente con el acto amoroso, y la "fuente perenal" con el lugar del encuentro (sobre fuentes, véase también Deyermond, "Pero Meogo"), en el prado de Berceo, el romero que se quita la ropa, las cuatro fuentes claras y el subirse al árbol quedan cargados con un significado trascendente. Con todo, el significado alegórico del prado no acallaría por completo los ecos que esos motivos podían tener en un público acostumbrado a oír canciones tradicionales.

El ruiseñor y la primavera (a menudo contrapuesta al invierno) son *topoi* comunes desde Homero. El motivo del poeta-pájaro que Berceo elabora hacia el final de la alegoría es desarrollo del poeta-pájaro que canta de amor, figura familiar en la lírica amorosa de todos los tiempos (Deyermond, "Traditions" 43). Y se relaciona también con la comparación entre el poeta y la cigarra que empieza a cantar en la primavera, uno de los *topoi* de la lírica que toman prestados los oradores epideícticos (Burgess 187-189). La asociación del poeta con el ruiseñor aparece, por ejemplo, en Paulino de Nola —autor de la primera elegía cristiana, muerto en 431, un año después de San Agustín— en un himno donde se describe a la primavera "abriendo" las voces de las aves ("ver avibus voces aperit..."), en el que el poeta termina rogando a Dios que lo transforme en ruiseñor (*Carmen* 23, 1-2, *apud* Wilhelm, 75-76 y 104). J. J. Wilhelm (96-97) proporciona numerosos ejemplos del motivo del poeta cantor: en un himno anacreóntico anónimo escrito alrededor del año 900, el poeta crea una foresta de pájaros cantores que cantan alabanzas dignas de Dios; otro poema del mismo período cuenta el gozo que llena los corazones de los monjes cuando los visita un oriol (Raby 147, número 106); en una secuencia de Alleluia anónima del siglo X, el poeta crea un doble cuadro en el que coros angélicos en los campos del paraíso (*"prata paradisiaca"*) se hacen eco de los cantos de aves terrenales, sin que ninguno tenga precedencia sobre otro (*Analecta* 60-62, número 34).

En los himnos de los poetas cristianos la tendencia a utilizar tópicos de la naturaleza se intensifica notablemente, con una diferencia necesaria: el paisaje ameno se convierte en metáfora de significados universales y metafísicos (véase el comentario del "Hymn at Cock-crow" de Prudencio que hace Wilhelm, 66 y 80). Santo Tomás y, en general, el aristotelismo del XIII, vuelven a dotar al mundo físico de más realidad (Wilhelm 87), pero la visión de Berceo es todavía la de las primeras descripciones cristianas de la primavera, en las que el paisaje y el amor humanos sólo tienen valores metafóricos. Así, Prudencio describe el jardín del Edén con los tópicos del paisaje ameno de la retórica clásica, en donde es fácil reconocer los lugares comunes que Berceo utiliza en el prado:

> Tunc per amœna uirecta iubet
> frondicomis habitare locis,
> uer ubi perpetuum redolet,
> prataque multicolora latex
> quadrifluo celer amne rigat. (*Cathemerinon* 3. 101-05)

> (Entonces, les manda que habiten
> campos amenos, sitios frondosos,
> donde huele dulce la eterna primavera
> y donde el agua, rápida, fluyendo en cuatro ríos,

baña los campos multicolores.) [10]

Como los poetas cristianos primitivos, que perpetúan la primavera ideal de los clásicos, Berceo utiliza el *locus amoenus* para interpretar en esa primavera el huerto de la salvación y de la gracia, prefigurado en el jardín perdido del Génesis.

Empezar un poema narrativo con la alabanza de una ciudad o un país es práctica común en la Edad Media. Aunque se trate, en rigor, de dos temas separados, ciudades y países son objeto de discursos que comparten casi los mismos tópicos: situación geográfica, ventajas del clima y calidad de sus productos; población, fundadores, gobierno e historia; progresos en las ciencias y en las artes; fiestas, edificios y otras excelencias (Burgess 110). Tanto los milagros como el prado mariano desarrollan el *topos* de la seguridad y protección que el modelo clásico de la oratoria epideíctica dedicaba a la figura de autoridad. Explica Curtius (157) que la relación entre la ciudad o el país y el cultivo de las artes y las ciencias es un *topos* que en la Edad Media sufre un giro eclesiástico, cuando la mayor gloria de una ciudad pasa al hecho de que posea reliquias de mártires o santos. Pensados en este contexto, los *Milagros* constituirían, retóricamente, un elogio de la Virgen, que se abre con la descripción del prado mariano y se continúa con el desplegamiento de sus virtudes en los relatos individuales. La ciudad ha sido sustituida por el prado, que no deriva sus excelencias del cultivo de las artes y las ciencias, ni tampoco de poseer ciertas reliquias, sino del canto vivo y concordado de un coro universal. Este lugar que es María no es otra cosa que la patria del cristiano.

Sobre literatura, propaganda e ideología

Sabemos, gracias a las extensas investigaciones de Brian Dutton, que los monjes emilianenses tratan de resolver sus aprietos financieros con una serie de documentos falsos (1210-1250) que tienen el propósito de ganar para San Millán sentencias favorables en diversos pleitos con los obispos de Calahorra. De todos ellos, el más osado —

---

[10] Traducción mía. Señala el mismo texto Foresti Serrano ("Esquemas" 7).

los Votos de San Millán— fue compuesto por Fernandus, cuyas actividades en el *scriptorium* del monasterio Berceo no habría podido ignorar.

El arte de la falsificación es práctica de todas las épocas, pero su florecimiento en la Edad Media constituye la mejor prueba del desarrollo del arte legal. La falsificación de documentos también manifiesta, como apunta Marc Bloch (91-92), el respeto por el pasado, que hace necesario reconstruirlo toda vez que las creencias del presente necesitan apoyo o confirmación. Del renacimiento carolingio son los dos casos más famosos de falsificación: la *Donación de Constantino*, de mediados del siglo VIII, y las *Falsas Decretales* del pseudo Isidoro, de mediados del IX, basadas, ambas, en originales genuinos que se habían perdido (Stock 60-61). Desde el siglo X y hasta principios del XII, los registros escritos declinan notablemente en número y calidad, y las relaciones sociales vuelven a fundarse en la palabra oral de actos y ceremonias más que en documentos escritos. La nueva dirección hacia la escritura se impone definitivamente durante los últimos cuarenta años del siglo XII. Naturalmente, con la escritura, aumenta también la frecuencia de falsificaciones, *ad maiorem Dei gloriam*. De esta época datan también los esfuerzos del papado por detectar fraudes diplomáticos, entre los cuales el más exitoso fue el de la decretal de Inocencio III sobre la verificación de bulas, que llamaba la atención sobre la necesidad de prevenir el robo, inspeccionar sellos e imponer un control estricto de autentificación. Como los documentos lingüísticos de la época, donde el derecho de propiedad se asocia con el registro escrito, los falsos documentos de Fernandus son una confirmación de que en la sociedad del XIII, a pesar de estar compuesta por mayorías analfabetas, ciertos aspectos de la escritura afectan notablemente la vida de quienes no leen ni escriben. Desde el XII, siglo del apogeo de la escritura diplomática, emergen en Europa especialistas en administración, técnicos expertos en la palabra escrita, que se ocupan de registrar y contar nacimientos, matrimonios y muertes, de sentar por escrito las transferencias de propiedades, los términos de servicios o incluso algunos asuntos de derecho público y privado. Esas zonas de la vida afectadas por la escritura, aunque modestas para las pautas modernas, revelan que la cultura escritural es, junto con la Iglesia, una de las pocas fuerzas universalizantes de la Edad Media occidental.

Brian Stock (60-64) se basa en estas reflexiones para apreciar el acto mismo de falsificar, cuyo valor cambia radicalmente con el paso de la oralidad a la escritura. En culturas predominantemente orales, el carácter extraordinario del documento, cuando existe, hace que quien lo falsifica no sea simplemente alguien que altera textos y distorsiona la relación entre las palabras y las cosas, sino un traidor de la relación entre personas. En época de Berceo, en cambio, marcada por la escritura, el documento, tanto más común, adquiere el poder absoluto de evidencia, pero también deja de tener el valor excepcional que posee en la cultura oral. De ahí que la falsificación sigue siendo una actividad transgresora pero notablemente menos grave. Complementariamente, Marc Bloch (91) apuntaba que la práctica frecuente de fraguar, distorsionar y alterar documentos, no sólo en las cortes sino también en los *scriptoria* de las iglesias, tendía a desacreditar toda evidencia escrita.

Los trabajos de Brian Dutton, que no dejan lugar a dudas sobre uno de los móviles de Berceo al componer una obra como la *Vida de San Millán*, contribuyeron seguramente a crear la figura del Berceo cínico que esconde sus propósitos detrás de una pretendida ingenuidad. Esa figura del Berceo propagandista, también consecuencia de entender como incompatibles las intenciones extraliterarias de Berceo y su sinceridad, produjo cierta incomodidad, explícita o velada, en muchos lectores. Julio Rodríguez Puértolas mezcla algunas afirmaciones que me parecen válidas con la sugerencia de deliberación y cinismo:

> Suele manejar la crítica, al tratar de Berceo, varios tópicos contra los cuales conviene estar alerta, tales como "sencillez," "ingenuidad" y "popularismo". Lo que en verdad se oculta tras esa aparente "sencillez" de Berceo no es sino una gran complejidad y habilidad para cumplir unos fines bastante concretos y determinados: la propaganda de su monasterio y la defensa de los intereses del mismo[...] a un nivel local; la propaganda y defensa de su religión, y al mismo tiempo del sistema y orden establecidos, a un nivel más general" (63).

Acaso estas líneas hayan hecho escribir a Uría Maqua:

Hoy sabemos que Berceo no fue, ni mucho menos, el clérigo ingenuo, sencillo y de mediocre cultura que algunos críticos se han complacido en presentarnos; pero la imagen opuesta que de él nos da cierto sector de la Crítica moderna, tampoco podemos aceptarla en todos sus aspectos y con todas sus implicaciones. (*PSOr.*, p. 10)

La incomodidad puede relacionarse asimismo con la idea de que la propaganda es actividad espuria, venta insidiosa de mentiras. De hecho, fe sincera y propaganda son móviles que no presentan contradicción alguna si se entiende que, excepto en la propaganda comercial y política moderna, que recurre a especialistas, el propagandista, por lo general, está genuinamente persuadido del valor del objeto de su discurso. Pensemos en Ramón Menéndez Pidal, que proponía la figura del Berceo cándido y piadoso, sin que esa visión le impidiera atribuirle un deseo de ser intermediario entre la ciencia de los clérigos y la ignorancia del vulgo (*Poesía* 192). Después de Dutton, la compatibilidad de propósitos religiosos y económicos ha sido señalada por muchos (Keller, *Berceo* 69-70; Deyermond, *Historia* 127, para citar sólo dos ejemplos).

La propaganda de Berceo para su monasterio también puede resultar incómoda porque nos obliga a conciliar el valor artístico que atribuimos a su obra con los desvalores generalmente asociados con la escritura panfletaria o tendenciosa. Nos fuerza, en suma, a revisar nuestros propios criterios con respecto a la literatura y al arte en general. El amplio espectro posible de opiniones frente al asunto incluye, en un extremo, la idea de que la literatura debe estar liberada de las ataduras de cualquier interés extraliterario; en el otro, la convicción de que no existe literatura, ni lenguaje, que no estén permeados de una cierta ideología. Las dos posiciones opuestas están paradigmáticamente representadas en Hitler, que proclamaba que el arte no tiene nada que ver con la propaganda, y en George Orwell, convencido de que todo arte es siempre, en alguna medida, propaganda.[11]

---

[11] El hallazgo de la comparación irónica no es mío sino de A. P. Foulkes (2).

Es hoy lugar común entender que la propaganda no es actividad ajena a la cultura medieval. Los ejemplos abundan: los reyes de Navarra, Aragón, León y Castilla estimularon la creación de comunidades monásticas porque, para ellos, los monasterios eran centros de propaganda para la Reconquista; la actividad del juglar tenía valor noticiero y propagandístico; Berceo escribía la *Vida de San Millán* para hacer propaganda para su monasterio, como el poeta del *Fernán González* para San Pedro de Arlanza (Deyermond, *Poetry* 193). Beryl Smalley (185) señala que en el marco de la historia medieval, hecha no tanto para informar a la posteridad cuanto para edificar a los contemporáneos, las biografías reales o las crónicas y memorias tienen el rasgo común de ser textos de propaganda, donde no es fácil separar el interés pragmático del idealismo.

Con todo, resultan saludables las advertencias de Jean-Louis Kupper (820) contra la tendencia a sucumbir a la tentación de ver propaganda en todas partes. La tendencia relativamente reciente a ver propaganda (y cierto cinismo) en la literatura medieval es, en parte, consecuencia de la labor desmitificadora de buena parte de la crítica actual. Vale la pena detenerse en esta palabra—*desmitificar*— que nuestro tiempo ha escogido para combatir ideas heredadas. La palabra misma, con su prefijo negativo, insiste sobre todo en la noción de desnudar la verdad de las vestiduras mentirosas del mito, y esconde, en cambio, el movimiento afirmativo, que consiste en suplantar unas vestiduras por otras, en autorizar, con visos de objetividad, la sustitución de una verdad por otra en la que tenemos fe. La tarea es necesaria, útil, y, sobre todo, inevitable. Sin esa verdad (modelo mental, visión), es imposible *hacer* sentido de la historia o de la literatura. En el proceso de desmitificar otras verdades y defender las nuestras, iluminamos lugares oscuros del texto que estudiamos, o los enfocamos desde otro ángulo, nos insertamos, en fin, en la incesante espiral hermenéutica. En un marco general, sabemos que el nuestro no es el punto final de ese movimiento circular de comprensión, y al mismo tiempo, por momentos, necesitamos trabajar como si nuestra visión fuera la última, o la única.

Beryl Smalley (67) califica de textos de propaganda a las memorias, crónicas y biografías medievales porque en la historia medieval "los hechos" se ajustan a "las verdades" y no al revés (la misma idea en Allen, p. 255). Bien pensadas, estas reflexiones nos dicen tanto sobre la historia medieval como sobre la idea que Smalley tiene de lo que debe ser la historia ("hechos objetivos" y no "verdades subjetivas"). En sentido lato, esa caracterización de la historia en la Edad Media, interpretación inevitablemente subjetiva de los hechos, podría aplicarse a la de cualquier época porque es propiedad de cualquier discurso. Y sospecho que, desde esta perspectiva, algunos otros aspectos de la tan remanida alteridad de la literatura medieval podrían ser objeto de una "desmitificación" semejante.[12]

El hecho de que la historia nos confirme la situación desesperada del monasterio de San Millán y la voluntad de Berceo de hacer lo posible por mejorarla nos enfrenta con una preocupación extraliteraria. Vale la pena, aquí, hacerse algunas preguntas generales. Por una parte, ¿es humanamente posible que un escritor, del siglo XIII o del XX, tenga preocupaciones *exclusivamente* literarias? Y si suponemos que el poeta tiene una conciencia más clara de que lo que escribe tiene, en efecto, algún otro fin que el exclusivamente literario, ¿es humanamente posible que ese otro fin domine por completo el proceso de componer? Creo que esas preocupaciones extraliterarias, deliberadas o no, están siempre presentes. Pero, de modo semejante a quienes adivinan el futuro e insisten en que los naipes son meras imágenes en las que se apoya su don, creo también que, en la intimidad de la escritura, los "fines ulteriores" del escritor se vuelven inevitablemente apoyos circunstanciales, "medios" al fin, para trabajar con sus palabras, o, si lo queremos decir con más solemnidad, para ejercer su libertad creadora.

Tan falaz como atribuir a un escritor preocupaciones exclusivamente literarias (o extraliterarias) es asignarle una sola intención a todo lo que escribe o a cada una de sus obras. En rigor, esas observaciones sobre la intención del escritor, que aparentan personalizarlo, hacen exactamente lo contrario, porque le atribuyen una coherencia que sólo pueden tener las figuras de papel y tinta. Cuando lo hacemos, no estamos sino satisfaciendo nuestra propia

---

[12] Sobre la percepción de las acciones humanas en crónicas medievales, clericales y aristocráticas, véase el interesante libro de William Brandt.

necesidad de reducir y unificar, o proponiendo nuestra interpretación de lo que leemos.

De su investigación sobre la historia del monasterio emilianense, Dutton concluye que el móvil de Berceo en las obras hagiográficas es atraer a San Millán a los peregrinos del camino francés y mejorar así la situación económica del monasterio; la función de las obras marianas sería, en cambio, proporcionar entretenimiento y edificación a los romeros que ya habían llegado al monasterio. Dutton traza la trayectoria del culto mariano en San Millán, del que hay evidencias desde el año 926, y conjetura que el monasterio original de Suso estaba dedicado al santo patrón, mientras que en Yuso (la nueva casa, dedicada a la Virgen y terminada en 1067), habría dominado un culto especial de la Virgen, acaso debido a un breve intento de reforma clunicense (probablemente c. 1028-1029). Es posible también, según Dutton, que el culto de Nuestra Señora de Marzo se haya trasladado, con Santo Domingo (que fue prior de San Millán hasta 1041 y luego abad de Silos), de San Millán a Silos ("Yuso"; *Milagros*). El hecho de que la poesía de Berceo fuera leída en voz alta implica siempre alguna clase de función específica que para nosotros, a casi ocho siglos de distancia, está definitivamente velada. Sin embargo, admitir esta ocasionalidad, rasgo que comparten tantas obras medievales, no tiene por qué obligarnos a parcelar la conciencia del escritor en zonas tan nítidas. Y aun si pensamos en ese culto hipotético de Nuestra Señora de Marzo, ¿no cabría esperar en los milagros de Berceo una advocación específica y local, como las de Chartres o Soissons?[13]

El culto mariano puede incluir esas rivalidades locales. Importa notar, sin embargo, que esos fines ulteriores se manifiestan en algunos milagros (o cantigas), pero no en todos. En el caso de Berceo, al carácter específico de la propaganda del *San Millán*, se oponen los *Milagros*, que no incluyen nada que pueda atribuirse a un interés específico y local. Creo que en esta diferencia de especificidad puede basarse una distinción entre el acto de hacer propaganda y el acto de propagar una ideología. La palabra "propaganda" denota significados

---

[13] Desde luego, este desacuerdo menor no me impide apreciar el valor de los trabajos de Dutton, y sobre todo la actitud ejemplar con la que maneja los datos que descubre.

diversos. La propaganda comercial moderna crea en el consumidor la necesidad del objeto que quiere vender. La propaganda política puede vender las virtudes del individuo al que quiere ubicar en el poder. O puede comunicar al público la conveniencia y el valor de una conducta en momentos de crisis, cuando, por malas o buenas razones, los gobiernos necesitan el apoyo masivo de los pueblos. Los militares argentinos inventaron la guerra de las Malvinas y montaron una maquinaria relativamente eficaz, gracias a la cual, en nombre de un dudoso pero ardiente patriotismo, lograron retener por un breve tiempo más las riendas del poder. Una ojeada a las revistas norteamericanas de los primeros años de la década del cuarenta, repletas de llamados al patriotismo y a la unidad del pueblo embarcado en la segunda guerra mundial, es suficiente para recordar que la propaganda no es monopolio de las posturas políticamente "incorrectas." (Y con todo, tendemos a tildar de propaganda a la actividad que difunde aquello con lo que no estamos de acuerdo.) Lo que me interesa indicar aquí es que en todos los casos mencionados, se trata de un discurso que crea imágenes pero que apunta siempre a un referente muy local y que está animado por un objetivo bastante específico: el consumo de ciertos objetos, la paz interna de una nación, el consenso para emprender una guerra eficaz. Creo que el carácter específico de sus objetivos es precisamente lo que determina que ese tipo de esfuerzo tenga una duración limitada.[14]

En ocasiones, este rasgo local y específico es el que caracteriza el ambiente de intensa rivalidad entre los centros de devoción en el XII y en el XIII. Con las peregrinaciones se multiplicaron las vírgenes locales; el éxito de cada iglesia dependía, en ocasiones, de la propaganda que hiciera el clero local en los *libelli miraculorum* (Sumption 159). Proliferan los ejemplos de esta intensa actividad publicitaria. La fama cobrada por Canterbury, alrededor de 1170, se debió a la hábil promoción que sus monjes hicieron de los milagros de St Thomas, dirigida a numerosos prelados y casas religiosas de Inglaterra y de Francia. El autor de los *Milagros de Nuestra Señora de Chartres* cuenta de una mujer de Audignecourt curada por la

---

[14] Sobre el discurso de la propaganda y la literatura, véanse las reflexiones de Barbara Herrnstein Smith, pp. 55-57.

Virgen de una enfermedad de la piel; cuando la mujer está a punto de salir de viaje para agradecer a Notre Dame de Soissons, la Virgen se le aparece en una visión para informarle que quien obró el milagro no fue Notre Dame de Soissons sino Notre Dame de Chartres (Sumption 49-50). También ofrecen buen ejemplo de esa actividad competitiva algunas cantigas de Alfonso, en las que, probablemente para atraer peregrinos, se socavan los poderes milagrosos de Santiago de Compostela en favor de los de la iglesia de Santa María de Villa Sirga (Keller, "Villa-Sirga" y "Rivalry"). El Berceo de *San Millán*, como ha demostrado Dutton, se insertaría en este contexto.

Para los *Milagros* y, en general, las colecciones marianas, creo en cambio, que el infinitivo *propagar* es más adecuado que el sustantivo derivado moderno. Lo que se propaga carece de la localización y referencialidad específica propias de la propaganda. *Se hace propaganda* de una iglesia particular, de un objeto de consumo; pero *se propaga* una fe, una ideología. En este sentido, a diferencia de la propaganda, esfuerzo relativamente temporario, el acto de propagar ideas, tanto más difuso y generalizado, se extiende, a veces, en el tiempo, hasta confundirse casi con la "naturaleza." Diferente del esfuerzo esporádico y parcial de la propaganda, se trata de una actividad que orquesta gran número de medios y que se lleva a cabo con alta coherencia y continuidad. Señala Giles Constable ("Propaganda" 180) que el término "propaganda" evoca imágenes de gobiernos centralizados que ejercen control sobre los medios de comunicación, algo que es imposible antes de Gutemberg. Sin embargo, añade, los siglos XI y XII asistieron, quizás por primera vez en la historia europea, a un esfuerzo serio y conciente de influir en el modo de pensar y actuar de individuos y grupos sociales. Creo, otra vez, que a lo que se refiere Constable es, no tanto a una propaganda sino al impulso de propagar una ideología.[15]

Gracias al rechazo del movimiento iconoclasta de los siglos VI y VII, el arte adquirió, relativamente temprano, la función de

---

[15] Para una caracterización de las diferentes clases de propaganda, fuera de la literatura, me resultó muy útil el trabajo de Jacques Ellul (especialmente 9, 64-87 y 103), aunque Ellul incluye dentro del concepto de propaganda los casos que yo separo como actividad de propagación.

vehículo del mensaje cristiano. Hans-Georg Gadamer (3-4) reflexiona sobre esta legitimación del arte, que lleva a producir una estrecha integración entre el artista, la sociedad y la Iglesia. Acaso el mejor ejemplo de esa legitimación del arte sean las narraciones pictóricas de la *Biblia Pauperum*, destinadas a quienes no sabían leer. (Aunque este lugar común debe tomarse con reservas, puesto que no es tan cierto que las imágenes sean necesariamente más fáciles de leer que los libros, o que Dante sea más difícil que las catedrales, como señala Michael Camille). Me parece que el carácter evangélico del cristianismo, que impone la necesidad de comunicar la Palabra, se caracteriza necesariamente por la dinámica de un elemento móvil y otro inmóvil: los apóstoles errantes, como más tarde los predicadores, se mueven de una a otra comunidad; con el culto de los santos, ocho siglos antes de Berceo, las reliquias portátiles viajan de ciudad en ciudad (Brown, *Cult*); en época de Berceo, tan móviles son los milagros de María, que vuelan "sobre los mares," como las gentes que viajan de uno a otro sitio de culto.

Como los medios de comunicación en nuestra época, en la Edad Media, el arte, la música, la literatura, la predicación, son los vehículos por los cuales la Iglesia se constituyó como la gran artífice de la opinión pública. Su labor consistía en propagar las manifestaciones de lo sagrado, en hacerlo accesible y presente, en insertarlo en la particularidad de un lugar y una historia local (*"Hic locus est..."*). Ese carácter local puede, por una parte, beneficiar económicamente tal o cual ciudad o monasterio, pero responde también a la necesidad de abreviar la distancia que separa al creyente de lo sagrado y de establecer una red de sitios de culto que tiene el poder de unir los distantes lugares de la geografía cristiana.

Creo que los *Milagros* de Berceo deben insertarse en este marco de arte evangélico, como el arte románico del portal (véase Altman), dirigido a un público amplio y variado, un arte que busca comunicar y convencer. Aunque impulsada por una *élite* directriz, concebida en el ápice de la pirámide del poder, esta actividad propagadora se autogenera en todos los niveles de esa pirámide y no es fácil distinguirla de la fe. Los ejecutores de esa tarea evangelizadora eran individuos que, como Berceo, habían asimilado por completo la ideología que propagaban en sus obras.

En los *Milagros*, el mensaje apunta a dos direcciones paralelas y complementarias. Por un lado, el aspecto combativo de la ideología, en virtud del cual se afirma el cristianismo contra el judaísmo. Por el otro, el aspecto de integración, presente en todos los relatos, cuyo objetivo es unificar la conducta de los miembros de la comunidad cristiana, afirmando constantemente su concordia. Es un efecto difuso, una suerte de persuasión desde adentro, en la que están comprometidos todos los individuos de la sociedad. Dicho de otro modo, más que hacer propaganda, esto es, vender ficciones temporarias, creo que el culto mariano difunde una ideología. Los *Milagros* de Berceo, como todas las colecciones de milagros marianos, propagan, en un sentido abarcador, la figura de María y, con ella, el valor de los *oratores* que administran el territorio de la gracia mariana y el complejo mundo medieval de intereses, amores, reliquias, documentos y palabras.[16]

CELEBRANTE Y CELEBRADA

El milagro es relato —se cuenta, se lee, se oye, se escribe— de algún hecho extraordinario realizado por María. Y es también un himno de alabanza: se canta y se "organa en las fiestas cabdales." En tanto historia, responde a una secuencia; en tanto himno, transforma esa historia en sustantivo, la esencializa. El carácter celebratorio de la literatura mariana invita a pensar en la poesía épica. La épica representa un mundo de principios y de fundadores, un pasado que no es mera categoría temporal neutra, sino tiempo valorizado y jerárquico (Bakhtin, *Imagination* 13). Como el héroe épico, María, en quien se encarna Cristo, se sitúa en los principios de la historia sagrada, inaugura el comienzo del segundo y último capítulo de esa historia. Importa notar la linealidad muy peculiar de esa historia sagrada que, paradójicamente, no reconoce distancias. Porque cada momento del presente, de **cualquier** presente, es, en virtud de la fe, equidistante del pasado fundador. Lo mismo ocurre, en rigor, con el futuro que de veras cuenta, que no es la parcela posterior al

---

[16] Este sector es versión muy corregida de mi artículo "Falsificaciones."

presente, sino el futuro absoluto del más allá. De ahí que cualquier instante del presente, de **cualquier** presente, también resulte equidistante del futuro del cielo y el infierno. La valorización absoluta del antes y el después impone la valorización del presente, que es el lugar del ejercicio del libre albedrío, el sitio de la elección de una conducta, de la cual habrá que dar cuenta en el futuro. En los milagros, ese libre albedrío se representa de modo esquemático, limitado a una elección entre el amor y el desamor a María.

Una distancia absoluta separa el mundo épico del tiempo en el que viven el cantor y su público. El futuro de la épica es el presente del juglar y de su público: el cantor habla de un pasado inaccesible, que no es una categoría temporal sino de valor, con el punto de vista reverente del descendiente lejano (Bakhtin, *Imagination* 13-14). En cambio, el pasado en que se sitúan las acciones del milagro es simplemente un sector del tiempo anterior al presente del discurso, indeterminado, y por eso también, presente virtual, accesible, como la figura humanizada y cercana de María. En rigor, la celebración mariana es incomparablemente más ambiciosa, y se diferencia de la épica como la historia sagrada se distingue de la historia humana. El cristiano es un hombre que siempre está de fiesta no sólo porque celebra su origen sino porque entiende que permanentemente recibe el don de Dios. Categorías sacralizadas, pasado, presente y futuro, igualmente contaminados por un valor trascendente, son sectores de una voluntad providencial. El devoto de María no es el descendiente lejano sino el hijo de una familia poderosa: la Iglesia le otorga la ciudadanía de un orden permanente y eterno (Dalmais 39).

Señala Roger Dragonetti (11) que el encomio obedece a un movimiento circular donde el sujeto y el objeto se encuentran en una relación especular por la cual encomiar y ser encomiado llegan a tener la misma identidad: glorificando a otro, el poeta se autoglorifica. La épica relata las acciones singulares del individuo que encarna ciertos valores especiales: irradiados y extendidos en el tiempo y en el espacio, y en un plano colectivo, esos valores son los que escoge la comunidad que erige al héroe. Quienes cantan a María, como quienes cantan las hazañas del héroe épico, se sienten de algún modo herederos y poseedores de lo que celebran. Al asignarle un valor fundador de su propia identidad, social o colectiva, narrador y público participan de los valores del héroe, hacen de él un signo de cohesión que les otorga una pertenencia. Celebrarlo es celebrarse.

En el caso de los *Milagros*, la identidad entre celebrante y celebrada no se limita a constituir una inferencia teórica. Pensemos, por ejemplo, en la imagen de María, salvada del fuego por María (milagro 14), que ocupa en la estructura narrativa el mismo lugar que tienen los protagonistas humanos del resto de los milagros y que establece claramente la simbiosis de la Virgen y la humanidad: "como libró su toca de esti fuego tal, / asín libra sus siervos del fuego perennal" (14, 329). Esa simbiosis resulta aún más profunda cuando se considera que lo que se exige del romero o de los pecadores protagonistas de los milagros, no es tanto virtud sino devoción y obediencia, los rasgos que precisamente definen a la María caracterizada por San Lucas: el autoabandono voluntario y total, la oración constante, y la acción de gracias (Bouyer 115). Pero es en el prado mariano donde encontramos una clave decisiva que señala esa identidad.

Por lo general, el protagonismo de los *Milagros* suele plantearse en términos de una disyuntiva: María o los devotos. Creo que, por estar explícita en el nivel más literal del texto, la unidad indisoluble entre María y la humanidad ha pasado inadvertida. En el prado, esa unidad se manifiesta en la calidad mixta de la figura alegorizada. Porque María —Berceo nos dice explícitamente en la glosa— es lo que ella hace por los hombres pero también lo que los hombres hacen por ella. Cuatro componentes del prado se distribuyen en un sistema dinámico de reciprocidades: María hace milagros (frutos) y oraciones (sombra de los árboles); la humanidad le corresponde invocando sus nombres (flores) y cantando sus hechos (canto de las aves). El quinto elemento del prado reúne a María y a la humanidad en una acción conjunta: las fuentes de ese prado son los evangelios que María dicta y los evangelistas escriben. Si el prado **es** María, entonces María **es** un nombre que designa a la Virgen y también a la humanidad que le canta. María es, en este sentido, el nombre del discurso mariano, en el que tan indispensable es el objeto del encomio, como el grupo humano que lo pronuncia, esto es, la comunidad clerical.

2

La infancia permanente

OS *MILAGROS* SE LEEN, con razón, como una suerte de realización poética del paradigma cristiano de la historia sagrada (Gerli, "Tipología"). Partiendo de esa base, en este capítulo procedo en direcciones opuestas y necesariamente complementarias. Por un lado, vuelvo al texto para ver cómo se realiza el paradigma en Berceo, que es lo que, al fin y al cabo, nos lo vuelve interesante como literatura. Esa primera dirección muestra que el gran tema de la Caída y la Redención se desarrolla en los *Milagros* con una coherencia que, si está anclada en lo que todos sabemos de la historia sagrada, en el texto poético se logra a base de elecciones léxicas, de sintaxis de frase y de relato, de figuras retóricas como la litote, de los valores semánticos que pueden cobrar el ritmo y la rima. Por otro lado, esos "particulares," que iluminan el modo en que Berceo da cuerpo al paradigma, también nos forzarán a cuestionar o matizar algunas afirmaciones que parecen transparentes. Una de ellas es la oposición entre María y los demonios—María salva y reintegra; el Diablo separa y pierde—que reviso aquí y en el próximo capítulo. Atender al texto servirá también para interpretar de nuevo la significación de los *Milagros*, para preguntarnos, por ejemplo, cómo se relaciona ese paradigma inmutable de la historia sagrada con su realización, en la obra de un poeta inserto en un momento particular de la historia humana.

Mirada desde la altura de verdades teológicas y realidades de ultratumba, la humanidad se ve, por una parte, ennoblecida por una historia sagrada que la vuelve objeto y centro de los actos divinos, pero al mismo tiempo, también queda inevitablemente achatada. A esa visión teológica responde el mundo representado en los *Milagros*, que ofrece un espectro relativamente pobre de la realidad contemporánea de su autor. En ese angostamiento de la realidad representada influyen también la naturaleza popular de los relatos y el carácter oral de su presentación ante el público, medio que, por necesidad, no permite trazos demasiado finos. Esa representación del mundo está hecha a trazos gruesos, reconocibles a distancia; es un universo superlativo, habitado por figurones dotados del mismo peso y la misma enteridad que la fe que expresan y propagan. Los personajes son tan esquemáticos como el escenario en el que aparecen situados: de su aspecto físico sólo conocemos los gestos de su devoción; de su historia y forma de vivir, lo estrictamente necesario para entender las condiciones y la naturaleza del encuentro con María. Son figuras notablemente estáticas que no experimentan otro cambio que el de una modificación sucinta y general de su conducta: pecan y se arrepienten, caen pero son salvados. En ocasiones, algunas pinceladas, en su conducta o en su lenguaje, los vuelven vívidos, pero nunca los individualizan. Todas las perspectivas, la de los otros, la de la sociedad, la del autor y de su público, coinciden en una sola visión del personaje, cuyos pocos atributos caracterizadores están expuestos completamente y desde el principio, en un mismo plano.[1]

Al achatamiento del mundo y de la humanidad operado por el texto respondemos los críticos, que miramos a la Virgen más que a sus devotos, que nos detenemos, por ejemplo, en la maternidad de María pero ignoramos su contraparte, el estado de infancia permanente en el que debe permanecer la humanidad. Comparados con el *omne* medieval, creo que los personajes "humanos" de Berceo, aunque chatos y estáticos, están dotados de una serie de atributos

---

[1] Sobre el mundo representado, véase Represa Rodríguez. En términos generales, es posible, desde luego, decir que Berceo, como cualquier escritor medieval, representa escenas y costumbres cotidianas de su época como escenario de la acción de sus obras (Keller, *Berceo* 28-29 y 34). Pero disiento de la opinión de Artiles (193-198), que ve en la obra un realismo que representa con riqueza el mundo del autor. Baste pensar, por ejemplo, en la amplísima variedad de los personajes de Alfonso, que incluyen emperatrices y emperadores, privados y caballeros, labradores y juglares y tantos más personajes femeninos. El texto de Berceo anota con detalle aspectos de la vida conventual (Ynduráin 9), pero es poco lo que registra de otros ámbitos.

que les otorgan otra clase, más específica, de coherencia. Parto de lo que todos sabemos, aunque quizás formulado con más desnudez. En los *Milagros*, el alma, "pella" maltraída por demonios, "oveja enzarzada," es la única figura paralizada en escenas en las que predomina el movimiento y el diálogo. No dispone de otra opción que la de escoger a quién encomendarse, dónde buscar el necesario patrocinio y amparo. Objeto de juicio y de contienda, espectador silencioso de su propio juicio, el hombre mariano adquiere su voz sólo después, para contar lo ocurrido y alabar a la Virgen. Los devotos son, todos, "obreros" de María, ciudadanos del prado. Patria y estamento, edad y sexo, conciencia e intención, los lugares de la identidad, quedan subsumidos y sacralizados en María y en la Iglesia. Refiriéndose a Gautier de Coinci, Brigitte Cazelles ("Héros" 617, 621) señala como característica de los milagros marianos esta debilidad humana, subrayada por el contraste con el poder de la Virgen y manifestada en la palabra *las*, y recorre el motivo de lo que, en sus palabras, constituye una semántica de la laxitud. Aislado de sus pares, castrado e infantilizado, reificado y sin más voz que para el ruego o para el canto, este *omne mariano* se presenta como una figura colosal de la debilidad y la impotencia.

Afirmar y negar

> E porque sienpre está en guerra, llámanla **Iglesia Militant**, que quiere dezir lidiador; porque sienpre está guerreando contra aquellas cosas e hordenando cómmo guerree. (Alfonso el Sabio, *Setenario* 69-70)

El culto mariano atrae la devoción popular, que en los primeros siglos se había orientado hacia los mártires, y se apoya en el mismo conflicto del Bien y del Mal actualizado en escenas de batalla o de juicio. Desde luego, en Berceo, pasados nueve siglos desde Prudencio, esas escenas están lejos de ser "pasiones épicas" porque, con la humanización de las figuras sagradas, el conflicto ha adquirido dimensiones domésticas.

Juicio y batalla son las dos grandes metáforas que remiten a la lucha permanente del Bien y del Mal. Jesús Montoya Martínez ("Teófilo" 174, 178, 181) señala los elementos de juridicidad del milagro de Teófilo, pero indica también el carácter guerrero de ciertas escenas (a diferencia de la versión de Gautier de Coinci) y lo atribuye a que España está todavía, en esos tiempos, en plena Reconquista. Desde luego, las observaciones de Montoya remiten también a un fenómeno más amplio. La metáfora de la guerra se basa en la misma concepción que anima la imaginería militar de la literatura monástica temprana, que permite comparar el monasterio con el castillo y los monjes con guerreros que combaten contra el demonio (Dutton, *VSMill.*, p. 192). La escena del juicio es también antigua y a lo largo de su historia toma formas diversas: en los *Acta*, las vidas de los mártires se representan en diálogos entre el mártir y sus jueces. Típica de la hagiografía, la escena del exorcismo de endemoniados, que estiliza la situación de los torturados en los tribunales romanos, también tiene la forma de un diálogo en el que la invisible autoridad que sostiene al agente humano del exorcismo se contrapone al poder de los demonios que hablan por boca del poseso (Brown, *Cult* 108). En el bautismo, el sacerdote defiende al bautizado contra los ataques del diablo. Y la confesión repite la escena del proceso. Ese carácter judicial de la confesión se muestra en dos relatos de Berceo: en el milagro de la iglesia robada, donde el verbo "confesar" no se utiliza para designar el sacramento sino para referirse a la confesión bajo tortura del clérigo ladrón (24, 733-744); y en la historia de Teófilo, donde la confesión voluntaria del protagonista acerca los campos semánticos del juicio y el sacramento de la confesión:

> El confesor Teófilo, un lazrado christiano,
> fue pora la eglesia con su carta en mano;
> posóse a los piedes del buen missacantano,
> *confessó su proceso tardío e temprano.* (25, 878)

A diferencia de la ceremonia anónima de la actual iglesia católica, la confesión medieval, donde el sacerdote somete al devoto a un extenso interrogatorio, es acto de piedad más personal (Pérez Ramírez 392-393), en el que se transparenta mejor la estructura de juicio sobre la que está modelado el sacramento. Si el diablo es el gran adversario en la guerra permanente y antigua que libra contra las fuerzas del bien, en la metáfora legal del hombre bajo proceso, recupera su original valor etimológico de 'acusador.'

Si es posible comparar una discusión verbal con un duelo o una batalla es porque, en rigor, la distancia entre el juicio y la guerra es equivalente a la que media entre acción verbal y acción no verbal: la ordalía, procedimiento judicial que toma a veces la forma de duelo en el que Dios expresa su sentencia, es un caso extremo y claro de esta *quasi* identidad.

En el léxico de los *Milagros*, Berceo privilegia y relaciona los campos semánticos del juicio y de la guerra. En juegos de palabras que superponen guerra y juicio se apoya buena parte del lenguaje metafórico del texto. Basten unos pocos ejemplos. Esteban, juez venal, ha sido mal *ballestero* (10, 244); en los pleitos por el alma, los ángeles se traban en *batalla* con los malos *guerreros* (2, 87 y 96) y Santiago defiende a su romero a modo de valiente lidiador ("issiólis a grand priessa luego a la carrera, / paróselis delante, enna az delantera" 8, 198). Los alegatos del juicio son *clamores* de guerra (8, 205 y 216); la abadesa, sometida a proceso, ve que la persiguen "sobre grant *apellido*" (21, 524). Palabras como *baraja*, *partida*, *vozero*, *vozería* y *vozear*, *desamparar* apuntan claramente a los dos sentidos, el militar y el jurídico. La disputa por el alma es *baraja* (8, 206), en sus dos acepciones ('pelea, riña' y también 'cuestión', en sentido legal). Cada una de las partes enfrentadas es *partida* (2, 90, en sentido militar y también jurídico) y tiene a su *vozero*, (2, 90; 8, 202): 'abogado' pero también 'el que da voces en la batalla'). Se oye la *mala vozería* (10, 245) de los diablos que reclaman el alma, y, en ocasiones, los ángeles no tienen las armas metafóricas para reclamarla como propia ("Non ovieron los ángeles razón de vozealla" 2, 87). María no quiere *desamparar* el alma de un devoto (2, 89), donde *desamparar* además de ser 'abandonar o dejar sin amparo,' tiene ecos militares ("desamparar el campo") y también legales (*desamparar bienes* es, en sentido forense, 'hacer dejación de ellos, para evadir la molestia de los acreedores' y *desamparar la apelación*, 'declararla por desierta'). Berceo no hace más que utilizar al máximo la fusión de estos campos semánticos inscrita en la lengua misma, y también en la historia.[2]

---

[2] Para fórmulas épicas, véase Dutton ("Cantares") y para la familiaridad de Berceo con el léxico judicial, "Profession" y "Popularization." Por otro

El pecado original trae la conciencia del tiempo y con ella, la experiencia de división y de discordia. Cuerpo y alma, premio y castigo, vida y muerte, son algunas de las oposiciones más notables en los relatos de Berceo, que también manifiestan esta visión maniquea en su factura verbal, en la tendencia, por ejemplo, a la adjetivación pobre y polarizada (Sobejano 186). La concepción binaria y antagónica de un mundo tironeado por las fuerzas del bien y del mal, tan obvia en las escenas de juicios y batallas, está presente también en la aparente paz perfecta del prado de María, construido poéticamente a fuerza de afirmar a María y de negar a Satán:

> Avién y grand abondo   de buenas arboledas,
> milgranos e figueras,   peros e mazanedas,
> e muchas otras fructas   de diversas monedas,
> mas non avié ningunas   podridas nin azedas. (4)

A primera vista, esas arboledas, que van dibujando un paisaje de goce (notemos el *ledas* que se esconde en el final de *arboledas*) dan, todas, frutos dulces y perfectos. Con todo, la última línea de la copla predica también una negación. Si se tiene en cuenta que *azedo* mantiene en la Edad Media el mismo significado de 'vinagre' que tenía el latín *acetum*, y que vinagre y hedor son emblemas del diablo, negar las frutas podridas y ácidas equivale a sugerir y simultáneamente ausentar la figura de Satán.[3]

Acaso en este contexto es donde deben valorarse las litotes de Berceo, evidentes aun en una primera lectura no sólo por su frecuencia sino también porque, por lo general, al ocurrir en la última línea, afectan a la estructura entera de la copla. El prado no

---

lado, Bustos Tovar (246-47) ha apuntado los cultismos jurídicos y de cancillería en Berceo.

[3] En el milagro 10 puede leerse la otra cara de este paisaje en la escena del alma en poder de los diablos:

> Prisiéronlo por tiellas   los guerreros antigos,
> los qe siempre nos fueron   mortales enemigos,
> dávanli por pitanza   *non mazanas nin figos*,
> *mas fumo e vinagre*,   feridas e pelcigos. (246)

pierde su belleza por calor ni por frío; ninguna tempestad le hace perder su verdura; no hay músico, ni instrumento, ni cantor que pueda compararse con la armonía de las aves; se trata, en fin, del sitio donde se pierden y se olvidan, esto es, no existen, los sudores, el cuidado y el "lazerio." El prado de María es el campo que sólo habitan aves cantoras y en donde no entra la serpiente.[4]

La litote es parte del procedimiento más amplio de la negación. Sin duda alguna, esas negaciones, semánticas o gramaticales, afirman poéticamente la perfección del prado. Es sabido que la fórmula de afirmar negando, corriente en la literatura patrística y en la lengua de los místicos, es vehículo apto para expresar lo inefable o para hablar de Dios. También remite a los tropos negativos de la búsqueda del Paraíso y al tópico de la Edad Dorada —sin guerras, sin clima hostil, sin vergüenza— (Gellrich 112). Decir, sin embargo, que en el discurso poético de Berceo predomina la fórmula de afirmar negando no es suficiente porque significa, entre otras cosas, reducir la negación de algo a la afirmación de su contrario y eliminar, con lógica defectuosa, lo que esas negaciones *también* predican. Decir que una fruta no es ácida no equivale a predicar su dulzura; afirmar que en el prado ningún hombre perdería la vista no es lo mismo que predicar su visión perfecta. Si se miran sus consecuencias, la negación no es un vehículo *transparente* de la afirmación superlativa: al negar los sudores, al obliterar las frutas podridas, al borrar toda falta, mengua y accidente, esas predicaciones tienen también el efecto de recordar lo mismo que eliminan, de crearlo, en rigor, con las palabras que lo niegan. La fórmula de afirmar negando es adecuada para describir el prado mariano sólo si se entiende en ella el acto doble de afirmar y de negar, esto es, si se percibe que negar los sudores es tan importante como afirmar la frescura. El prado afirma la perfección de María y convoca la presencia del mal para predicar su obliteración. Creo que en los *Milagros*, la litote es una manifestación, entre muchas otras, de los dos predicados más frecuentes del texto: afirmar y negar, uno tan importante como el otro. Los dos movimientos recorren el texto de maneras múltiples, en el nivel de las palabras, de la sintaxis, de la semántica.

---

[4] Sobre la litote, véase Artiles, 55-57.

En la vida, como en los juicios y batallas de ultratumba, María se constituye como una afirmación contra el Otro, cuando defiende al hombre de los ataques del diablo y de su propia naturaleza. Los atributos del diablo son la multiplicidad y el movimiento, la rapiña, el engaño y la risa; enemigo del hombre, lo tienta en vida y lo maltrata en muerte. (El carácter leguleyo de los diablos de Berceo, lugar común de la época, es un motivo, entre varios, que acerca a diablos y judíos, asociados en el cristianismo con la letra de las Escrituras.) A los diablos leguleyos que se adhieren puntualmente a la letra de la ley (2, 91) se opone la figura de María, asociada siempre con la palabra oral, que contrapone a la lógica (a veces falaz, a veces impecable) del demonio, el privilegio del amor. Es sobre todo en las escenas de los pleitos por el alma, donde María adquiere todo el atractivo propio del discurso del poder, intimidante, antiintelectualista y transgresor. Pero si pensamos en las escenas de agradecimiento colectivo, María aparece también como la única forma de orden posible, confundido con el de la naturaleza, como una afirmación que no niega su opuesto. En este sentido, el culto mariano ejerce el doble atractivo de las dos caras de la opresión benigna: el poder que sale victorioso contra el Otro; y también la única forma natural de orden.

Afirmar y negar son los predicados que caracterizan las dos inflexiones de la Iglesia. Contrapartida de la Iglesia Triunfante, la negación es el predicado de la Iglesia Militante:

> Segunda manera de la Iglesia es la deste mundo, donde se ayuntan los fieles de Dios e lidian por la Fee con siete maneras de henemigos: contra sus voluntades; contra sus malas obras; contra los henemigos del diablo; contra conseios de omnes malos; contra los sabores del mundo; contra las aduersidades de los tienpos; contra temor de la muerte. E porque sienpre está en guerra, llámanla Iglesia Militant, que quiere dezir lidiador; porque sienpre está guerreando contra aquellas cosas e hordenando cómmo guerree. (Alfonso el Sabio, *Setenario* 69-70)

En la pradera, la lucha ha quedado atrás y se transparenta en litotes y en la ausencia de toda disonancia. El romero liberado del prado, los cantos de las aves que, lejos de rivalizar, concuerdan todas en el punto, son anticipo en este mundo de la Iglesia Triunfante.

El relato de Teófilo que clausura el texto de los *Milagros*, presenta con fuerza pareja las dos inflexiones de la Iglesia, en su apoteosis terrena y celestial. Teófilo se diferencia de los otros personajes de Berceo (véase Burkard). A mi juicio, la impresión fuerte de su individualidad se debe por lo menos a dos factores. Con penetración digna de cualquier perspectiva psicológica moderna, Berceo muestra que el pecado de Teófilo ha sido la soberbia escondida detrás de una falsa humildad. En términos no teológicos, el rasgo central que construye su personalidad es su deseo ardiente de ser más. Su penitencia es la más notable; su pecado, el peor. Mary F. Braswell (40-41) señala que a pesar de que el carácter único del alma individual es esencial en el cristianismo, desde el punto de vista de la psicología literaria, la clase de humildad exigida por la penitencia está en oposición con el individualismo porque el penitente, cuando está verdaderamente contrito, pierde gran parte de lo que lo hace único. Es también ese deseo de ser más lo que diferencia las plegarias de Teófilo de las de otros personajes porque aun en esas plegarias, Teófilo sigue separándose de los demás:

> Non ovo mayor culpa   Judás el traïdor
> qe por poccos dineros   vendió a su sennor;
> yo pequé sobre todos,   mesquino peccador,
> qe por mí non será   ninguno rogador. (25, 800)
>
> ...
>
> El día del judizio,   yo, falsso traïdor,
> ¿con quál cara verré   ant el nuestro Sennor?
> De mí fablarán todos,   mesquino peccador,
> non verrá a la junta   de mí otro peor. (25, 802)

Pero hasta Teófilo acalla su propia voz. En la iglesia, terminada la misa, es el obispo quien toma la palabra (siete coplas enteras, 884-890) para contar la historia de Teófilo a la congregación.

Los cristianos hacen "grandes laudes" y cantan luego el "Te Deum" (892), himno que, con sus metáforas guerreras, como la del ejército reluciente de los mártires ("Te martyrum candidatus laudat exercitus"), es especialmente apto para la escena que va a preludiar:

Desent mandó el bispo   fazer muy grand foguera,
veyéndolo el pueblo   qe en la glesia era;
echó aquesta carta   dentro en la calera,
ardió, tornó cenisa   pargamino e cera. (25, 893)

Como en el milagro del niño judío, el canto precede a la hoguera
donde se quemará públicamente, en acto de concordia, la carta de
vasallaje al diablo (o el padre judío). Y es en la iglesia, donde Teófilo,
silenciado ya, alcanza la apoteosis de la santidad.

RÉPLICAS

La Virgen cambia la dirección de los acontecimientos: en
muchos casos, su voluntad se opone a los intereses temporales (m.
15); sus milagros revierten las consecuencias esperables de naufra-
gios e incendios (milagros 14, 19 y 22); sus juicios revocan el
dictamen de la justicia humana (milagros 3, 6, 9, 21, 17). En el
milagro 3, María subraya la oposición con énfasis notable:

"El qe *vos* soterrastes   luenne del cimiterio,
al qe *vos* non quisiestes   fazer nul ministerio,
yo por ésti te fago   todo est reguncerio;
si bien no lo recabdas,   tente por en lazerio." (3, 110)

El tema del *dictamen revocado*, que remite a la concepción cristiana
de la historia, encuentra fórmula suscinta en uno de los gozos
(significativamente el último) rezados por el clérigo devoto: "la ley
vieja cerresti e la nueva abrist" (4, 119).

De hecho, la intriga de los relatos despliega el modelo del
dictamen revocado en sus múltiples variaciones posibles. En los
relatos que narran pleitos por el alma, que afectan a individuos
marcados por alguna forma de *cupiditas* (sexualidad, en los milagros
2, 7, 8; o codicia de ganancias en el 10 y el 11), ese principio de
revocación da lugar al desarrollo de dos líneas argumentales. La
primera de ellas es una historia de pecado que termina en muerte;
en la segunda, el alma disputada se salva gracias a alguna clase de
intercesión. El primer final, negativo, es cancelado por el segundo,
que implica alguna clase de premio y asegura un desenlace feliz. En

estos pleitos por el alma, los dos sistemas judiciales, el antiguo y el más moderno, quedan representados secuencialmente: primero, los ángeles batallan con los diablos (antiguo *judicium Dei*); luego, en la disputa de María con los diablos, la violencia se verbaliza en el juicio. Mientras los diablos se atienen al texto de la ley, María disputa la admisibilidad de los alegatos ateniéndose a las razones del caso específico.

Entre las dos historias se puede advertir una relación especular en virtud de la cual una es réplica invertida de la otra. Cada una de las dos partes del relato constituye una historia completa, con principio, medio y desenlace, autosuficiente desde el punto de vista puramente narrativo, pero las dos pertenecen a una estructura mayor que les quita autonomía de modo que sólo en la relación de una con la otra, cada historia adquiere su sentido completo. Es este rasgo lo que acerca estos relatos a la tipología.

El texto de Berceo se hace eco de las ideas medievales sobre la sexualidad: continencia, poder y vida se relacionan del mismo modo que sexo, debilidad y muerte. La virginidad da fuerza al monje como *miles Christi* y lo protege contra los ataques del diablo; la privación sexual, castración ficticia simbolizada en la tonsura, va pareja con el poder del sacerdote. Como la "yerva enconada" que pisa la abadesa, la actividad sexual es infección y enfermedad. Fornicación y soberbia son, respectivamente, los pecados del sacristán fornicario y de Siagrio. El hecho de que los dos reciban un castigo similar —el sacristán, "enfogado" en el río y Siagrio, "enfogado" por la casulla de San Ildefonso— revela también la asociación entre sexualidad y soberbia, que San Agustín identificaba con el pecado original (Bugge 115). La sexualidad, o mejor, la obliteración de la sexualidad, cobra todavía más importancia porque es el significado privilegiado del prado "bien sencido," esto es, 'intacto y no hollado,' que Berceo escoge para nombrar a María en el prólogo.

De estas ideas corrientes en la Edad Media, acaso lo más significativo sea que los relatos que tocan asuntos sexuales son también milagros de resurrección, historias en las que se cuenta el paso de la muerte a la vida, y en las que la sexualidad es motivo que articula y actualiza el gran tema del dictamen revocado. La revocación es una réplica implícita, que a veces se manifiesta en oposiciones que subsumen, casi emblemáticamente, los significados de las acciones narradas. En el milagro del monje de San Pedro, por ejemplo, la actuación del protagonista después de resucitar es una suerte de réplica, en el doble sentido de copia y de respuesta, de la conducta que lo había caracterizado antes de morir: limpiará la basura en la tumba del viejo monje que guía su regreso a la vida (c. 177), así como antes de morir, limpiaba su cuerpo con lectuarios (c. 162). Cuerpo y basura quedan perfectamente equiparados.

Parecida oposición es la que articula la historia del sacristán fornicario. En la fuente latina, el diablo empuja al sacristán al río ("a diabolo impulsus... cecidit"); Berceo, que no atribuye la caída explícitamente al demonio, escoge otro camino para hacerlo responsable de la mala fortuna del protagonista. La corrupción del sacristán se presenta como consecuencia final de los constantes asedios de Satán:

> El enemigo malo,   de Belzebud vicario,
> que siempre fue e éslo   de los buenos contrario,
> tanto pudió *bullir*   el sotil aversario
> que corrompió al monge,   fízolo *fornicario*. (2, 78)

La elección de la metáfora ("tanto pudió bullir...") es significativa: de 'hervir el agua u otro líquido', *bullir*, aplicado también a la sangre humana, significa 'moverse como saltando y dando borbollones,' 'menearse con demasiada viveza, no parar ni estar sosegado.' A las claras, ese movimiento diabólico queda aquí asociado con la actividad sexual. (El calor implicado en 'bullir,' atributo común de infierno y sexo, está presente también en el "fornicio," si pensamos en su etimología.) Por otra parte, las "salidas nocturnas" del sacristán, son, por más de una razón, figuras de la actividad sexual.

Pero, por gracia de María, el sacristán resucita y reforma su vida:

> Confessóse el monge   e fizo penitencia,
> mejoróse de toda   su mala contenencia,
> sirvió a la Gloriosa   mientre ovo potencia,
> finó quando Dios quiso   sin mala repindencia,
> requiescat in pace   cum divina clemencia. (2, 99)

Resulta difícil aceptar el significado diluido que el pudor de editores y estudiosos del léxico de Berceo suele atribuir aquí a la palabra "contenencia." Lanchetas: 'aspecto, presencia;' Devoto (*Milagros*): 'continente, aire del semblante y actitud y compostura del cuerpo;' Bustos Tovar: 'porte, compostura, aspecto;' Gerli (*Milagros*): 'conducta.' Esas lecturas diluidas olvidan la considerable franqueza medieval en materias sexuales (Deyermond, *Poetry* 53; Keller, *Berceo* 28-29). En el glosario de su utilísima edición, Claudio García Turza (*Milagros*) atribuye a la palabra en este verso la acepción de 'conducta,' o 'comportamiento,' pero incluye también la acepción de 'continencia', 'sobriedad', 'templanza', comparándola con el valor de 'castidad' que tiene "contenimiento" en el Nuevo Testamento (eds. Montgomery y Baldwin). En *VSDom.* encontramos, una muy cerca de la otra, las dos acepciones. 'Aspecto', 'gesto', en la descripción de un diablo "que facié continencias más suzias que un can" (334), donde no es improbable que se aluda a gestos obscenos. Y 'castidad', en la copla 326, referida a Oria como "de limpia continencia," en rima con "abstinencia," "pacïencïa" y "femencia."

Al valor que *contenencia* tiene de 'contienda' (derivado del latino *contentio*), que aquí aludiría a los continuos asedios del diablo, se añade la acepción derivada de *continentia* y *contineo*: 'virtud que modera y refrena las pasiones y afectos del ánimo' y, por extensión, 'templanza en el apetito venéreo.' Estas acepciones son, a las claras, más apropiadas que las de 'porte' o 'conducta', si pensamos que por "continentes," se entiende, desde el cristianismo temprano, 'vírgenes de ambos sexos.' La acepción de 'castidad' se confirma y enriquece con el contexto creado por la rima en la línea siguiente, que acerca *contenencia* y *potencia* ("sirvió a la Gloriosa mientre ovo potencia"). *Potencia*, que denota 'la facultad para ejecutar algo o producir algún efecto', es también, obviamente, 'la fuerza generativa,' equivalente a la que expresan las palabras latinas *potentia* y *virtus*. Recuperadas las connotaciones sexuales de *bullir*, *continentia* y *potentia*, el "requiescat in pace" del final, es, además de fórmula mortuoria, figura elocuente del cambio radical operado por María en el sacristán desasosegado e incontinente.

También la réplica estructura el relato del romero de Santiago:

A	B
Un hombre decide ir a Santiago.	Los diablos llevan su alma.
Pero peca antes de partir.	Pero Santiago defiende el alma.
En viaje, el diablo, en forma de Santiago, lo juzga y dicta su sentencia.	En el proceso judicial entre Santiago y los diablos, María dicta su sentencia.
El hombre se suicida.	El hombre resucita.
Sus compañeros de romería se admiran y huyen temerosos.	Todos se admiran y dan gracias.

Además de replicarse en la estructura, las dos historias quedan unidas también en el plano conceptual, gracias a dos motivos: la ortiga y la cochura. Vale la pena notar que la fuente latina no incluye ni la "mala hortiga" del principio, ni la "cochura" del final; tampoco la cantiga 26 de Alfonso incluye ninguna instancia de lenguaje metafórico para referirse a la fornicación del romero antes de salir. "Ortiga" y "cochura" poseen su significado propio, pero también cada una apunta a la otra, y es esa asociación peculiar lo que les confiere una significación simbólica.

La primera historia está construida especularmente, alrededor de los dos pecados del romero (la fornicación y el suicidio). Antes de salir de romería, Guiralt comete la primera transgresión:

> Quand a essir ovieron   fizo una nemiga:
> en logar de vigilia   yogo con su amiga.
> Non tomó penitencia   como la ley prediga,
> metióse al camino   con su mala hortiga. (8, 185)[5]

---

[5] Nótese la diferencia con la cantiga 26 de Alfonso, en donde la culpa del romero se centra en el amor fuera del matrimonio: vv. 22-25: "pero desto fez maldade/ que ant' albergar/ foi con moller sen bondade,/ sen con ela casar."

Con todo, es el suicidio la razón que los diablos invocan para establecer su derecho al alma del romero. Aunque presentado como contraparte de la fornicación, el suicidio no es sino una copia del "fornicio." Se trata de una réplica o imagen que, como la de un espejo deformante, agranda en forma desproporcionada el original: de fornicar, a castrarse y degollarse. A la luz del suicidio, el acto sexual se revela ya no sólo como signo de fornicación, pecado relativamente fácil de redimir, sino como un acto de violencia contra el propio cuerpo, el pecado irreparable del suicidio. El punto en el que convergen los dos actos es precisamente el lugar del sexo.

Después de acostarse con su amiga, y sin hacer penitencia, Guiralt se va a Santiago con su pecado a cuestas ("metióse al camino con su mala hortiga," 185). La "mala hortiga," como indicó Artiles (pp. 211-212), es un "modismo aldeano." Dutton ("Apuntes" 11-12) se detiene en la palabra "ortiga," y las variantes "hormiga," de la copia Ibarreta (basada en el ms. Q) y "horriga" (basada en F). Montoya (*Milagros*) prefiere restituir la primera lectura "hormiga" por parecerle más de acuerdo con el contexto ("mala conciencia") y por existir una enfermedad que se distinguía por la comezón que producía, llamada "noli me tangere u hormiga." Prefiero "hortiga," aunque la lectura de Montoya no alteraría esencialmente mi interpretación. Dutton ("Apuntes" 11-12) recupera el contexto bíblico de la palabra: "Pasé junto al campo del perezoso y junto a la viña del insensato. Y todo eran cardos y ortigas que habían cubierto su haz, y su albarrada estaba destruida" (*Proverbios* 24: 30-31). "Y en sus palacios crecerán las zarzas, en sus fortalezas las ortigas y los cardos, y serán morada de chacales y refugio de avestruces" (*Isaías* 34:13).

Creo que en el contexto del relato del romero de Santiago, "la mala hortiga" de Berceo, posee una carga semántica más específica que la connotación general de 'destrucción.'

Metáfora del acto sexual, la ortiga —'planta cuyas hojas, cubiertas de pelos, segregan un líquido irritante, que penetra en la piel por simple contacto'— es también signo metonímico del órgano sexual. Esta primera acepción de la palabra, que remite a su etimología latina (*urtica*), incluye el escozor o urticaria que produce, motivo que Berceo repite al final del relato:

La plaga qe oviera   de la degolladura
abés parecié d'ella   la sobresanadura;
perdió él la dolor   e toda la cochura,
todos dizién: "Est omne   fue de buena ventura." (8, 211)

La "cochura" es, entonces, el puente semántico que Berceo tiende
entre las dos partes de la historia: por una parte, alude explícitamente a las heridas que el mismo Guiralt se infligió al castrarse y
degollarse; por la otra, remite también al efecto de la "mala hortiga."
Sexo y suicidio se fusionan y, de este modo, el diablo resulta
responsable no sólo del suicidio, sino también de la fornicación. Pero
María salva a Guiralt: no sólo le restituye la vida sino que lo cura
de sus heridas, borrando el escozor, que crearía una vívida conciencia del cuerpo.

John Bugge (35-37 y 141) explica que la virginidad de María no
es esencial para comprender la perfección virginal del monasticismo,
sino que ocurre precisamente al revés: es, más bien, el carácter
reductivo del ideal monástico lo que ayuda a entender de modo más
profundo el significado de la pureza mariana. En su formulación más
breve, la *simplicitas* consiste en evitar "la complejidad característica
de una mente atraída a objetos múltiples y variados" (Leclercq, *Love*
121). Dios es perfectamente uno y simple; puesto que todo lo que no
es Dios existe bajo las condiciones del tiempo y de la multiplicidad,
cuanto más cede el individuo a la fragmentación, más pronunciada
es la distancia que lo separa de Dios. De ahí que el alma debe tender
a la apatía. Si entendemos la virginidad de María y la continencia
exigida a sus devotos como parte del ideal monástico de la
simplicitas, la visión de la sexualidad que ofrecen los *Milagros*
forma parte de un cuadro más amplio, que abarca el presente, el
pasado y el futuro, que incluye el cuerpo, la memoria, y el deseo,
que compromete, en fin, todos los lugares de la identidad.

EL EFECTO MARIANO: AISLAMIENTO Y ENAJENACIÓN

Y todo el que dejare hermanos o hermanas, o padre o madre, o hijos o
campos, por amor de mi nombre, recibirá el céntuplo y heredará la vida
eterna. (Mateo 19:29)

Le foglie, i fiori e il seme provocano il sonno, ma usandosi troppo fa impazzire. (Herbario de Durante)

> Perdieron la memoria   ca bien lo merecieron,
> el lego e el clérigo   tod el seso perdieron;
> fueron pora la puerta,   fallar no la podieron,
> andavan en radío   los qe por mal nacieron.
>
> De lo que avién preso   non se podién quitar,
> ya lo querrién de grado,   si podiessen, dexar,
> dexarlo ién de grado,   no lo querrién levar,
> mas do era la puerta   no lo sabién asmar.
>
> Andavan tanteando   de rencón en rencón,
>
>   ...
>
> Los locos malastrugos,   de Dios desemparados,
> andavan como beudos,   todos descalavrados,
> oras davan de rostros,   oras de los costados,
> de ir en romería   estavan mal guisados. (24, 720-723)[6]

El momento en el que los ladrones de la toca de la Virgen no pueden encontrar la salida de la iglesia es, sin lugar a dudas, el ejemplo literariamente más logrado de la alienación. En esta espléndida escena, que pinta el horror de haber perdido la memoria en el más literal de los sentidos, los ladrones se dan contra los muros, no pueden orientarse en el espacio, pierden el equilibrio, se pierden.

La individualidad aislada de relaciones sociales es idea románti-ca. Como ocurre, en rigor, con cualquier concepto y con cualquier palabra, la identidad adquiere su perfil sólo contra "lo otro," y se constituye en ciertas metáforas colectivas predominantes en cada momento histórico. En esas metáforas, basadas en la idea de que cada sujeto se realiza y adquiere una identidad en tanto reconoce un lugar para sí y para los otros (Flahaut 58-59), las relaciones espaciales ocupan un lugar preponderante. Comprendían bien el valor del espacio los retóricos clásicos, cuando incluían el *locus* como primera propiedad de las cosas (Bloch, *Etymologies* 55).

---

[6] Véase, sobre este milagro, el trabajo de Keller ("Enigma").

Si salir es dirigirse a ese lugar desprotegido que es el mundo, lleno de intrigas y de odios, como el de las monjas resentidas de la abadesa encinta, María y la Iglesia ocupan, a las claras, el sitio de la interioridad. El amor mariano tiene la capacidad de reintegrar a los exiliados: María cambia el sitio de la tumba del clérigo pecador (muerto "defuera de la villa," 104) y la flor que sale, intacta, de su boca, es signo visible de que el monje ha sido reintegrado al sitio de la gracia. Ese lugar interior se define en oposición a los intereses del mundo. Separado de familia y amigos, el novio del milagro 15 encuentra su bienestar en el mero acto de entrar en la iglesia ("*entró fer oración el novio refrescado*" 15, 338; "*Issió* de la eglesia el novio maestrado" 15, 343). Apartado del cortejo de su propia boda, el momento de reflexión, incompartible, se describe como acto de oración y encuentro con María.

El milagro de la abadesa encinta desarrolla la oposición de lo de adentro y lo de afuera en la estructura misma del relato, en el que una serie de variaciones de esa oposición central apuntala los momentos de la intriga y estructura las acciones de modo extremadamente lógico y compacto. El conflicto se divide en dos direcciones, que desarrollan motivos paralelos y opuestos. Si las monjas recurren a la autoridad eclesiástica cuando envían la carta al obispo, la abadesa se encierra en su oratorio y dirige su plegaria a María. En el concejo, el obispo inicia el proceso, mientras la abadesa ruega a la Virgen, apartada en su oratorio. A los trajines del juicio, con sus cartas y evidencias, con su juez, sus demandantes y emisarios que buscan las pruebas pertinentes, se oponen la plegaria encerrada e íntima y la simplicidad del milagro privado de María. Salir, por fin, es signo de expulsión en las dos sentencias: antes del proceso, el obispo increpa a la abadesa y la amenaza con expulsarla del convento; más tarde, después de hallar su cuerpo cerrado y virgen, dicta la misma sentencia de expulsión contra las monjas. El desenlace del relato remplaza el primer fallo del obispo (expulsión de las monjas) con la confesión semiprivada de la abadesa que, al exponerse al "mal porfazo" que tanto horror le ha causado antes, confirma que ha sido digna del milagro de María. (Estamos todavía muy lejos de Boccaccio, cuya abadesa —*Decamerone* IX, 2— es personaje que sirve para mostrar la ceguera de los que miran, buscan y espían delitos ajenos.) Justicia humana y justicia mariana, palabra escrita (carta) y oral (plegaria), expulsión y encerramiento, son motivos fuertemente entrelazados que se iluminan entre sí a lo largo de la historia.

La angustia de la abadesa proviene de anticipar la vergüenza pública (el "mal porfazo"), cuando su falta *salga* "a consejo" (516, 523c, 532b), y su plegaria no revela un dilema moral sino el terror que le produce prever la sanción social que recibirá por su conducta. La abadesa pide un milagro de María y asegura que, si no cumple su promesa de no pecar otra vez, la Virgen podrá enviarle el peor de los castigos que puede concebir:

> "Quiero contra tu Fijo   dar a ti por fianza,
> que nunca más non torne   en aquesta erranza,
> Madre, si fallesciero,   faz en mí tal venganza
> que tod el mundo fable   de la mi malandanza." (527)

El motivo se repite también, en el relato de la abadesa, a la llegada del obispo, cuando la protagonista debe abandonar el sitio del concejo ("essit vos al ostal" 551; "Issió la abbadessa fuera del consistorio" 552). "Celar" y descubrir, encerrar y salir, son parejas de opuestos que semánticamente dependen de la oposición central entre lo privado, oculto y secreto, y lo público y visible. En vano trata la abadesa de "celar" la "flama encendida" (509) que las monjas se niegan a "encobrir" (511). En busca de evidencias, los enviados del obispo "tolliéronli la saya" (555); el obispo, que insiste en que "otra quilma tiene de yuso los vestidos" (558), decide examinarla él mismo ("fízoli despujar la cogulla sin grado," 560). Conceptualmente atado a esta oposición, se desarrolla el motivo del encierro, con el sentido de guardar el cuerpo de toda apertura al mundo. Las monjas acusan a la abadesa para vengarse de la rígida disciplina que ésta les impone ("Apremiávalas mucho, teniélas *encerradas*...," 510); la abadesa pide una salida a su situación, *encerrada* en su oratorio. La historia, en fin, acaba con la buena vida de todos, expresada también como un encerramiento: "*encerraron* su vida en buena paçiencia" (573).[7]

---

[7] La conclusión del narrador ("fo bona pora todos essa visitación," 574d)

El oratorio y el capítulo son figuras de esa antinomia entre lugar interior y privado, y espacio exterior, público y hostil. Después del coro, el capítulo es el lugar más importante del monasterio medieval. En la casa capitular se reúnen los monjes después de la misa de la mañana; allí, después de la lectura y del sermón del abad, se tratan los asuntos de la comunidad. Éste es el momento en que quienes han contravenido la Regla confiesan en voz alta sus faltas o son acusados por otros y reciben penitencias. En cambio, el oratorio de la abadesa, dedicado a la Virgen, es el lugar de la intimidad:

> Bien fincarié la duenna   en su contemplación,
> laudando la Gloriosa,   faziendo oración,
> mas vínoli mandado   de la congregación
> qe fuesse a cabillo   facer responsïón. (21, 546)

Como todos los personajes de Berceo, la abadesa responde al modelo del iniciado, cuya metamorfosis espiritual consiste en separarse de su entorno, de su familia y su comunidad primarias para encontrar su sitio en el marco más amplio del hogar creado por la familia cristiana. En la vocación monástica, el principio se convierte en exigencia y se manifiesta en las interpretaciones etimológicas de la palabra "monje" (véase p. 234).

María intercede entre Dios y el ser humano, pero importa notar que sus mediaciones nunca tienen el efecto de unir a la gente en otra cosa que no sea el acto de alabarla. Pensemos otra vez en la historia de la abadesa: en el oratorio, la Virgen la libera del hijo y la anima con palabras que subrayan la ausencia de solidaridad que marca todo el relato:

---

y la repetición de las palabras "visitación" y "visitar" (511, 512), aunque evocan la *visitatio*, término del procedimiento legal, referidas al obispo, podrían también llevar a interpretar la paternidad del obispo en términos literales. De la carta que le envían las monjas se deduce que no es ésta la primera vez que el prelado visita el monasterio (511cd). La paternidad literal del obispo no me parece, sin embargo, una interpretación satisfactoria, porque los motivos que existen para apoyarla son demasiado tenues.

"Sepades que vos trayo   una buena promessa,
mejor que non qerrié   la vuestra prioressa." (21, 531)

La sugerencia de que las monjas cizañeras están probablemente
guiadas por una priora envidiosa de la autoridad de la abadesa es, sin
lugar a dudas, pincelada realista que remite a la enemistad proverbial entre abades y priores. Pero también tiene el efecto de confirmar
la separación de la abadesa de la comunidad de esas monjas con las
que comparte su vida.

La ausencia de afectividad no se limita a los sentimientos
maternos. En el texto, los pocos vínculos de solidaridad humana se
subordinan siempre, de un modo u otro, al amor mariano (para el
generoso mercader de Bizancio, véase pp. 142-43). En el milagro 5,
la Virgen galardona al pobre caritativo con la salvación eterna.
Berceo explica el premio: "Por ganar la Gloriosa qe él mucho
amava,/ partiélo con los pobres todo quanto ganava..." (5, 133), y la
propia María invoca las mismas razones, que Berceo escoge repetir:

"Tú mucho cobdiciest   la nuestra compannía,
sopist pora ganarla   bien buena maestría,
ca partiés tus almosnas,   diziés "Ave María,"
por qé lo faziés todo   yo bien lo entendía." (5, 135)

Las relaciones verticales con María se realizan a expensas del plano
horizontal de las relaciones humanas, sobre todo cuando se piensa
que el único acto comunitario que realizan los personajes humanos
de Berceo es precisamente el de alabar a María o ejecutar sus
sentencias (trasladando una tumba, nombrando un obispo, castigan-
do judíos).

Incluso el humor de los *Milagros* expresa a veces esta esencial
ausencia de solidaridad. Y aquí es necesario primero distinguir entre
la risa y la sonrisa. A veces, los actos o las palabras de María pueden
invitarnos a sonreír, pero la risa misma no es nunca atributo de la
Virgen. Ynduráin (65) ya ha notado cómo la regla benedictina
excluye la risa pero admite una *modesta hilaritas* y señala que en
esa clase de sonrisa silenciosa se basa el humor de Berceo. Solalinde
(*Milagros* xii) también señaló que Berceo nunca produce en el lector
la risotada franca de Juan Ruiz, sino más bien una sonrisa de

inteligencia. La alegría comunitaria de la fiesta mariana incluye la negación de la risa: pienso aquí en la fiesta que concluye el relato del mercader de Bizancio, largamente descrita con comidas y vinos, donde Berceo se detiene a señalar que los que participan "non trayen en su pleito ningun escarniment" (23, 699). La risa, en cambio, es atributo exclusivo del diablo. Después de resucitar, el romero de Santiago reforma su vida y evita la risa del diablo ("el enemigo malo non se fo d' él ridiendo" (8, 219). En el relato de la abadesa, la risa del diablo es también la risa del mundo que tanto teme la protagonista ("que podrié tod el mundo siempre de mí reír," 21, 543; "Si esta mi nemiga issiesse a consejo / de todas las mugieres serié riso sobejo" 21, 544), y sirve como motivación cínica a la carta de las monjas cizañeras:

> Vidieron que non era   cosa de encobrir,
> *si non podrié de todas   el diablo reír;*
> embiaron al bispo   por su carta decir
> que non las visitava   e deviélo padir. (21, 511)[8]

A las claras, estas mujeres quedan asociadas con el mundo y con el diablo. La risa, emblema de Satán, excluye y separa, y no es tanto signo de humor como de escarnio y vergüenza pública.

Centrado en las debilidades humanas, el humor de Berceo se entiende como recurso eficaz para entretener al público y como expresión de una actitud de benevolencia indulgente (Cirot). Importa valorar los dos aspectos de esa benevolencia: si por un lado, la sonrisa los une en la conciencia compartida de su debilidad, también rompe los lazos que podría vincularlos en algo que no fuera su propia impotencia. Narrador, personajes y lectores sonríen ante el inocente, el aterrado, el ignorante, y con ello trivializan todo sentimiento que no sea el amor por María.

---

[8] La presencia del diablo detrás de estas monjas envidiosas se manifiesta también en las palabras de María: "non ayades nul miedo de caer en porfazo / bien vos ha Dios guardada de caer en tal lazo" (532b). La rima asocia este "porfazo" con el "lazo," instrumento paradigmático del diablo para tender sus trampas.

En el marco teológico, frente a la Caída, que representa la alienación de la humanidad con respecto a la naturaleza, la Redención ofrece la reconciliación del hombre al esquema natural (Gerli, "Tipología" 8). Abundan en los *Milagros* expresiones del efecto enajenante del mal. El pecado viene de afuera y tiene el efecto de excluir y alienar. El sacristán fornicario se ahoga en el río, "fuera de la freiría (2, 81), en una de tantas noches en que sale "fuera del dormitor" (2, 79); el judío lleva a Teófilo fuera de la villa a encontrarse con el diablo ("Prísolo por la mano, la nochi bien mediada, / sacólo de la villa a una cruzejada..." 25, 778). El pecado se describe a veces como efecto de las hierbas administradas por un curandero maligno: "Semejas ervolado, qe as yervas bevido," le reprocha María al novio que la ha abandonado (15, 340). "Como embellinnado" (25, 774), Teófilo decide seguir al judío que lo llevará a pactar con el diablo. Recojo de los útiles apuntes botánicos de Dutton ("Apuntes" 231) unas líneas del Herbario de Durante en las que se describe el beleño como hierba que causa vértigo y locura:

> quei che la [la hierba] bevono escono di cervello, e minacciano altrui con parole altercatorie... non è da usarle imperochè fa vertigini e fa impazzire... Preso dentro al corpo è venenoso [el beleño], causa vertigina, aggrava la testa, fa farneticare e altercare chi lo mangia, e per questo è chiamato *alterco e disturbio* ancora... Le foglie, i fiori e il seme provocano il sonno, ma usandosi troppo fa impazzire.

Me interesa el efecto doble indicado hacia el final de esta explicación: según se la tome con medida o con exceso, la hierba puede ayudar a dormir o llevar a la locura. Ambos efectos, el benigno y el maligno, son formas de perder la conciencia. Que entre sus efectos alienadores, el diablo produzca la locura se adecua perfectamente con las ideas consabidas: menos obvio, en cambio, es el hecho de que María ayude a dormir.

El relato del clérigo borracho desarrolla el motivo folklórico del hombre alcoholizado que sufre alucinaciones. Deyermond ("Diablo" 86-87) se ha detenido en las clases de sueños (*insomnium* y *visum*, Lewis, 63-65) pertinentes en este milagro, según la compleja y detallada teoría medieval heredada de la antigüedad tardía. El sitio de su "caída," la bodega donde se emborracha, es espacio asociado con las ideas de oscuridad e interioridad, donde termina durmiendo su mal sueño, acostado en la tierra. Pero el clérigo despierta de ese dormir, y, tambaleando, sale hacia "la claustra" (20, 464). Todos los elementos del conflicto posterior, los ataques del diablo y la intervención de María, están ya presentados y resueltos en esta primera escena. De un encerramiento, el de la bodega y los instintos espantables, el clérigo retorna al otro lugar cerrado, pero benigno y elevado (debe subir las gradas) que es la iglesia, donde los terrores serán suplantados por el cuidado maternal de María.

Las figuras del diablo son expresiones metonímicas del propio clérigo atacado. Fuera de quicio, el toro "escalentado" replica al monje borracho "de cejo demudado." Los ojos desmesuradamente abiertos ("remellados") del perro rabioso son los ojos del terror. (Para "remellados," prefiero la acepción de 'muy abiertos' ofrecida por Dutton, que sigue a Corominas, pero véase también el comentario de Dana Nelson, "Quest" 52-53.) Pero María humilla y amansa al toro, espanta al perro y destierra al león. Los animales que asedian al clérigo borracho, como los cerdos y el hombre negro que amenazan destruir al monje borracho de Alfonso en la cantiga 82, son figuras del diablo que, en este caso, como en otros menos obvios, representa una suerte de "selva" simbólica, tan simbólica como el lugar ameno que es el prado. Sus repetidos ataques son expresiones metafóricas del indomesticado y rebelde mundo de los instintos (Bernheimer 3). Ataques y defensas son, en rigor, formas de representar una polaridad psíquica esencial: frente a los animales que encarnan el terror de las pesadillas, María ofrece el refugio del sueño y el poder benignos.

Como la aventura cortés, como la epifanía y la plegaria, la gracia, es experiencia solitaria y aislada del contexto social. Como la foresta de la aventura, el oratorio de la abadesa y la iglesia del clérigo borracho son espacios donde las relaciones sociales quedan suspendidas. Si el diablo separa, el amor mariano, como el cortés (uno de cuyos rasgos es la exclusividad: María o la amada), también subvierte la posibilidad de todas las otras posibles relaciones humanas. No coincido en esto con Brigitte Cazelles ("Souvenez"), que insiste sólo en que el diablo es el gran excluyente, apoyándose en una notable frase de Michel Serres: "S' il inclut, il est le symbole.

S' il exclut, il est le diabole" (335). Desde una perspectiva no teológica, también María excluye y separa. Si el diablo lleva al exilio "en áspero logar" (12, 286), la Virgen conduce "a logar temprado e abrigo" (12, 297), sitio de temperatura pareja, vientre materno.

Si los *Milagros* presentan una visión de la humanidad reificada y tironeada por María y por las fuerzas del Mal, es posible también pensar que describen experiencias límite en las que el hombre, asediado e impotente, se ve en una situación aparentemente sin salida. Así mirados, los relatos serían figuras de la vida como conflicto (exterior o interior). El mundo enmarañado y poderoso de los deseos se llama Satán. Y María es el nombre de todos los recursos interiores e inesperados gracias a los cuales el hombre encuentra, contra toda esperanza razonable, la salida. Dicho de otro modo, Virgen y demonios, además de constituir las fuerzas opuestas del conflicto universal que articula la historia sagrada, podrán verse también como vestiduras medievales que manifiestan caras diversas de la subjetividad.

LA SIMPLICIDAD Y EL SUEÑO CUMPLIDO DE LA INFANCIA PERMANENTE

La apatía y el ideal de la simplicidad requieren la extremada disciplina del autoexamen monacal, práctica que está indisoluble-mente unida con la obediencia y la contemplación. El monje está obligado a pedir permiso para absolutamente todo y debe obedecer siempre. Michel Foucault proponía que precisamente en esa vida de completo abandono de la propia voluntad, en la que no existe un solo momento de autonomía, es donde se constituye el yo. La obligación de dirigir los pensamientos continua y exclusivamente a Dios impone el constante escrutinio interior, que consiste en inmovilizar la conciencia, en eliminar el movimiento y la diversidad propios de un espíritu débil. El autoexamen se compara con la actividad del molinero que distingue los granos buenos de los malos antes de meterlos en el depósito; con la del militar que separa a los buenos de los malos soldados; o con la del cambista, que examina con extremo cuidado el metal y la factura de las monedas. Molinero, militar y cambista es la conciencia, que debe examinar los pensa-mientos, explorar de dónde vienen para verificar si están auténtica-mente dirigidos a Dios. El director espiritual es el intermediario indispensable para asegurar la limpieza absoluta del escrutinio; de ahí que el autoexamen se subordine a la obediencia y a la permanente verbalización de los pensamientos. En este modelo, el autoexamen y la interioridad se realizan afuera, delegando en otro el control absoluto de pensamiento y acto.[9]

No encontramos ningún rastro de ese autoexamen que asegura la simplicidad en los *Milagros*. Con todo, creo que la simplicidad queda actualizada poéticamente en la sacramentalidad difusa que invade la existencia de los devotos de María, en la pradera del romero, en el dormir sin sueño del clérigo borracho, en la quietud lograda por el sacristán fornicario, y también en la oposición entre lo múltiple y lo uno.

Lo oral y lo escrito se oponen como lo uno y verdadero frente a la multiplicidad falaz. Pensemos en las monjas envidiosas que traicionan a la abadesa con una carta enviada al obispo; o en las disputas legales por el alma, donde los diablos se atienen puntualmente a la letra de la ley. O en Siagrio, quien se sienta en la cátedra de su antecesor y decide vestir la casulla de Ildefonso, explicando por qué:

"Nunqa fue Illefonsso   de mayor dignidat,
tan bien so consegrado   como él por verdat,
todos somos eguales   enna umanidat." (1, 69)

El razonamiento falaz de Siagrio mezcla dos órdenes diferentes: el de la Iglesia, con sus rangos y dignidades (líneas bc) y el de la humanidad frente a Dios (línea d). Siagrio, como los diablos abogados, se atiene perversamente a la letra de la ley. Pensemos, por fin, en Teófilo. A diferencia de la confesión, que no puede sino hacerse oralmente, Teófilo hace su errado vasallaje por medio de una carta firme y sellada. En el otro extremo de esa muerte y perdición que produce la carta, está la connotación de oralidad que tiene el verbo *resucitar*, que significa 'citar, llamar de muerte a vida,' y que por eso está fuertemente relacionado con "vozear," palabra que Alfonso

---

[9] Las analogías son de Casiano (*First Conference of Abbot Moses* 18 y 20-22; y *First Conference of Abbot Serenus* 5), citadas por Foucault.

explica de esta manera:

> En qué manera rresuçita Nuestro Ssennor Ihesu Cristo los
> peccadores de los peccados que ffazen por conffessión o por
> penitençia. Çitar es palabra en latín que quier tanto dezir en
> lenguaie de Espanna commo llamar, et daquí ffué tomada
> rresuçitar, [que sse entiende] por sser llamado qui non es a que
> ssea. Et esto cae en los muertos más que en al, quando por la
> uertud de Dios tornan de muerte a vida, porque han mester de
> sser rresuçitados spiritualmiente ssegunt las almas. Esta misma
> ssemeiança es de las almas de los peccadores; que por los males
> que los cuerpos ffazen, que ellas conssienten, caen en pena de yr
> a inffierno, que es [muerte] ssin ffin." (*Setenario*, 192)

Frente a la presencia singular de María, el Mal está fuertemente
marcado por la pluralidad: los diablos aparecen en "gentíos" y
"mesnadas"; con multitud de razones bien trabadas engañan al
hombre. Esta esencial pluralidad del mal va pareja con su poder de
contaminación y también con su nebulosidad. En defensa del
labrador avaro, los ángeles, que carecen de razones para reclamar el
alma, invocan la amistad que el labrador tuvo con María:

> Luego qe esti nomne   de la sancta Reína
> udieron los dïablos   cogieron.s d'y aína;
> derramáronse todos   como una neblina,
> desampararon todos   a la alma mesquina. (11, 278)

El mal es, en efecto, una nebulosidad indiferenciada.

Las metamorfosis, nunca atribuidas a las fuerzas del Bien, son
coherentes con la oposición entre lo uno y lo múltiple. La única
posible excepción es la transformación de los romeros en palomas:

> Catando si algunos   muertos podrién veer,
> por darlis cimiterio,   so tierra los meter,
> vidieron palombiellas   de so la mar nacer,
> quantos fueron los muertos,   tantas podrién seer.
>
> Vidieron palombiellas   essir de so la mar,

más blancas qe las nieves   contra'l cielo volar;
credién qe eran almas   qe qerié Dios levar
al sancto Paraíso,   un glorioso logar. (22, 599-600)

Es notable, en primer lugar, el cuidado con que Berceo mantiene su distancia de narrador que refiere lo que otros vieron y creyeron. Los personajes de su relato son quienes interpretan que las palomas son los romeros muertos en el naufragio. Por otra parte, transcurre un tiempo considerable entre la desaparición de los náufragos en el mar y la aparición de las palomas, y es evidente que entre los dos sucesos ha mediado la muerte de los náufragos. El carácter irreversible de la transformación y sus sobretonos abiertamente simbólicos, si bien no la obliteran por completo, la relegan a un segundo plano. El episodio tiene, sobre todo, la clara función de suscitar la buena envidia de esos náufragos que han salvado el alma.

En el milagro del clérigo borracho, donde los ataques del toro, el perro y el león se presentan, más que como tentaciones, como amenazas a la vida, los signos del mal son el movimiento y el cambio, en contrapunto con la intervención singular y pareja de María. María es ubicua, puede aparecer y desaparecer a voluntad ("Tollióseli de ojos," 20, 489d). El diablo, en cambio, "desfaze su figura" (20, 480), adquiere la forma de Santiago para engañar al romero. La metamorfosis es parte de su naturaleza, y no consiste tanto en un cambio de forma sino en su adquisición. Porque el mal, en rigor, sólo dispone de la cara pintada para cada circunstancia detrás de la cual no hay otra cosa que un vacío esencial.

María manifiesta su poder en el estrecho ámbito del individuo aislado: los veinticinco milagros de Berceo muestran cómo la Virgen interviene en una vida, salva un alma, altera la dirección de un destino personal. En los juicios del alma, las sentencias que buscan los intermediarios angélicos, los santos, o la Virgen misma, constituyen excepciones. Reflexionando sobre la "justicia mariana," Saugnieux (*Berceo* 14, 23, 26-27, 32, 35 y 42), veía en estas excepciones signos de que María está por encima de la ley, aunque luego abandonó, con razón, su preocupación por señalar heterodoxias (*Cultures* 18). Parejos con la gracia, los castigos marianos no se infligen a quienes han transgredido una ley sino a los que han ofendido personalmente a la Virgen. La soberbia de Siagrio, el asesinato o intento de asesinato en los milagros 16, 17 y 18, y el robo en el 24 no son las transgresiones que desencadenan los castigos de María; porque atentan contra la vida de su Hijo, los judíos son castigados; ladrones y asesinos roban su casa, violan su espacio; Siagrio no obedece a su palabra. La adhesión a la ley amorosa de María es la lealtad de sus obreros; y la deslealtad (recordemos la etimología) designa, en este sistema, todos los actos de ilegalidad. El libro concluye con el ruego personal de Berceo a la Virgen: "...ca el tu privilegio vale a peccador." De hecho, la ley de María, "quita de dición," es *privilegio*, ley privada e individual.[10]

El relato del sacristán fornicario se abre con una copla que, como en la mayoría de los milagros, es adición de Berceo a la fuente latina:

> Amigos, si quisiéssedes   un pocco esperar,
> aun otro miraclo   vos qerría contar,
> qe por Sancta María   dennó Dios demostrar,
> *de cuya lege quiso   con su boca mamar.* (2, 75)

En el mismo relato, en su disputa con los diablos, María decide apelar al juicio de Cristo:

> "Serié en fervos fuerza   non buena parecencia,
> mas apello a Christo,   a la su audïencia,
> el qe es poderoso,   pleno de sapïencia,
> *de la su boca quiero   oír esta sentencia.*" (2, 93)[11]

---

[10] Para la palabra *privilegio*, véase Alfonso X el Sabio, *Primera Partida*, 12, 1: "Qué quiere dezir privilegio e en qué cosas la eglesia es priuilegiada: Priuilegio tanto quiere dezir como ley apartada que es fecha sennaladamente para pro e onra de algunos omnes e logares e non de todos comunalmente" (p. 281). Y las *Etimologías romanceadas*: "*Privilegia*," que son 'privilegios', son leyes de cosas privadas, así commo leyes privadas, ca privilegio por ende es asi dicho porque es todo en cosa privada o apartada" (González Cuenca 274).

[11] La copla es traducción amplificada de la versión latina del milagro, en donde María se limita a decir: "Quod si dixeritis quia vim vobis facimmus, ecce ponemus in iudicio summi Regis."

Por una parte, la adición de la última línea de la copla responde, como en otros casos, a la voluntad manifiesta de Berceo de humanizar la figura de María, pero también remite a la copla inicial del milagro (2, 75): la boca de Cristo —que mamó su leche— pronunciará ahora la sentencia en un juicio presidido por la ley del amor.[12]

A pesar de que *leche* y *ley* no están emparentados, vale la pena notar que la grafía (*lege* por *leche*, notada también por Dutton), frecuente en el dialecto riojano medieval (Alvar 39-40), recuerda fónicamente uno de los estadios por los cuales la *lex* del latín dio el castellano *ley*. Este acercamiento de *ley* y *leche* no es infrecuente en las reflexiones teológicas tempranas sobre la Iglesia, madre nutridora, de cuyo seno beben los infantes la ley del Evangelio, alimento de eternidad (Delahaye 93-95).

La maternidad de María, tan estudiada en la literatura mariana, se corresponde con el estado de infancia en que debe permanecer la humanidad para amarla y salvarse. Cuando se le pregunta quién tendrá el mejor puesto en el cielo, Cristo habla de la necesidad de mantenerse en un estado de infancia espiritual: "En verdad os digo que si no os volviereis y os hiciereis como niños, no entraréis en el Reino de los cielos. Pues el que se humillare hasta hacerse como un niño de éstos, ése será el más grande en el Reino de los cielos..." (Mateo 18. 1-4). En varios lugares de los evangelios (Mateo 10. 40-42; Marcos 9. 40), niño y discípulo parecen identificarse porque en los niños Jesús encuentra todas las cualidades necesarias para formar parte del Reino de Dios: inocencia, docilidad, candor, humildad, confianza, dulzura, sencillez y desinterés (*Historia de la espiritualidad* 132). La idea se relaciona, en otra dirección, con la virginidad y con la Iglesia, en su figura de novia de Cristo (véase Ladner, *Idea* 323-330). Esa condición del niño, inválido, esencialmente necesitado, es la del *omne mariano* de los milagros, y es también la del romero, que logra en el arquetípico prado de María una condición comparable a la inocencia y simplicidad de la infancia. El romero recupera allí su inmunidad original a todo deseo.

---

[12] Para las dos imágenes de María, la figura estática e imperial del románico, y la dinámica, vulnerable y más humanizada del gótico, véase Chaves, ("Artes"). Para el tema de *La Virgen de la Leche*, véase el trabajo de Ana Domínguez Rodríguez, pp. 59-60.

En el romero que goza y descansa, se realizan los dos grandes ideales de la vida monástica: el reposo y la contemplación. El descanso, diferente del quietismo, es la ocupación principal del monje, el *negotiosissimum otium* (Leclercq, *Love* 84). La vida contemplativa se describe en textos religiosos con un repertorio léxico y metafórico relativamente fijo, que incluye "flores y "frutos," comparaciones usadas para designar sus resultados benéficos (Leclercq, *Études* 80 y 115-116). Siminǎ Farcaşiu (320) señala que el motivo de subirse a un árbol también es figura de la vida contemplativa, utilizada por San Gregorio para caracterizar la vida monástica. Pero es necesario recordar que el romero de Berceo, aunque construcción hecha a base de motivos tradicionalmente asociados con la vida del monje, no se propone como ideal monacal sino como figura de la humanidad.

La metáfora paulina del hombre como peregrino y extranjero en la tierra (*"peregrini et hospites... super terram,"* Hebreos 11, 13-16), de tan largas repercusiones, constituye uno de los pilares más firmes de la alegoría medieval. La dialéctica de alienación y pertenencia, típica del tema, abarca dos conceptos: alienación de Dios o enajenamiento del mundo (Ladner, *"Viator"* 237-238). Como la vida contemplativa, la peregrinación se construye también a base de ciertas unidades léxicas fijas (peregrino, exilio, viaje) que semánticamente dependen de la idea de *patria* (Gardiner 18). El tema admite diversas realizaciones e importa notar la variante que Berceo nos ofrece. El prado no es el escenario de un drama de acción moral, ni un paisaje moralizado; ajeno al mundo, al dolor, al deseo, al drama y a la duda, el romero no experimenta las tensiones de San Agustín sino la pura certidumbre de San Ambrosio. Berceo evoca a los ojos de la imaginación el sueño universal de un prado feliz, lugar accesible e interior, espacio mental de la seguridad y del refugio.

A esa certidumbre de salvación no llega el romero gradualmente. En tanto viaje metafórico, la romería no se presenta como ascensión del alma, desde el estado miserable de una vida sin gracia hasta la salvación. El carácter repentino de la experiencia oblitera toda posibilidad de introspección. El viaje—movimiento, trabajo, actividad—, en el que hubieran podido mostrarse aspectos de su ser, ha quedado atrás. Falto de deseos, el romero del prado es una figura de la apatía, de esa inmunidad contra la concupiscencia (*puritas cordis*) propia del ideal de la vida monacal.[13] Esa pureza de corazón es la misma que logran, en los relatos, el romero de Santiago, o el sacristán continente, una vez que han sido tocados por la gracia de María.

---

[13] Teológicamente, el romero no estaría completamente vacío de deseos: San Gregorio explica que el cumplimiento de la vida cristiana no oblitera por completo el deseo; como el viajero, el peregrino descansa en el camino y se refresca en las aguas de un río; pero, aunque sacie su sed, sigue deseando la llegada a la fuente de ese río, según explica Gardiner, 17-18.

3

El discurso eficaz

L A EPIFANÍA Y LA PLEGARIA son escenas convencionales de los *Milagros* de Berceo. De modo similar a las situaciones formalizadas de la épica —la llegada, el mensaje, la asamblea, el armarse del héroe— o de la narración bíblica —los esponsales, la anunciación, el juicio iniciático, el testamento del héroe agonizante— (Alter 50-51 y 95), epifanías y plegarias están formadas por constelaciones convencionales de motivos fijos. Como en la narrativa épica y bíblica, en los *Milagros* esas escenas constituyen uno de los niveles en los que la repetición se manifiesta como recurso importante en el andamiaje de los relatos. Aunque, a primera vista, no parecen tener ningún otro rasgo en común que el carácter privado del encuentro con María, epifanías y plegarias comparten la representación de discursos (el de la Virgen, el del devoto) que no son tan diametralmente opuestos como podría pensarse. La palabra de María, como la plegaria del devoto, manifiestan el poder de un discurso eficaz.

EPIFANÍAS: EL IMPERATIVO DE MARÍA

> Rogaron a Dios ellas   quanto mejor sopieron,
> mas lo que pidié ella   ganar no lo podieron;
> fablólis Dios del Cielo,   la voz bien la udieron,
> la su magestat grande   pero no la vidieron. (*PSOr.* 101)

Dios puede ser oído pero su imagen está vedada a la humanidad. María, en cambio, se manifiesta a los hombres en actos no verbales, y también en epifanías de su imagen y su palabra. La diferencia apunta a la distancia que media entre la autoridad invisible y el poder, que siempre constituye alguna clase de manifestación.

El milagro es, literalmente, evidencia que muestra a los ojos humanos un orden cuya ley general es la invisibilidad. Por constituir una flagrante transgresión a esa ley, y sin duda también porque es la apoyatura más generalizada de todas las acciones de María, la epifanía es una de las escenas sobresalientes del universo representado en el texto. Utilizo aquí el término "epifanía" en su sentido etimológico de 'aparición,' y me refiero exclusivamente a las apariciones de María a sus devotos mientras están vivos.

La manifestación constituye, en sí misma, alguna clase de premio, aun cuando María aparezca para amonestar a alguien por su conducta (milagros 9 y 15); la Virgen puede socorrer a pecadores, correspondiendo a algún servicio que ha recibido de ellos, pero nunca les otorga el regalo de su imagen. Por otra parte, la visión de la figura de María es don reservado para gentes de vida religiosa o se produce en circunstancias fuertemente conectadas con el lugar físico de la iglesia: el obispo Ildefonso (m. 1); clérigos anónimos (m. 3 y m. 13); el clérigo agonizante (m. 4); el obispo que ha echado al clérigo ignorante (m. 9); el "calonge" enamorado de María (m. 15); el clérigo borracho (m. 20); la abadesa (m. 21) y Teófilo (m. 25). Los pocos personajes laicos que ven a María son el niño judío (m. 16), la mujer protagonista del parto maravilloso (m. 19) y el náufrago del milagro 22. En el caso del niño judío, la imagen protectora que lo sostiene en el horno es la misma que el protagonista ha visto en la iglesia; la mujer del milagro 19 naufraga en una travesía que tiene por destino la capilla de San Miguel; el protagonista del milagro 22 es un romero en viaje al Santo Sepulcro. La observación de Rozas (*Milagros* 18) es razonable, cuando señala que sólo el recuerdo de una lectura lejana puede llevarnos a creer que los "agonistas" de los milagros son casi siempre clérigos, y apunta la representación de diversos estamentos en el texto. Con todo, el efecto del texto es, sin lugar a dudas, el de privilegiar a la Iglesia como *locus* de la salvación.

Algunos toques descriptivos de quienes la ven ("dormitado," "amodorrida") y expresiones tales como "díssoli en vissión" o "vínoli en vissión" sugieren que la imagen se percibe en la visión más ajustada de los ojos "cordiales," que pueden penetrar en lo incorpóreo. Algunas veces, es suficiente un verbo *dicendi* ("disso'l") o de movimiento ("vino'l," "visitó'l," "priso'l por la mano") para indicar la presencia de la Virgen; otras, el verbo "aparecer," siempre en posición de cabeza de línea (3, 105c; 9, 228b; 21, 529c y 25, 822c) y a veces, también, de copla (1, 59a y 4, 124a), es el único indicio de la importancia de la epifanía, aunque al mismo tiempo le imprime un carácter formulaico. Por repentina que sea, la aparición siempre queda atemperada por frases explicativas o por anticipaciones que debilitan su impacto (1, 58; 3, 105; 4, 124; 9, 228, etc.). Tan formu- laicas como el "apareció'l" que inicia la escena resultan las frases verbales "tollióseli de ojos" o "tollióseli delante" con las que a veces se refiere el fin de la visión (1, 64 y 20, 489). Pero en general, el narrador no necesita anunciar el final de la epifanía porque resulta inequívoco en las palabras de María que dan por terminada su "conversación." En esos casos, una amenaza o una orden indican el final de su discurso y también de la visión (3, 110d; 9, 231; 13, 310; 15, 342). Concluida la epifanía, poco o nada es lo que se dice de quien acaba de experimentarla; por lo general, Berceo se limita a contarnos que se ha cumplido la palabra de la Virgen o que se han obedecido sus órdenes (3, 111; 5, 139; 9, 232; 13, 311; 18, 421).

En la visión, la luz que rodea la imagen de María limita, aún más, el ya estrecho mundo representado en los *Milagros* hasta reducirlo a la inmediata vecindad del cuerpo:

> No la podié a ella   por do iva veer,
> mas vedié grandes lumnes   redor ella arder... (20, 490)

La luz es reveladora no tanto por su calidad emblemática, de signo iconográfico, sino porque remite a su inevitable contraparte, esto es, a la intensa oscuridad que produce a su alrededor. En el encuentro con María se borra temporariamente el entorno, desaparece todo lo que la visión no ilumina porque la epifanía es experiencia que ocurre sólo en la intimidad del elegido. Sin embargo, lejos de las visiones místicas, en las que la conciencia del mundo queda obliterada y la visión divina no tiene otro propósito que manifestar su unión con el alma, estas epifanías borran el entorno pero no cancelan la conciencia del mundo.

La imagen es siempre el marco de un discurso pragmático: María manda que entierren a un clérigo en el cementerio del convento (m. 3); que le restituyan la capellanía a otro (m. 9); que nombren obispo a un devoto suyo (m. 13); que el clérigo borracho se confiese al día siguiente (m. 20); que su devoto no la abandone por otra mujer (m. 15). No hay en Berceo, ni siquiera como excepción, visiones como la que Alfonso cuenta que él mismo tuvo cuando recibió el poder de ver lo que pasaba en un lugar distante (cantiga 345). Por otra parte, a diferencia de los sueños en la épica, que por lo general se comprenden a la luz de lo que ocurre después, la palabra de María es explícita e inequívoca, siempre orientada hacia una acción. El milagro 4 podría considerarse una excepción. María se aparece al hombre agonizante para anunciarle que ha llegado la hora de recibir su galardón y el clérigo cree que va a curarse. Pero aquí el malentendido se explica porque constituye el motivo central del relato (presente también en la fuente latina), que tiene la función de crear interés en lo que, es, esencialmente, una trama muy débil.

La epifanía es acontecimiento individual y privado. En el milagro 4, los testigos pueden admirarse porque, aunque no ven la figura de María, oyen sus palabras y asisten a la muerte del clérigo ("quantos la voz udieron e vidieron la cosa..." 4, 131). A diferencia de la imagen reservada para el elegido, todos pueden oír las palabras de María (5, 134: "udieron la palavra todos los del logar"); en el milagro de los judíos de Toledo, la comunidad cristiana oye la voz de la Virgen pero no ve su imagen. No hay excepciones en esta distribución de imagen (percepción privada) y voz (percepción pública); tampoco se quiebra en ningún caso la subordinación de la imagen, que siempre se produce para apoyar a las palabras.

Lo que ocurre en las epifanías se confirma en otros lugares del texto, donde se privilegia, como en la Biblia, el oído sobre la vista (Frye, Code 116; Alter 70). Miremos, por ejemplo, la pareja frecuente de los verbos "oír" y "ver." La fórmula denota la idea general de 'percibir' y, por extensión, 'vivir,' 'experimentar' (23, 700d; 25, 803ab), pero con más frecuencia expresa concisamente la idea de que se cumple una palabra. La de María, por ejemplo:

> Los omnes qe avién   la voz antes *oída*,
> tan aína *vidieron*   la promessa complida... (5, 139)

O la de hombres tocados por su justicia:

Fiziéronse los omnes   todos maravillados,
ca *udién* fuertes dichos,   *vedién* miembros dannados... (17,
    409)

Quando *udió* sant Peidro   esti tan dulz mandado,
vío qe su negocio   era bien recabdado. (7, 173)

"Oír" y "ver" son, sobre todo, sinónimos de creer:

la gent de judaísmo,   *sorda e cegajosa,*
nunqua contra don Christo   non fo más porfidïosa. (18, 416)

"*Oíd* —dixo— varones   una fiera azanna,
nunqua en esti sieglo   la *oyestes* tamanna;
veredes el dïablo   qe trae mala manna,
los qe non se li guardan,   tan mal qe los enganna. (25, 884)

El orden invariable (oír primero y luego ver) acerca estos verbos al
sentido que hoy tiene la pareja de "ver" y "creer" en el aforismo
"ver para creer." Para creer (= 'ver'), basta oír unas historias
milagrosas o la voz de María. Por otro lado, las visiones se cuentan
y también se oyen: "Quantos qe la udieron esta tal visïón..." (12,
305). El texto confirma el *sensorium* cristiano, que da primacía a la
palabra hablada por Dios, y de ahí, al oído sobre la vista ("*Fides ex
auditu*"), a la voz sobre la imagen visual y la letra escrita (Ong,
Presence 12-14).
    A diferencia de muchas alegorías medievales, centradas en un
diálogo a partir del cual resulta la conversión de quien pregunta a la
perspectiva del que responde, en el prado no hay diálogo, no hay
debate interior ni meditación dramatizada. El diálogo se reserva para
los relatos individuales, aunque tampoco es tan frecuente como el
texto invita a suponer. Hay epifanías en 12 milagros; cuatro tienen
diálogos (milagros 3, 13, 20, 25); ocho incluyen sólo la palabra de
María (milagros 1, 4, 5, 9, 15, 18, 21, 22). Consigno el número para
subrayar la notable desproporción entre lo que el texto presenta
efectivamente y lo que es capaz de sugerir.
    Con alguna orden imperiosa, sin incluirla en un contexto que la
haga comprensible, María irrumpe en su interlocutor, dejándolo, a

veces, perplejo (3, 106c-108; 13, 308-309). (En esto, como en muchos otros aspectos, son notables las diferencias entre los *Milagros* y las *Cantigas* de Alfonso, que no incluyen estos diálogos de reconocimiento.) Podría decirse que en la comunicación de mensajes sobrenaturales el comienzo *in medias res* es prescripción del género. Contra esta regla implícita, los personajes de Berceo no entienden y preguntan ("¿Quí eres tú qui fablas...?" 309b), esto es, hacen que ese comienzo abrupto aparezca como rasgo peculiar de María. Y puesto que iniciar un mensaje sin situarlo en su contexto es conducta lingüística propia de la comunicación más íntima y familiar, Berceo logra que el comienzo *in medias res* sirva de instrumento eficaz para humanizar a la Virgen y crear la simpatía.

María aparece y desaparece a voluntad. Su ayuda crea un sentimiento de seguridad peculiar, desprovisto del control que suele acompañar a la certeza, comparable con la seguridad del niño protegido por su madre, pero que carece de toda forma de control sobre ella. En el milagro 20, la Virgen rescata al clérigo borracho de los ataques del diablo, lo lleva a su lecho y le acomoda la almohada en paradigmático gesto maternal. El clérigo, agradecido, trata inútilmente de continuar el contacto:

> "Déssateme, Sennora, los tus piedes tanner,
> nunqua en esti sieglo veré tan grand plazer."
>
> Contendié el bon omne, qeriése levantar,
> por fincar los inojos, los piedes li besar;
> mas la Virgo gloriosa no.l quiso esperar,
> tollióseli de ojos, ovo él grand pesar. (20, 488-489)

La Virgen, que puede hacerse visible, que puede hablar y tocar a sus devotos pero nunca ser tocada, se vincula con ellos en una relación de poder y sumisión, control y dependencia. Esta relación muestra lo que el discurso de María corrobora todavía con más explicitud.

El discurso de la Virgen es lacónico y pragmático, siempre orientado hacia una acción, y su espectro es notablemente limitado: María imparte premios, órdenes y amenazas. Todos los otros actos de habla se subordinan a estas tres modalidades: si establece su identidad (y en ocasiones también la de un tercero), lo hace para asegurar el cumplimiento de su voluntad (milagros 3 y 13); la mayoría de las aserciones, incluidas algunas preguntas retóricas, siempre pueden reducirse conceptualmente a la fórmula 'hiciste bien o mal,' y dependen del premio o de la orden a los que indefectiblemente preceden.

Los actos centrales del discurso de María responden a una jerarquía fácilmente discernible: amenazas y premios están subordinados a la orden. "Premiar," que no es, de por sí, un acto de habla, es acción que se traduce en verbos como "bendecir," "animar," "consolar." Los premios de María son consecuencia directa de un amor que en el texto se expresa siempre en términos de obediencia y sumisión personal; de ahí que, por ser resultado de haberla obedecido, los premios de la Virgen siempre dependen de sus imperativos. Menos explicación aún requiere la amenaza, que es apoyatura natural del imperativo. Las amenazas de María dependen de sus órdenes y las hacen perentorias (milagros 2, 3, 9, 13 y 15). En el milagro 20, la promesa de premio ("...confiéssate con elli e serás bien comigo" 484c) es, a las claras, el velo que cubre una amenaza. Quien ordena algo a alguien puede apoyar su imperativo con explicaciones o amenazas pero no necesita hacerlo. En el discurso de María, la orden, siempre apoyada en amenazas o promesas de premio, revela el sesgo conductista de la relación que la une a sus devotos (véase Lyons II, 826-827).

Al clérigo agonizante María se le aparece para anunciarle que ha llegado la hora de recibir su premio. Muere el clérigo, y Berceo cierra así su relato:

> La Madre glorïosa   *lo qe li prometió,*
> bendicta sea ella   qe bien gelo cumplió;
> como lo dizié ella   él no lo entendió,
> mas en quanto qe disso   *verdadera issió.* (4, 130)

A diferencia de un anuncio, la promesa requiere que transcurra un cierto tiempo entre la palabra y el acto. Berceo, que llama promesa a lo que, en rigor, ha sido el anuncio de su galardón, hace de la escena una instancia patente de que las promesas de María se cumplen, como la historia sagrada es el cumplimiento de palabras divinas.

En su forma primitiva, la autoridad es, en gran medida, tan personal como la voluntad de la Virgen de Berceo. A medida que las sociedades crecen en tamaño y complejidad, la autoridad necesita encarnarse en la ley, esto es, en una voluntad que adquiera la impersonalidad, la explicitud y la fijeza necesarias para mantener su eficacia. Las órdenes de María se aplican a la esfera estrecha de una vida particular; sin embargo, el carácter específico, concreto y personal de lo que exige María no impide que a veces su discurso adquiera, por así decirlo, fuerza de ley. En el primer milagro de la colección, el discurso de María tiene ese carácter híbrido, a medias expresión personal, a medias, impersonal. Frente a la ley, que puede aplicarse a todos los individuos de la comunidad, la Virgen, en su aparición a Ildefonso, expresa su voluntad en términos marcadamente personales:

> "adúgote ofrenda   de grand auctoridat:
> cassulla con qe cantes,   preciosa de verdat,
> oy en el día sancto   de la Natividat." (1, 62b-d)

Pero la voluntad de María tiene también la capacidad de adquirir el carácter impersonal de la ley:

> "De seer en la cátedra   qe tú estás posado,
> al tu cuerpo sennero   es esto condonado;
> de vestir esta alva   a ti es otorgado,
> otro qe la vistiere   non será bien hallado." (1, 63)

Tanta fuerza como el *yo* y el *tú* inscritos en su discurso ("*adúgote*") tiene la voz pasiva en "es condonado... es otorgado."

La ley se recluye en la tercera persona porque, podría decirse, nunca entra en diálogo con nadie; su autoridad reside precisamente en el hecho de que carece de sujeto enunciador. La naturaleza doble de María (ser humano, pero también ente con poderes sobrenaturales) es coherente con este discurso híbrido que presenta, en rigor, una casi imposibilidad lógica y sintáctica, como es la de mezclar la segunda persona del singular con la pasiva impersonal. Esa dualidad de la Virgen se corresponde con la perspectiva del cristiano. Si frente a Dios, el relator de los milagros tiene la mirada reverente (y por eso, alejada) del heredero, para mirar a María, tiene dos perspectivas: en las coplas de apertura o clausura del relato, María es muchas veces la reina coronada, elevada en un trono que la aleja; en las historias mismas, el devoto la mira con los ojos suplicantes del hijo.

El hecho de que, en las epifanías, se adopte algunas veces la forma de un diálogo en el que las dos voces están representadas en un discurso directo, y otras, en diálogos que sólo representan la voz de María es una distinción que, en rigor, no afecta a la calidad de la comunicación entre María y sus devotos. Porque los primeros no son, en rigor, más que una variante de la única clase de diálogo que existe entre María y la humanidad, el diálogo de una sola voz. El devoto de María es, en todos ellos, un interlocutor peculiar. Responde sin voz a su discurso: obedece con actos no verbales a sus órdenes o goza del placer silencioso que le proporcionan sus palabras. La palabra de María constituye una manifestación del discurso del poder, cuya existencia reclama una relación de dos, pero también exige la omnipresencia de una voz que anule, incorporándosela, la voz del otro.

EL CUERPO DEL DOLOR Y DEL AMOR

En tres imágenes compactas Hegel distinguía la religión de griegos, judíos y cristianos por la relación que proponen entre el hombre y la divinidad. El olimpo es una suerte de espejo magnificante, en donde los dioses aman, envidian o cometen adulterio, esto es, imitan a la humanidad; el único Dios del pueblo de Israel es el señor que reclama obediencia de sus siervos; esa relación de señorío se transforma, con Cristo, en un vínculo paterno-filial, en el que el amor sustituye a la obediencia. La nítida caracterización hegeliana ofrece el atractivo y las distorsiones que caracterizan a todos los esquemas (guarda silencio, por ejemplo, con respecto a la naturaleza del señorío de Jehová y al carácter del amor cristiano).

Recuerdo ese esquema cuando leo la fórmula juglaresca de la primera línea de los *Milagros* de Berceo ("Amigos e vassallos de Dios omnipotent..."). Aun cuando se entienda que los dos vocativos tienen términos diferentes (amigos míos y vasallos de Dios), la falta de explicitud produce poéticamente el efecto de representar un mundo de amnistía, en el que el vasallo puede ser también amigo del señor. En la universalización del amor (todos son amigos del

señor), se transparentan las fórmulas que el feudalismo escoge para
definir el vasallaje en términos de auxilio y protección; la universalización del vasallaje oblitera las diferencias sociales (si todos son
vasallos de Dios, nadie es señor). Entendido como metáfora, esa
equiparación de vasallaje con amor (en rigor, un imposible puro) no
sólo no cancela la verticalidad de la relación entre Dios y la
humanidad sino que, por el contrario, la fortalece. Saugnieux opina
lo contrario:

> Pero es inevitable que como para ellos el universo divino
> limita con el de aquí abajo, las relaciones que ellos mantienen
> con los santos, con la Virgen y con Dios no sean, como las
> nuestras, de tipo vertical, sino de tipo horizontal. Están directa-
> mente calcadas de las que el hombre puede tener en esta vida
> con sus hermanos. (*Berceo* 14)

En la misma copla inicial, el "buen aveniment" aludirá a la
Encarnación, pero vale la pena subrayar lo obvio: Berceo abre el libro
dedicado a María con ese vocativo que reconoce la dependencia del
hombre frente a "Dios omnipotent." En esa estrofa está, pues, la
primera oposición entre lo alto y lo bajo: entre el "Dios omnipotent"
y la humanidad, y también, entre ese Dios y su Encarnación (el
"buen aveniment"), rebajamiento voluntario, del que María es, a su
vez, el aspecto más humilde (Auerbach, *Lenguaje* 44-45).

Los gestos de autoagresión y el discurso de autocondena
acompañan la súplica de los devotos de María y constituyen una
forma elemental de objetivación, gestual y verbal, del yo (Bajtín,
Estética 125-126). Algunos de esos gestos son expresión directa del
sentimiento y, aunque insertos en el ruego, no están dirigidos a
María. Cuando advierte que no podrá cumplir el plazo para devolver
el dinero, el mercader de Bizancio quiere matarse con las manos (23,
663d); Teófilo, se golpea la cabeza contra las piedras y con los puños
se da "colpes caudales" en el pecho (25, 853). Aquí coinciden, por
una parte, la técnica medieval de la expresión gestual para caracterizar al personaje, con la exteriorización de la pena y el arrepentimiento exigida por la doctrina medieval de la confesión y la penitencia:
la *metanoia*, que es más una conversión que un arrepentimiento,
afecta al ser entero (piénsese que confesar los pecados es, en

castellano, "confesarse") y debe traducirse en actos externos: rasgar las vestiduras, ayunar, llorar, cubrir de ceniza la cabeza, rasurar la barba o el cabello, usar cilicio.

A la autonegación del arrepentimiento corresponde la afirmación de la interlocutora silenciosa que es María; a la humillación del devoto, la exaltación de la Virgen. Si pensamos en el latín *supplicare*, la súplica es ese replegarse bajo María, reconocimiento de impotencia y sumisión, que Berceo iconiza muchas veces en el gesto de la postración del cuerpo en tierra:

> La madre p̈iadosa   qe nunqua falleció
> *a qui de corazón   a piedes li cadió,*
> el ruego del su clérigo   luego gelo udió,
> no lo metió por plazo,   luego li acorrió. (9, 227)

> *Cadiéronli a prezes   delant el su altar,*
> plorando de sus ojos   quanto podién plorar... (los caballeros,
>   17, 389)

> *Devatióse en tierra   delante el altar,*
> cató a la imagen,   empeçó a plorar... (la abadesa, 21, 518)

> *Echóseli a piedes   a la sancta Reína,*
> qe es de peccadores   consejo e madrina... (Teófilo, 25, 816)

> Mucho lazró Teófilo   en esti trid̈uano,
> *yaziendo en la tierra   orando muy cutiano... (Teófilo, 25,
>   855)

Estas expresiones de autorrebajamiento recuerdan la antigua humillación de las reliquias que seguía al rito de los clamores en la iglesia primitiva.

Patrick Geary estudia el rito y señala el interés que tiene en tanto escena bien concebida estética y dramáticamente, con sus yuxtaposiciones físicas y litúrgicas (*humus, humilitas* frente a *superbia, sublimatio*). El clamor, pronunciado en el momento en el que el sacerdote sostenía la hostia recién consagrada, era una súplica dirigida directamente al Señor. Los monjes clamantes ("¿Por qué no nos defiendes, Señor? ¿Por qué nos ignoras, por qué no nos liberas de nuestro enemigo?...") podían postrarse ante la eucaristía como signo de humillación, con lo cual intensificaban el dramatismo de sus ruegos. En ocasiones, a la postración de los religiosos, se añadía la humillación de reliquias o de imágenes. Sin distinción entre seres vivos y objetos inanimados, cuerpos, imágenes y reliquias se humillaban en la tierra (ad terram), reconociendo que eran tierra (humus, humilitas), en el preciso instante de la elevación de la eucaristía. Geary insiste en la necesidad de visualizar estas escenas construidas sobre la oposición de lo más alto y lo más bajo para apreciar esa estética de la humillación. A medida que la Iglesia se vuelve más centralizada y jerárquica, el rito de la humillación, que era una súplica dirigida a Dios sin intermediarios, cae en desfavor de la jerarquía eclesiástica que, para el siglo XIII, en el segundo concilio de Lyon, de 1274, la reprueba explícitamente. Pero el gesto del cuerpo humillado de esas escenas permanece porque presenta icónicamente la oposición esencial que marca la relación del hombre con la divinidad y sobre la cual se fundan el orden y las jerarquías (Duby, Orders 2-3).

Frente a los contrahechos (m. 17), al romero castrado, a los caballeros que se martirizan las espaldas con los instrumentos de su crimen (m. 14), a Siagrio, estrangulado, a las penas de ultratumba (Pedro en el purgatorio, m. 10; los sudores infernales del prior, m. 12), la mayoría de los devotos de María no recibe otra cosa que gracias y perdones. Pero hasta esta magra lista de castigos corporales parece larga porque el efecto producido por el texto es precisamente el contrario: se diría que, velado, a medias escondido, el dolor tiene aun menos presencia que la que indica mi lista, y que esa lista es sólo consecuencia de mi empeño deliberado de encontrar dolor en los Milagros. La angustia y el terror —si no el temor— están ausentes, y, en términos relativos, esto es, comparados con el terror que los castigos del infierno inspiraban en la Alta Edad Media, los Milagros comunican el optimismo propio de un mundo regido por el poder benévolo de María.

Vale la pena, sin embargo, pensar en las instancias del dolor en los Milagros para reflexionar sobre la naturaleza del amor mariano. Una paradoja cristiana, proveniente del estoicismo, es la de concebir el sufrimiento como acto (Cristo, los mártires) y no mera experiencia de pasividad (Kenneth Burke, *Grammar* 271). Para el devoto, además de la plegaria, la otra agencia posible es el dolor. Las llamas temporarias del fuego figurado que quema a los contrahechos, y que literaliza la ira de María, son claro emblema del purgatorio en esta vida:

> Embïó Dios en ellos   un fuego infernal,
> non ardié e qemava   com el de san Marzal,
> qemávalis los miembros   de manera mortal,
> dizién a grandes voces: "¡Sancta María, val!"

> Con esta majadura   eran mucho maltrechos,
> perdién piedes e manos   e fincavan contrechos,
> las piernas e los brazos   bien cerca de los pechos,
> iva sancta María   prendiendo sus derechos. (17, 385-386)

Con el dolor intenso de esa fiebre infernal, María va "prendiendo sus derechos." E importa notar que aunque los asesinos ruegan con humildad, lo hacen también con la certidumbre de haber pagado ya al menos parte de su deuda ("pechado lo avemos el escot qe comiemos" 17, 392d).[1]

Pies, manos, piernas, brazos: los contrahechos son puro cuerpo porque el dolor, totalizante, los invade hasta borrar toda otra conciencia que no se relacione con sus cuerpos. No es paradójico que el dolor físico, experiencia incompartible y subjetiva, termine despojando al individuo de su propia subjetividad. Elaine Scarry (48-51) observa que en las situaciones de tortura, el que sufre va convirtiéndose cada vez más en cuerpo hasta terminar aniquilado. La contraparte es el proceso de quien detenta el poder: el que tortura se vuelve cada vez más verbal hasta convertirse en una voz igualmente colosal (cada vez más voz, cada vez menos cuerpo). A la

---

[1] Un fuego infernal contorsiona el cuerpo de los transgresores; una penitencia pública, que los revela como pecadores, borrará el pecado. Pérez Ramírez (395) observa que los casos de penitencia pública son raros en el siglo XIII, a pesar de que ilustres como Felipe Augusto de Francia y Enrique II de Inglaterra la hicieron. Una instancia más de que los *Milagros* no siempre reflejan realidades contemporáneas.

gradual reificación del sometido corresponde la igualmente gradual inflación del sometedor, que adquiere cada vez más el carácter de sujeto, de único sujeto, porque es quien detenta la palabra. (Aunque, a diferencia de la tortura, en donde la invasión del cuerpo y del discurso son dos momentos de un mismo proceso, las manifestaciones del poder de María se dan por separado.)

Pero el cuerpo humano es, sobre todo, el de la oración y el canto clerical, el sector más ricamente representado del mundo de los *Milagros*. En esto vale la pena, otra vez, recordar a Saugnieux (*Berceo* 45-46 y "Tradition" 33), cuando insistía en la importancia de la liturgia en todas las obras de Berceo, y señalaba la enorme frecuencia con que se alude a cánticos, antífonas, himnos, oraciones y cantos diversos. Como la lengua medieval, Berceo favorece sinécdoques hechas a base de las partes del cuerpo:

> La fama d'esti fecho   voló sobre los mares,
> no la retovo viento,   pobló muchos solares;
> metiéronla en libros   por diversos lugares,
> *ond es oï bendicha   de muchos paladares.* (22, 619)

Lengua y boca, según estén adjetivados, equivalen a la vida de virtud o de pecado:

> Siempre la ementava   a yantar e a cena,
> diziéli tres palabras: "Ave gratïa plena";
> *la boca por qui esse   tan sancta cantilena*
> *non merecié yazer   en tan mala cadena.* (11, 277)

En el milagro del galardón de la Virgen, la historia misma está basada conceptualmente en la sinécdoque de lengua por persona: la lengua fresca del muerto de treinta días y la flor que le sale de la boca son signos del cuerpo incorrupto y de la salvación (3, 112-113).

Sabemos que el ladrón devoto es salvado por María cuando Berceo nos dice que "fincaron los gorgueros de la goliella sanos" (6, 155d). La muerte por ahogo es motivo que surge más de una vez en los *Milagros*. La mujer salvada del parto maravilloso, que habría sido "enfogada" (19, 440) si no hubiera intervenido la Virgen (19, 450), recuerda la historia sagrada:

Fijos de Isrraël   quando la mar passaron,
que por tu mandamiento   tras Moïsés guïaron,
yaciendo so las ondas   nul danno non tomaron,
mas los persecutores   todos se enfogaron.

Los antigos miraclos   preciosos e onrrados,
por ojo los veemos   agora renovados;
Sennor, los tos amigos   en el mar fallan vados,
a los otros en seco   los troban enfogados. (19, 455-456)

"Enfogado" en seco, literalmente ahogado por la casulla muere
Siagrio, en el momento en que la casulla se cierra alrededor de su
garganta:

Pero qe ampla era   la sancta vestidura,
issióli a Sïagrio   angosta sin mesura;
prísoli la garganta   como cadena dura,
fue luego enfogado   por la su grand locura. (1, 72)

El motivo está asociado con el valor de la garganta, instrumento de
canto.

El canto litúrgico sirve, en los *Milagros*, para indicar el tiempo
en que se sitúa la acción: los monjes advierten la ausencia del
sacristán impúdico porque nadie llama a la comunidad cuando llega
la hora de cantar los "matines" (2, 82); cantar el "Ite missa est" (5,
136) es metáfora de morirse. En la gran mayoría de los casos, el
canto es signo de la profesión clerical como forma de vida: el obispo
expulsa al clérigo ignorante en términos de una prohibición del
canto: "viédote que non cantes" (9, 225c) y luego de su encuentro
con la Virgen, lo restituye en los mismos términos: "Mandólo qe
cantasse como solié cantar…" (9, 233). Con una casulla para que
cante premia María a Ildefonso. La frecuencia y variedad de
funciones del léxico referido al canto y la oración refleja la importancia que la Iglesia otorga al canto colectivo. Desde muy temprano
se fundan, por ejemplo, las escuelas de lectores y cantores en las que
se entrena a los niños en el canto litúrgico romano, de las cuales es
eco la "escuela de cantar y leer" del milagro 16.

La oficialización del cristianismo durante el imperio de Constantino se describe en la *Primera Crónica General* como una capacidad adquirida de cantar en público:

> E desta guisa murieron todos los enemigos de la fe de Ihesu Cristo, et fue la cristiandat much onrada; et crescie todauía mas por el amor que auien los emperadores con ella; e por las casiellas de oracion pequennuelas que ante fueran fechas, fazien muy grandes eglesias et much altas en cada logar; e si ante no osauan leer sino a escuso et muy quedo, cantauan ya paladina- mientre et a muy altas vozes. (I, 186)

Se trata del canto comunitario de la liturgia, *"publicum officium,"* que, por producir la fusión de muchas voces en una unidad, tiene la capacidad de crear un intenso sentido comunitario; de ahí que sea el medio de expresión más íntimamente unido a la liturgia (Garrido Bonaño 18, 71 y 106; y Dalmais 1-26 y 106-107).

El silencio es una de las obligaciones de la vida monástica, entre otras cosas, porque es el maestro de la palabra (*"silentium loquendo magister"*). Si en las escuelas se escribe después del diálogo y la disputación, en el monasterio se escribe porque no se habla. En los monasterios dependientes de Cluny, el diálogo se sustituye por el canto y la plegaria, que ocupan lugar central en el modelo benedicti- no de la vida monástica. Maitines y laudes, prima, tercia, sexta, nona, vísperas y complinas: las horas canónicas marcan los compa- ses del ritmo cotidiano. Hacia el siglo XI, se añaden misas, servicios de los muertos y de todos los santos, salmos; antes del alba, se murmuran misas privadas en los altares laterales; Navidad, Pascua y Pentecostés imponen servicios nocturnos adicionales. Para esta época también, se refinan y elaboran aún más los deberes litúrgicos, con lo cual el trabajo manual que prescribía la Regla se ritualiza notablemente y se reduce a tareas menores en favor de actividades intelectuales: el trabajo de la tierra se deja ahora para los campesinos y el coro pasa a ocupar mucho más tiempo de lo que San Benito había previsto. Algunos trabajan en oficinas y talleres; otros se dedican a tareas administrativas dentro y fuera del monasterio; otros, en fin, copian libros en el *scriptorium* o se dedican a tareas artísticas. Pero aún esos trabajos están enmarcados siempre por el canto y la plegaria. Conocemos los detalles. Mucho más difícil es imaginar el impacto psicológico que pudo haber tenido esa vida hecha de una sucesión de horas dedicadas a la plegaria, al canto y a los ritos de la liturgia.[2]

Leclercq (*Love* 89-90) ha explicado en detalle la relación de la plegaria con el cuerpo en la vida monacal. El análisis gramatical hecho sobre las escrituras lleva indefectiblemente a una cierta atadura a la palabra escrita. Los círculos universitarios y monásticos manifiestan por igual esta enorme importancia adquirida por el texto, aunque cada uno de ellos le dé su propia orientación y adopte diferentes procedimientos. A partir de las preguntas que formula el lector sobre algún tema, la *lectio* escolástica se orienta hacia la *quaestio* y la *disputatio* y el texto es, en todo momento, el objeto del estudio. En el claustro, en cambio, la atención se concentra en el lector y en el beneficio que deriva de esa lectura: esa *lectio* divina es una actividad peculiar en la que se funden la lectura, la meditación y la plegaria. El lector, que normalmente pronuncia las palabras con los labios en voz baja, y por consiguiente oye la oración que sus ojos ven, adquiere una memoria totalizante: la memoria visual de las palabras escritas y también la memoria muscular y auditiva que proviene de pronunciarlas y de oírlas. La *meditatio* consiste en aplicar la atención a este ejercicio de total memorización, por la cual el texto sagrado se escribe, por así decirlo, en el cuerpo y en el alma. Esta meditación se describe a veces con metáforas de nutrición (espiritual): es una *ruminatio*, porque meditar es dedicarse por completo a la sentencia recitada, medir y pesar todas las palabras, una por una, masticarlas para sacar todo el sabor, paladearlas con el paladar o la boca del corazón (*palatum cordis, ore cordis*). La gran mayoría de las referencias al cuerpo en los *Milagros* provienen de la naturaleza de esa meditación monástica, cuya influencia directa se percibe a veces en expresiones que Berceo deja en su latín original ("dizié el su oficio de suo corde toto" 12, 285d).

Al rezo de Santa Oria en el momento de su agonía se une la plegaria devota de la comunidad:

---

[2] Para éste y otros aspectos de la vida monástica, véase Lawrence; para el monasticismo medieval, es útil la bibliografía selecta de Giles Constable.

rezando su salterio   cascuno en su siella,
e non tenié ninguno   enxuta la maxiella. (*PSOr.*, 137)[3]

Esta referencia a una parte del cuerpo (aquí, las mandíbulas, que indican el carácter oral de los rezos), es común en los *Milagros*, e ilustra el carácter totalizador de la plegaria. El cuerpo como instrumento de canto y alabanza públicos, de súplica y plegaria privados, común en la tradición del encomio cristiano (Auerbach, "Prayer" 5-6), es motivo desarrollado:

Nomne tan adonado   e de vertut atanta,
qe a los enemigos   seguda e espanta,
non nos deve doler   nin lengua nin garganta
qe non digamos todos   "Salve Regina Sancta." (11, 280)[4]

Siempre acorre ella   en todos los lugares,
por valles e por montes,   por tierras e por mares;
qui rogarla sopiesse   con limpios paladares,
no lo podrién torzones   prender a los ijares. (22, 585)

El varón con grand qessa   fo ante los altares,
facié su oración   entre los paladares..." (23, 632)

---

[3] Anota Uría Maqua que, en este contexto, "maxiella" no corresponde a 'mejilla' sino más bien a 'maxilar, mandíbula,' con lo cual el adjetivo "enxuta" adquiere la acepción figurada de 'escasa' o 'parca': todos rezaban (movían las mandíbulas) profusamente, esto es, no eran parcos en oraciones. Para la historia de esta palabra (que ya para el siglo XIII parece significar sólo nuestro moderno 'mejilla'), y de los cambios semánticos en palabras españolas que designan partes de la cara (mentón, mandíbulas, boca, mejilla, nariz, ojos, cejas, pestañas, párpados, orejas, sienes y frente) véase el trabajo de Roger Wright.
[4] Advirtiendo sobre la necesidad de tener en cuenta antecedentes culturales y circunstancias lingüísticas para apreciar el valor de ciertas palabras, Margherita Morreale (145-146) comenta este verso y señala que "en una lengua tan rica en sonidos guturales como la hebrea, no es de extrañar que la garganta, *garon*, fuera un órgano articulatorio representativo del habla."

"Madre del Rey de Gloria,   por la tu pïadat,
alimpia los mis labros   e la mi voluntat,
qe pueda dignamientre   laudar la tu bondat,
ca has sobre mí fecha   sobra grand caridat." (25, 875)

Boca, lengua, paladares, labios y garganta dibujan un cuerpo cantor. La plegaria y el canto se inscriben en el cuerpo y lo ocupan por entero.

Resumamos. El poder mariano, que consiste sobre todo en hacerse amar, monopoliza el cuerpo del devoto, sea porque infligiendo dolor lo vuelve sólo cuerpo, sea porque invadiendo su lenguaje, lo convierte en una voz que es sólo instrumento de canto o de súplica. Persuasiva a veces, intimidatoria otras, María ejerce su poder absoluto sobre todo porque monopoliza el lenguaje del devoto: canto y súplica se vuelven el modo exclusivo de su habla.

PLEGARIAS: EL IMPERATIVO DEL DEVOTO

Hasta 1215, cuando se dictamina definitivamente la confesión anual obligatoria, la historia de la penitencia y de la confesión sigue un movimiento pendular: alternan largos períodos en los que la práctica casi no existe, entra en desuso o se vuelve exterior, con momentos en los que enriquece su sentido y se vigoriza. Durante el período patrístico, la doctrina de la *poenitentia una*, según la cual el arrepentimiento formal de los pecados sólo se efectuaba en el bautismo, una vez en la vida, hizo que, esperablemente, el cristiano lo pospusiera para el final de su vida. Hacia el siglo VI, se empieza a adaptar el castigo al pecador individual y a tomar en cuenta las circunstancias del pecado. Se urge entonces la penitencia frecuente, con lo cual va ganando importancia la función sacerdotal. Los penitenciales irlandeses, manuales compilados para guiar a los confesores, documentan ese elaborado sistema de compensación por ofensas a personas o propiedades. En el caso de asesinato se discriminan los motivos: apropiarse de una herencia por codicia exigirá una penitencia más breve que la del asesinato cometido para vengar a un pariente. Las listas, que catalogan los pecados según el estado (laico o religioso) del pecador, que apuntan con minuciosidad las diferentes circunstancias posibles en las que se cometen, y que asignan la clase y el tiempo de penitencia apropiada, en número preciso de días, de meses o de años, resultan hoy vertiginosas. Durante el período de penitencia, el pecador debía mantenerse a pan, sal y agua, no recibir sacramentos ni acostarse con su mujer si era casado. No es difícil imaginar la obsesión que producirían esos documentos aterradores: alguien poco cuidadoso podía acumular más años de penitencia que los de la propia vida, morirse sin haberla cumplido por completo y perder el alma (Braswell 19-35).

El mérito vicario fue consecuencia directa del rigor excesivo de ese antiguo sistema penitenciario, que creaba el panorama sombrío de una salvación difícil y hasta improbable. La idea es fundamento de la vida monástica, y, en general, del estamento de los *oratores*, una de cuyas funciones es redimir, mediante la plegaria, los pecados de la humanidad. Los monjes, cuyas plegarias tienen el poder de asegurar la estabilidad del reino y la victoria en las batallas, constituyen la contraparte del ejército secular. No menos decisivo es el papel de la plegaria en las vidas privadas, que asegura una fuente incesante de intercesión y sacrificio, porque no se detiene con la vida histórica de los monjes sino que continúa en la comunidad religiosa: pueblos e individuos reconocen estos ingentes beneficios en sus donaciones. En Berceo, no es difícil reconocer la idea del mérito vicario (ahora centrada en las indulgencias) en el milagro de los dos hermanos, en el que Pedro confía en reducir su pena en el purgatorio si el papa canta una misa por su alma.

Suerte de emblema de la mediación, el milagro de los dos hermanos articula, duplicándolo, el principio de reversión y presenta una proliferación de intermediarios. Esteban repite la figura de su hermano Pedro (cuya historia se narra antes y de modo más breve) en el nivel de la elocución y en las líneas generales de la acción. Los paralelismos son obvios: los dos son venales y codiciosos, mueren y son sujetos a un juicio cuya sentencia luego se revoca gracias a la intervención de mediadores. El relato presenta una mediación triple: por Esteban, Lorenzo e Inés interceden ante Proyecto, quien, a su vez, ruega a María; por Pedro ruega Esteban al papa para que éste cante la misa por el alma de su hermano. María rescata a Esteban de la muerte; significativamente, Pedro será salvado del infierno por la misa que cante otro Pedro, el pastor de Roma. El relato incluye, además, la única mención explícita al purgatorio en los *Milagros*, otra figura del tercero:

> Murió el cardenal   don Peidro el onrrado,
> fo a los purgatorios,   do merecié, ʃ levado... (10, 241ab)

La sustantivación de las "penas purgatorias" del texto latino responde a la calidad sustantiva que adquiere el purgatorio a fines del siglo XII. (Ya en singular, usa la palabra Alfonso en el *Setenario*, 102). El purgatorio proyecta, como ha explicado Le Goff (*Naissance*), un sistema legal y penal sofisticado que se desarrolla parejamente con las clases, categorías y órdenes intermedios. Esa teoría del purgatorio, lugar intermedio que ofrece una segunda oportunidad para salvarse, signo del desplazamiento de un sistema binario a un sistema terciario, transforma radicalmente la economía de la salvación porque para entonces los pecados pueden redimirse en el futuro después de la muerte.

Se ha observado que en Berceo la oración carece de profundidad porque la piedad medieval, aunque sincera, es interesada y superficial (Saugnieux, *Berceo* 17-18). Equiparar interés y superficialidad habría sido premisa ajena al pensamiento medieval, en donde el interés es, precisamente, lo que media entre el hombre y Dios (*inter est*). En los *Milagros*, las acciones humanas pueden reducirse a amar o a negar a María y producen, como el dinero, ganancias o pérdidas multiplicadas en la tierra o después de la muerte. La economía cristiana de la salvación, como su geografía, responde a un diseño de líneas bien definidas. La vida es viaje y también inversión, cuyo fruto espera al hombre en la otra realidad estable, después de la muerte. El mercader, que en la Edad Media es sobre todo un viajánte en perpetuo itinerario, está muy cerca del romero: los dos son figuras medievales tópicas del viaje, interesados en una ganancia individual. La contaminación mutua de sus respectivas labores es hecho observable en el léxico y en el lenguaje figurado y tópico de la lengua de la época. Berceo no es una excepción: en el milagro del clérigo lozano, Cristo pregunta a su madre qué negocio la ocupa (7, 170) y Pedro, habiendo oído la sentencia, se alegra de ver que su negocio ha salido bien (7, 173); hace "mal mercado" quien, como Judas, deja lo más por lo menos (24, 707d; 25, 805c, 817d, 819d). Ante la certeza del castigo, Esteban murmura: "Esto es mal

confuerto, / toda nuestra ganancia ixiónos a mal puerto" (10, 243cd).
Vale la pena notar, sin embargo, que los *Milagros* presentan un
cuadro interesante de distribución léxica: el vocabulario de los
premios ("vassallo," "enamorado," "servicio," "galardón," "merced,"
"gracia," "pugnar" y "contender") remite al paradigma cortés y
feudal asociado con el estamento de la nobleza; los castigos, en
cambio, disponen del léxico del comercio y el dinero.

Con todo, gratitud y amor, el único caudal humano, son la renta
de María; su pago, la palabra. La palabra es —en forma de oraciones,
salmos, credo y confesión, relatos de milagros y rendición de gracias
("mas non cessaré nunqa gracias a ti *render*" 21, 545d)— el medio
redentor por excelencia. La historia del monje de San Pedro muestra
el poder de la palabra de modo indirecto pero no menos eficaz. El
monje lozano, gran pecador, muere sin confesión, y en este caso
Berceo no ha incluido la mención acostumbrada a algún acto de
devoción que pueda redimirlo. La resurrección del monje se debe a
la intervención de San Pedro, que se compadece e inicia el escalona-
do proceso que lo salva porque el monje ha *profesado* en su
monasterio, esto es, ha proferido sus votos (7, 164).[5]

Las plegarias del devoto de la Virgen oscilan entre el confina-
miento más estricto a la circunstancia personal y el nivel más alto
de generalidad que profesa la fe en el poder de la Virgen. En los
Milagros, la oración breve se inserta en la tradición monástica, que
prescribe las tres condiciones necesarias de la *oratio*: pura (sin
distracción); necesariamente breve, puesto que la atención no puede
durar mucho en ese acto de concentración absoluta; y frecuente, para
compensar la brevedad (Leclercq, *Love* 129-139). Así la letanía de
pura devoción, repetida a diario, breve y casi hipnotizante:

> "Gozo ayas, María,   qe el ángel credist,
> gozo ayas, María,   qe virgo concebist;
> gozo ayas, María,   qe a Christo parist,
> la ley vieja cerresti   e la nueva abrist." (4, 119)

---

[5] Sobre la plegaria en los *Milagros*, véanse: Guerrieri Crocetti (89-90);
Herrán; Wilkins, que abarca en su estudio todos los casos de estilo directo;
y el estudio de Gimeno Casalduero sobre la estructura de la oración
narrativa medieval.

Esta plegaria, que condensa la historia sagrada en cuatro líneas, y de la que está ausente todo signo de su propia vida personal, parece ocupar por completo la vida del devoto. Versión aún más abreviada es la invocación cotidiana del labrador avaro: "Ave gratïa plena qe parist a Messía" (11, 272d).

Pero la oración es sobre todo súplica. (Cuando es acción de gracias señala que María ha respondido a la súplica.) En estos casos (17, 385d y 20, 536b-d), la urgencia del dolor o del peligro inminente es lo que exige la brevedad del ruego, que se vuelve equivalente al gesto de santiguarse, acto reflejo con poderes muy cercanos a los de una fórmula mágica:

> Dicié: "Valme, Gloriosa,   Madre sancta María,
> válame la tu gracia   oï en esti día,
> ca só en grand afruento,   en mayor non podría,
> Madre non pares mientes   a la mi grand follía." (20, 475)

Pero aun esta súplica del clérigo borracho no es sino amplificación de una forma básica, que se reduce a un solo imperativo: "¡Valme sancta María!" (22, 607d y 608a). Urgente y espontánea, se diría que esta súplica es casi un latido verbal que pronuncia el cuerpo aterrado.

Las súplicas largas se insertan en relatos que demuestran su eficacia: dan salida a una situación desesperada, provocan a veces la aparición de María, producen sus milagros. A la súplica de la abadesa sigue la epifanía de la Virgen; los ruegos de los caballeros del milagro 17 tienen por consecuencia la cesación milagrosa de su dolor insoportable; la plegaria del mercader es responsable del préstamo que pide al judío y que lo saca de una situación desesperada (23, 635); produce el viaje milagroso del cofre, y finalmente provoca que la imagen de la iglesia hable en su favor. La súplica continuada le vale a Teófilo la salvación eterna; el "triduano" de Teófilo (25, 852), como el que se hace en el milagro 13 (copla 307) para decidir a quién nombrarán obispo, recibe una respuesta.

Hechas de oraciones relativamente breves en las que alternan los sujetos del suplicante y de la interpelada, las súplicas largas muestran el vaivén entre el aislamiento producido por el dolor (físico o espiritual) y el intento de comunicarlo a quien puede hacerlo cesar. A la alternancia de los sujetos, se añade la de las dimensiones temporales hacia las cuales se dirige la atención. El imperativo de ruego ('valme,' 'perdona,' 'danos respuesta,' 'dame consejo') es el modo verbal que puntúa el discurso: los orantes reconocen su pecado, piden perdón, prometen no caer otra vez. Desde el presente del imperativo, se vuelven al pasado en el que cometieron el pecado para que María lo borre con su perdón; o prometen no pecar más, también borrando así la incertidumbre propia del futuro.

La atención no sólo se dirige al pasado de la propia historia, sino, sobre todo, a la historia sagrada, que adquiere aquí carácter de precedente judicial ('Si lo hiciste por ellos, hazlo por mí'). El principio retórico de lo *aptum* determina que lo que se recuerda difiera según el caso de cada suplicante: la abadesa piensa en la Egipciana, "qe fue peccador mucho ca fue mugier liviana" (21, 521); apropiadamente, el primer nombre de la larga lista de Teófilo es el de Pedro (25, 827c); la plegaria que clausura el milagro del parto maravilloso, incluye, naturalmente, episodios marinos (Jonás y la ballena, el cruce del mar Rojo, en 19, 454-455).

Es conocido el papel que cumple la Iglesia, hacia el siglo XII, en los primeros desarrollos de la introspección en la Europa cristiana (Benson y Constable, *Renaissance*). La confesión se adopta con nuevo vigor, y se registra progresivamente un nuevo interés en el autoexamen y una conciencia del valor del arrepentimiento sobre el de la penitencia exterior, propia del humanismo de la época. Los teólogos del XII (Abelardo sobre todo), preocupados por la intención, insisten más en la auténtica tristeza interior por el pecado que en la absolución del sacerdote. La obra de Berceo comparte, con la espiritualidad del XII, el carácter optimista y afectivo de la piedad religiosa pero está muy lejos de abrir un espacio a la interioridad. En el sentido moderno, la introspección puede adquirir la forma de dos clases de preguntas posibles. La primera, espacial, revela una mirada hacia adentro (cómo soy); la segunda, temporal, exige una mirada hacia el pasado (qué me pasó) y lleva al examen de conciencia. Los *omnes marianos* de Berceo no miran hacia adentro sino a lo que vino antes o a lo que les espera en el futuro, pero miran desde afuera, con la misma perspectiva plana que caracteriza al narrador: con excepción de Teófilo, no conocen la memoria reflexiva ni las angustias de la introspección.

EL IMPERATIVO DE RUEGOS Y ÓRDENES: MODO DE LA PRESENCIA

La conducta humana es la materia de un juicio cuyo dictamen divino está claramente situado en el futuro. Hacia el futuro mira la religión. La historia sagrada lo asegura y también se nutre de él; el futuro la ilumina y le otorga su sentido. Los milagros comparten la historia y también la promesa e insisten en la certidumbre de ese porvenir, pero lo hacen con una diferente focalización; su lente está firmemente anclada en el presente. Como se ha señalado ya, en varios lugares Berceo indica que las consecuencias de amar a María se viven también en el aquí y el ahora:

> Todo omne del mundo   fará grand cortesía
> qui fiziere servicio   a la Virgo María;
> mientre qe fuere vivo   verá plazentería,
> e salvará la alma   al postremero día. (3, 115)

> Si nos bien la sirviéremos,   qequiere que.l pidamos,
> todo lo ganaremos,   bien seguros seamos,
> aquí lo entendremos   bien ante qe muramos,
> lo qe allí metiéremos   qe bien lo empleamos. (20, 498)

En epifanías la Virgen se hace presente a sus devotos; ellos se le hacen presentes con sus ruegos.

El milagro, de hecho, es el lugar paradigmático de la presencia misma, el único también en el que puede "vivir" el imperativo del poder. Una orden, un ruego, son actos de habla que están necesariamente restringidos con respecto a las dimensiones temporales: porque no podemos ordenar o pedir que se haga algo en el pasado, en el imperativo sólo podremos esperar distinciones entre futuros más lejanos o menos lejanos (véanse Lyons II, 746-47 y 752-53; y Hamblin 80-83). A pesar de su etimología (< *imperare*), el imperativo es sobre todo el modo de la voluntad: ruegan los que no tienen la autoridad para ordenar. Más tempranos que el indicativo, modo de la aserción, los usos del lenguaje para expresar deseos (función desiderativa) y lograr que se haga algo imponiendo en otros la voluntad propia (función instrumental) están estrechamente conectados y se asocian con las primeras etapas de la adquisición del lenguaje (Lyons II, 826).

Dos rasgos importantes conectan el imperativo con el presente. La segunda persona del singular del imperativo, que es, en rigor, su única forma genuina, no lleva, en las lenguas indoeuropeas, marca de persona ni tampoco de tiempo (en castellano toma el tema del presente). El segundo rasgo tiene que ver con el sujeto generalmente tácito del imperativo. La ausencia de sujeto subraya el carácter único de la referencia, que sólo puede ser inequívoca porque depende del contexto, de la situación—siempre *aquí* y *ahora*— en la que se profiere. La ausencia de marcas de persona emparenta al imperativo con el vocativo, que en el sistema nominal del latín, carece de marca de caso. Pero ese apelativo no es nunca sustituto del pronombre, ni puede tampoco ser el sujeto de la oración imperativa. El imperativo es, en suma, el modo verbal de la presencia.[6]

El imperativo, rasgo común de órdenes y ruegos, es manifestación de la presencia que marca el universo de los *Milagros*. Y es también el rasgo lingüístico que aproxima el discurso de María y el de sus devotos al lenguaje de la liturgia. Las liturgias —explica Dalmais (8)— miran a un orden temporal diferente (*in illo tempore*) que, según la forma particular de cada religión, puede ser un tiempo primordial anterior a la historia; un tiempo escatológico hacia el cual se mueve la historia; una duración atemporal y abstracta como en el Islam; o, en el único caso de las religiones fundadas en la revelación bíblica, acontecimientos históricos que son signos de la intervención de Dios en la historia humana. Pero lo que es común a todas las liturgias es que los acontecimientos ocurridos en ese otro tiempo están dotados de una significación permanente y adquieren un poder por el cual se hacen actuales toda vez que se representan en el rito. No hay liturgia que no alegue (más o menos explícitamente) efectuar lo que significa y es este reclamo lo que distingue la acción litúrgica de cualquier otro modo de representación. Toda liturgia implica creer en alguna clase de correspondencia entre la

---

[6] Sobre los problemas planteados por el sujeto del imperativo y sobre las distinciones lógicas entre sujetos y vocativos, véase Hamblin, 46-47 y 53.

actuación (performance) de la ceremonia y la re-presentación del mito. También es por eso que la liturgia siempre corre el riesgo de degenerar en magia, cuando pierde contacto con una realidad trascendente, como apunta Dalmais (8-9). La definición misma de liturgia se basa en la calidad performativa de su lenguaje (gestos y palabras): "Liturgia es el conjunto de signos sensibles y *eficaces* de la santificación y del culto de la iglesia (Garrido Bonaño 4-5; el subrayado es mío).

Una distinción central en la teoría de los actos de habla atañe a la dirección que toma el ajuste entre las palabras y el mundo: puedo hablar de modo que mis palabras se ajusten al mundo (describir algo, por ejemplo) o puedo intentar que el mundo se ajuste a mis palabras. La clerecía, grupo rector de una comunidad que se autovalora por la lectura pero también por el canto, es el estamento que se define por el valor performativo del discurso sacramental, donde la palabra proferida por el sacerdote absuelve, establece matrimonios, bautiza, esto es, efectivamente *hace* lo que dice. No se trata, sin embargo, de la oralidad del acto singular de habla, sino de una palabra oral que es poderosa precisamente porque depende de una inscripción, la de las fórmulas, siempre necesariamente idénticas, utilizadas para cada sacramento, o la de las palabras del canto que se ajustan a un texto y a una melodía previos. Esta conjunción de ausencia, atributo de toda escritura, y de presencia, necesaria en esa oralidad peculiar del canto, también es marca del discurso clerical. Los sacramentos que el clero administra, performativos divinos, comparten con el imperativo la segunda dirección: de modos diferentes, se pronuncian para que el mundo se ajuste a las palabras. Esas palabras no son, a diferencia de las aserciones del indicativo, verdaderas o falsas, sino eficaces o ineficaces.[7]

---

[7] Los performativos (prometer, pedir, ordenar, agradecer, saludar, felicitar, afirmar, aconsejar, advertir, certificar, prometer, jurar, bendecir, maldecir, dar, prestar, etc.) son verbos que, cuando se enuncian en la primera persona del presente de indicativo ("yo prometo"), tienen la fuerza peculiar de realizar lo que significan. Sobre performativos, véase el trabajo clásico de Austin. Sobre la pertinencia de aplicar la noción de performativo (que Austin nunca propuso para la literatura) al discurso de las obras de ficción, véase la lúcida explicación de Johnson (60).

Como el lenguaje del clero, en los *Milagros*, la oración de imperativo, sea la de la orden de la Virgen o la del ruego de sus devotos, está siempre marcada por la satisfacción y la eficacia. A la voz que ordena o que suplica responde el otro con actos no verbales: se cumplen las órdenes de María, se otorgan los ruegos de la humanidad. El paradigma (palabra y hecho) refleja el modelo más amplio de la historia judeo-cristiana, que realiza en actos las palabras de Dios.

EL "ENCLÍN"

> Abassó los enojos   ante la magestat,
> erzió a Dios los ojos   con grant umilidat... (23, 655ab)

Premios y castigos siguen respondiendo, al menos en lo explícito, a una justicia retributiva ("a los bonos da trigo, a los malos avena"), pero, en rigor, la balanza de esta justicia está siempre cargada a favor de la humanidad: los castigos son menos frecuentes que los premios; la ira más rara que el amor. El modelo desplegado en los *Milagros* constituye, podría decirse, una versión corregida de los patrones que gobiernan el poder temporal en la Edad Media, un sueño de poder benigno. Los *Milagros* ofrecen el paisaje de una humanidad sujeta al poder de María en una relación que se presenta como alianza natural. María está *con* ellos. En virtud de su relación filial con la Virgen, el cristiano devoto pertenece a la familia del poder.

Contra el amor al prójimo que proclama Cristo, el amor mariano, sólo dirigido hacia el cielo, ejerce todo el atractivo de la opresión benigna. El amor a María, más que la virtud, es el factor decisivo en la fórmula de la salvación que proponen los *Milagros*. Ese amor, lejos de oponerse a la virtud, es lo que, en rigor, la define:

> Tal es sancta María   qe es de gracia plena,
> por servicio da Gloria,   por deservicio pena;
> a los bonos da trigo,   a los malos avena,
> los unos van en Gloria,   los otros en cadena. (16, 374)

El "servicio," que distingue a los hombres buenos de los malos, se

manifiesta en la oración, la fiesta, el canto y el "enclín," significantes verbales y gestuales del amor.

El saludo con el que el creyente reconoce a la Virgen toda vez
que ve su imagen en el altar es acaso, en Berceo, la más poderosa de
todas las expresiones de amor. El sacristán fornicario muere en una
escapada nocturna: toman el alma los diablos codiciosos, pero María
la rescata con prontitud porque, explica ella, con el saludo que le
hizo al salir de la iglesia, el sacristán le ha pedido permiso para salir.
De otros pecadores, el poeta nos dice que el único acto redentor de
sus vidas fue su infaltable saludo a la imagen de la Virgen. Abreviatura de la plegaria y del himno, el enclín constituye la expresión
paradigmática de lo que es, en rigor, el único trabajo de "los
obreros" de María. Señal de una acción interior, intelectual (reconocimiento de la superioridad de María) y emotiva (amor), el enclín
puede comprenderse como expresión codificada de un sentimiento
profundo y genuino.

Conviene, sin embargo, no ignorar por completo el sentido más
limitadamente literal del gesto. El enclín es un movimiento que
toma la forma específica de una inclinación del cuerpo. Es necesario
apreciar la extrema levedad del movimiento, en el que puede reconocerse todavía el gesto del cuerpo en el trabajo. A diferencia de la
miniatura, donde una catedral puede adquirir dimensiones diminutas
pero sigue siendo monumental; a diferencia del mimo que dibuja en
el aire, en pocas líneas definidas, unas acciones que, sin embargo, no
pierden nunca sus atributos esenciales, el enclín es acción que repite
el gesto del trabajo pero al repetirlo le altera su naturaleza porque lo
vacía de sus atributos definidores, le borra el esfuerzo y el tiempo.
En el enclín, la réplica del trabajo (por naturaleza castigo en la Edad
Media) es apenas el recuerdo suficiente para poder subrayar su
diferencia. Los ojos hacia arriba no acompañan al cuerpo que se
inclina hacia la tierra. Aquí es donde del sentido literal es posible
volver al nivel de lo figurado y entender el enclín como figura
emblemática de la condición humana, que mira a la tierra con el
cuerpo y con los ojos al cielo.

Para el creyente el enclín es, bien mirado, un gesto verdaderamente milagroso. A la brevedad de ese instante literal, a esa labor
liviana —paradoja en sí misma—, María coresponde nada menos que
con la salvación eterna. Leve labor y gesto breve, ese trabajo y ese

tiempo tienen consecuencias incomparables. En la conducta de la Virgen, que reparte premios a sus devotos y castigos a quienes se atreven a ofenderla, podrá verse, sin duda, un principio de justicia retributiva, pero los premios y los castigos marianos no responden a un espíritu que mida grados de amor o desamor, sino que se dan "enteros," traducidos en salvación o muerte. El texto insiste en esta falta de correspondencia esencial que gobierna los vínculos del hombre con la divinidad:

> Amigos, atal Madre   aguardarla devemos,
> si a ella sirviéremos   nuestra pro buscaremos;
> onrraremos los cuerpos,   las almas salvaremos,
> por pocco de servicio   grand gualardón prendremos. (1, 74)

Consecuente con la relación entre la omnipotencia de Dios y la debilidad humana, esta desproporción en la que se basa la justicia mariana está lejos de responder al modelo clásico de la justicia retributiva que mide y pesa con escrupuloso cuidado y establece sus proporcionadas correspondencias. El universo representado en los milagros, que invierte las relaciones que gobiernan el tiempo y el trabajo, debió constituir, sin lugar a dudas, un elemento importante del placer de su lectura. En la relación con María, la Edad Media ha podido experimentar un mundo corregido, donde la abundancia remplaza a la escasez, el enclín al trabajo, la gracia a la justicia. Visible en tanto gesto, naturalizado y transparente en cuanto a sus repercusiones incalculables, el "enclín" es instancia ejemplar de la invisibilidad del mensaje eficaz.

4
La buena y la mala fe

Fueron a la eglesia   estos ambos guerreros,
facer esta pesquisa   quál avié los dineros;
fueron tras ellos muchos   e muchos delanteros,
veer si avrién seso   de fablar los maderos. (23, 691)

E^{N LOS} *MILAGROS* de Berceo, las historias de judíos ("El iudezno," "Los judíos de Toledo" y "El mercader de Bizancio") son, para usar la expresión de René Girard, "textos de persecución," en tanto constituyen relatos de violencias colectivas redactados desde la perspectiva del perseguidor.[1] Entre esas historias, creo que hay conexiones más importantes que la caracterización, esperablemente negativa, de los personajes judíos, o la serie de acusaciones tópicas de la época, de las que el texto se hace eco. Los relatos, de anécdota en apariencia tan diferente, constituyen variantes de un mismo diseño: los tres apuntan a validar, con visos de legalidad, la fe cristiana frente al judaísmo; y en los tres, la legalidad de "la buena fe" se expresa en escenas colectivas de una violencia sacralizada.

Las escenas colectivas no son raras en los *Milagros*. La comuni-

---

[1] Refiriéndose a narraciones de acontecimientos reales, Girard (*Chivo* 18) llama "textos de persecución" a "los relatos de violencias reales, frecuentemente colectivas, redactados desde la perspectiva de los perseguidores, y aquejados, por consiguiente, de características distorsiones." "Hay que descubrir estas distorsiones, —añade Girard— para rectificarlas y para determinar la arbitrariedad de todas las violencias que el texto de persecución presenta como bien fundadas." Girard busca la verdad, pero también parece implicar que pudiera, en efecto, existir un texto que nos ofreciera esa verdad sin distorsiones.

dad cumple, casi siempre, la función de atestiguar el milagro o el momento en que quien lo ha protagonizado lo relata por primera vez. En la gran mayoría de estas escenas colectivas nunca se lleva a cabo otra acción que la de confirmar y agradecer la presencia de la divinidad en el mundo, en un canto o una plegaria que une todas las voces en una. En los milagros 16, 18 y 23, los únicos que incluyen en sus respectivas historias un enfrentamiento de personajes judíos y cristianos, la comunidad cumple una función diferente. En los tres relatos, la comunidad cristiana, que nunca aparece caracterizada como muchedumbre sin control, protagoniza un acto colectivo de violencia que se presenta como respuesta a un delito previo y como expresión de una ley no escrita pero no por eso menos clara y poderosa.[2]

Me interesa la significación amplia de esa violencia colectiva que se funde con las plegarias y los cantos de la comunidad. Creo que es posible proponer que en estos relatos el pueblo cristiano, dotado de voz y de agencia, encarna a la Iglesia Militante, del mismo modo que la alegoría del prado anticipa simbólicamente, en el mundo de aquí y de ahora, a la Iglesia Triunfante.

REFLEXIONES SOBRE ALGUNOS HÁBITOS DE TRABAJO

Lo que mi análisis pueda iluminar sobre el antisemitismo de Berceo es, hasta cierto punto, consecuencia secundaria. A mi juicio, en tanto objeto de examen, el antisemitismo (o la misoginia), en la crítica literaria, tiende a dar resultados pobres. Un procedimiento común es aislar y comentar los sectores pertinentes del texto, sin acompañar ese movimiento con su complementario, esto es, sin volver a integrar a su contexto lo que se ha separado de él: se observa el sentimiento antisemita en los epítetos peyorativos dedicados a los personajes judíos, y en las historias mismas, cuyos argumentos se recuentan. En el modo de contar los argumentos, se

---

[2] Es posible encontrar también casos en los cuales la comunidad lleva a cabo alguna clase de "justicia" en escenas colectivas de violencia: pensemos en la tortura a la que son sometidos los ladrones de la iglesia, en el milagro 24, largamente descrita por Berceo (726-729). Pero esas excepciones no son asimilables a las tres historias de judíos.

confunden, a veces, personajes con personas de carne y hueso, o se leen los textos como si fueran transparentes, no sujetos a ninguna clase de mediación. Gariano, por ejemplo, afirma que se considera a Berceo antisemita sobre la base de unas invectivas que dirige "contra unos personajes judíos malos" (*Análisis* 60). Gariano no dice más, pero es evidente que concibe a los personajes como si tuvieran una vida propia independiente del relato y de la concepción de su autor. Posición equivalente es la de Garrosa Resina (128-29) cuando nota que todos los personajes judíos tienen mal fin y suelen encontrar muerte violenta "a manos de los justamente enfurecidos cristianos"; o cuando se sorprende ante el hecho de que, siendo el pueblo hebreo monoteísta, el judío del milagro de Teófilo sea vasallo del diablo.

El texto de ficción, como el lenguaje literario, no puede ser nunca documento *directo* de la realidad. Esa ficción del texto, ni verdadera ni falsa, está, sin embargo, compuesta por elementos variados y heterogéneos: memoria personal, colectiva, social, cultural, cercana o remota, de experiencias propias o ajenas, de una realidad. Los milagros de Berceo refieren hechos singulares, que pueden o no coincidir con algún hecho de la realidad, pero es siempre el texto, en su totalidad, el que les confiere un significado. Importa reconocer la diferencia entre el hecho particular e histórico (por ejemplo, una matanza de judíos) y el fenómeno del antisemitismo, que puede proponerse como tal gracias a la operación por la cual damos significado a la experiencia. El material crudo de la ficción está hecho de retazos de esa realidad, organizados y transpuestos por la subjetividad del escritor, expuestos a la subjetividad de los lectores, y determinados también por una tercera subjetividad, colectiva y acaso aun más poderosa, la del lenguaje mismo. Entre el lector y esa realidad remota y elusiva hay una densa y enmarañada sucesión de mediaciones.

Otro hábito de trabajo responde al empeño de categorizar y cuantificar. En Berceo se distingue, por ejemplo, entre el antisemitismo religioso (manifestado en las acusaciones de deicidio) y el antisemitismo socio-económico (basado en la xenofobia y la envidia por la prosperidad económica de los judíos), y se le atribuye el primero pero no el segundo (Saugnieux, *Berceo* 73, 79, 91; Garrosa Resina 129-30). En otros casos se evalúa en términos cuantitativos el antisemitismo del autor estudiado, para lo cual se impone como procedimiento indispensable la comparación, sea entre obras de un mismo autor, o entre dos autores diferentes. Se mide el sentimiento antisemita en términos de mayor o menor explicitud, de mayor o menor severidad o moderación. Se compara el antisemitismo de Berceo manifestado en cada una de sus obras o se coteja la obra en su totalidad con su fuente latina o con las *Cantigas* de Alfonso. De este modo, contra la fuente latina, el antisemitismo en los *Milagros* parece "desleído"; en cambio, es notable frente al de las *Cantigas*; por fin, en el contexto de otras obras de Berceo, los *Loores* por ejemplo, el antisemitismo de los *Milagros* resulta "moderado." En muchos de estos casos, creo que el problema, como sugerí más arriba, reside en tomar el antisemitismo como punto de partida para mirar los textos; en términos estrictos, con ese foco inicial, quizás no quede otra posibilidad que la de producir valoraciones cuantitativas (hay más aquí que allá) u observaciones que bordeen la tautología.

La cuantificación está en relación directa con la ilusión o el deseo de objetividad, seguramente animado por el temor al anacronismo. De ahí que valga la pena reflexionar por un momento en la inevitable subjetividad del crítico en todo acto de lectura. Quien lee los milagros 16, 18 y 23, en donde se describen, con regusto, matanzas de judíos, no puede evitar una cierta actitud ante cómo se cuenta lo que se le cuenta. En el proceso de comprender el significado de esos relatos, el lector moderno apela, consciente o inconscientemente, a las diferencias entre el antisemitismo medieval y el contemporáneo (Deutsch), a lo que entiende de las persecuciones de grupos minoritarios en la historia, a su memoria cultural y personal. Todo eso entra, insidiosa o directamente, en su acto de comprender el texto y el fenómeno al que el texto remite. Inciden en su lectura de los milagros de Berceo lo que ha leído de las masacres de judíos en la Edad Media o de las persecuciones de cristianos en los primeros siglos de nuestra era, y también la memoria menos remota de la segunda guerra mundial o la experiencia de asistir a los brotes de antisemitismo de este final de siglo. Tratar de evitar las distorsiones derivadas de la propia ideología o de los propios modelos, conscientes o inconscientes, o pretender que esa memoria cultural no opera en la lectura constituye una notable ingenuidad.

VIOLENCIA ANTIJUDÍA Y ACUSACIONES TÓPICAS

La violencia antijudía se intensifica en Europa hacia los siglos XII y XIII y culmina con el proceso de expulsiones permanentes de judíos europeos, que se registra a partir de 1290. Es también en el XIII, el siglo de María, cuando la representación de judíos en el arte cristiano se vuelve notablemente más hostil, cuando por primera vez se los describe como agentes de Satán y se los acusa de innumerables formas de agresión contra el cristianismo. Son del XIII, por ejemplo, los primeros *Judensau*, retratos en los que se representa a judíos mamando de un cerdo (Cohen 244-45). El hecho de que en Castilla las juderías florezcan merced al apoyo y tolerancia de Alfonso VIII, Fernando III y Alfonso X no invalida el tono violento del antisemitismo que caracteriza al siglo. El antisemitismo, como tono perceptible en la vida de las comunidades europeas, se vuelve más combativo y menos abstracto. Escolasticismo y teología se esfuerzan por conciliar la fe con la razón. En los siglos XII y XIII, las polémicas teológicas de los cristianos contra los judíos muestran también el nuevo sentido de inmediatez y hostilidad que las preside: se trata de probar la verdad del cristianismo no sólo con citas de la Biblia sino también con argumentos racionales. En el tono racional que marca esas polémicas, es decisiva la conciencia creciente, entre los teólogos cristianos, de la existencia de un extenso cuerpo de literatura judía postbíblica que no se limita a la mera exégesis del Antiguo Testamento (Funkenstein 377).

En los milagros de judíos, Berceo repite la lucha constante entre las fuerzas del bien y del mal que desarrolla en todos los otros relatos, con algunas diferencias: la gracia que dispensa María a sus devotos en los otros milagros queda sustituida por la justicia retributiva que la comunidad cristiana impone a los judíos; y los personajes judíos que, esperablemente, aparecen caracterizados con atributos demoníacos, remplazan a la figura del demonio. La acusación de desecrar la hostia, que se vincula con la doctrina de la transubstanciación establecida en Letrán IV (Boreland 17), tiene como consecuencia las medidas tomadas por los concejos locales, que prohiben a los judíos aparecer en público durante Semana Santa para impedir la posible desecración de los objetos del culto. También se prohibe a los judíos hacer imágenes de la crucifixión (Alfonso el Sabio, *Partidas*, VII, sec. 24, ley II). Pareja con la acusación popular de desecrar la hostia, la historia de los judíos de Toledo, que asocia a los judíos con la magia negra, también se inserta en la tradición que les atribuye rasgos y poderes satánicos.

La conexión del judío con el demonio (véase el trabajo de Joshua Trachtenberg), atestiguada ampliamente en la iconografía medieval, que los representa con barba y cuernos de chivo o sombrero con cuernos, es una expresión entre las muchas que forman el arsenal de acusaciones estereotipadas. Esas acusaciones tópicas se integraron gradualmente al corpus de la demonología cristiana, enriquecidas por la imaginería de la tradición profética apocalíptica. Los primeros cristianos perseguidos en el Imperio Romano, que no aceptan la idea del reino espiritual, y en cambio creen que Jesús volverá pronto para establecer su reino mesiánico en la tierra, elaboran profecías escatológicas, en la tradición del sueño de Daniel, en las que un mundo demoníaco, dominado por el poder del mal, precede a la hora de los santos que reinarán sobre la tierra en el momento de la culminación de la historia. Las profecías que proponen el milenio se desacreditan, sobre todo cuando el cristianismo se vuelve religión oficial, pero, aunque eliminados de la doctrina, muchos elementos de esa fantasía persisten en la imaginación religiosa popular (Cohn 39).

Además del satanismo, es posible encontrar en Berceo buen número de otras acusaciones tópicas hechas contra el pueblo judío. Así, la creencia, común desde el siglo XII, de que los judíos son asesinos de niños, motivo desarrollado en el milagro 16, forma parte del cuadro más amplio de acusaciones estereotipadas contra grupos y comunidades especiales a lo largo de la historia. Cohn examina esas acusaciones e insiste en la necesidad de comprender su naturaleza y significación:

> El asesinato ritual y los festines caníbales encajan en un estereotipo tradicional: el de la organización conspirativa o la sociedad secreta movida por un impulso irracional en pos del poder político (22).

Los ejemplos abundan: en el siglo II los romanos acusaban a las comunidades cristianas de canibalismo, incesto e infanticidio; muchos siglos más tarde, el Inca Garcilaso refutará el canibalismo atribuido a los incas por los españoles. (El canibalismo parece ser una de las marcas de la identidad del "otro," sobre todo cuando se trata de un "otro" colonizable o sometido.)[3]

Ceguera, terquedad e inveterada resistencia al cambio, son otros predicados tópicos que Berceo utiliza para caracterizar a los judíos. Es lugar común afirmar que los judíos se niegan a cambiar con el tiempo y permanecen exactamente iguales a sí mismos. Esa alegada ausencia de cambio se tomó muchas veces de modo literal y fue asociada con la certidumbre de la continuidad étnica judía (Funkenstein 375). La ceguera atribuida a los judíos en la Edad Media es motivo frecuente en la iconografía que representa la figura de la Sinagoga con los ojos tapados, y se asocia con la "terquedad" con que los judíos se adhieren al sentido literal del Antiguo Testamento y se niegan a alegorizarlo como prefiguración del Nuevo. En la copla 67 de los *Loores* se lee:

> gente ciega e sorda,   dura de corazón
> nin quier creder la letra,   nin atender razón...

Saugnieux (*Berceo* 81-82) valora estas líneas como caracterización más severa que la de los *Milagros*. No veo tal diferencia cuando pienso en la acusación de María contra los judíos de Toledo, donde no los caracteriza con los atributos del brujo sino con los del traidor, y donde se advierte la misma relación de ceguera y terquedad:

> "la gent de judaísmo,   sorda e cegajosa,
> nunqua contra don Christo   non fo más *porfidïosa.*" (18,
>   416cd)

María insiste en que los judíos porfían y persisten en su error. El adjetivo "porfidiosa," que el mismo Berceo usa en otros lugares con la acepción moderna de 'pertinaz', en sentido positivo (aplicado a San Millán, *VSMill.* c. 42), recupera aquí el significado etimológico del latín *perfidia.* Al pueblo judío que, ciego y sordo, sigue crucifi-

---

[3] Sobre acusaciones en relación con persecuciones colectivas, véase en Girard "Los estereotipos de la persecución," cap. 2, 21-34, de *El chivo emisario.*

cando a Cristo, no se le reconoce una fe distinta sino una obstinada *mala fe*, el atributo esencial de los perjuros.

"QUI TAL FAZE TAL PRENDA"

Mi lectura de los milagros 16, 18 y 23 partió de una reflexión sobre el léxico judicial, en parte, consecuencia del trabajo de Steven Kirby ("Approaches"), que invita a estudiar en la literatura medieval los aspectos legales, en la doctrina y en el procedimiento. Bermejo Cabrero ha señalado el fuerte elemento de juridicidad en los *Milagros*, especialmente en las escenas de los pleitos del alma, cuya descripción se ajusta a las prácticas legales de la época. En ocasiones, el léxico judicial ha dado lugar a desacuerdos (me refiero sobre todo a Brian Dutton y Daniel Devoto). Tal o cual palabra podrá no tener, en ciertos contextos, el valor jurídico específico que la convierta en tecnicismo (pienso en el "tardío e temprano," comentado por Devoto en *Textos*, 52-61), pero lo cierto es que la mera acumulación de términos judiciales tiene un notable poder de reverberación y no deja duda de la familiaridad de Berceo con los procedimientos jurídicos de su tiempo. En general, sin embargo, los estudios del vocabulario legal llevaron a especular sobre la vida y la profesión de Berceo, pero no han dado lugar todavía a volver a los textos y preguntarse en qué medida esas elecciones léxicas contribuyen al efecto que los textos producen.[4]

El enfrentamiento de judíos y cristianos tiene un desenlace que se presenta, según la perspectiva que se adopte, como el cumplimiento de una venganza o como la historia de un acto público de justicia, cuya expresión paradigmática es el refrán: "Qui tal faze, tal prenda." La frase, que tiene su origen en la fórmula con que terminaban los pregones para hacer pública la sentencia recaída sobre un delincuente (Montoya Martínez, *Milagros*), ha sido estudiada por Goldberg como refrán, identificado por el mensaje y verificado por la estructura ("Proverb" 126 y 130). Los textos de Berceo ofrecen diferentes variantes de este dicho popular que alude a la pena del talión. En el *Duelo*, en boca del enemigo, es expresión

---

[4] Véanse Devoto, "Notas"; Dutton, "Profession"; Bermejo Cabrero; Ynduráin, 55-57; Saugnieux, *Berceo* 22-23.

del mal juicio al que fue sometido Cristo:

> Paráronlo en bragas,   tolliéronli la saya,
> todos por una boca   li dicién: "Baya, vaya,
> qebrantava los sábados: *qual mereció , tal haya.*
> Y será enforcado   hasta la siesta caya. (23)

Diversas variantes de la frase se leen en los *Milagros*, siempre situadas en contextos de juicio: "en qual él mereció, posará en tal siella" (7, 166d); "desend qual mereciere, avrá tal audïencia" (8, 208d); "qui tal faze, tal prenda, fuero es e justicia" (10, 250d) "desend qual mereciere, recibrá tal onor" (10, 257d). Dana Nelson ("Clave" 42-43) examina la fórmula en Berceo y el *Alexandre*. En los milagros 16, 18 y 23, la frase se constituye en un *leit-motif* que merece comentario aparte.

El refrán es fórmula que sirve para confirmar la justicia popular y divina, manifestada en la quema instantánea del padre judío:

> Diziénli mal oficio,   faciénli mal' ofrenda,
> dizién por "Pater noster,"   "*Qual fizo, atal prenda.*" (16,
>   373ab)

En el milagro del mercader de Bizancio, Berceo escoge un nuevo modo de utilizar la fórmula:

> Díssoli el judío: "Yo con derecho ando,
> ca buenos testes tengo   de lo qe te demando;
> si dices qe paguesti,   demuestra dó o quándo,
> ca en cabo bien creo   qe non iré cantando.
>
> Fié en el tu Christo,   un grand galeador,
> e en su madreziella   qe fo poco mejor;
> *levaré tal derecho   qual prisi fiador,*
> *qui más en vos crediere   tal prenda o peor.*" (23, 686-687)

Aquí, la variante del refrán en boca del propio judío, que falsamente lamenta su pérdida, crea la ironía dramática del relato, que se ocupará de que las palabras del judío se cumplan literalmente. A esa ironía dramática se añade la insistencia en que el asunto litigado trasciende la cuestión del cumplimiento del pago de la suma adeudada.

Pero es en la historia de los judíos de Toledo donde encontramos el uso más complejo e interesante del refrán. Aparece dos veces, al principio y al final de la narración. Después de una introducción somera de su queja (18, 416), María recuenta la crucifixión original (18, 417-418), para volver a centrarse en el presente (18, 419-420). Importan las coplas que se refieren al crimen original:

Secundo qe nos dizen   las sanctas escripturas,
fizieron en don Christo   muy grandes travesuras;
tajava essa cuita   a mí las assaduras,
mas en ellos qebraron   todas las sus locuras.[5]

Nin se dolién del Fijo   qe mal non merecié,
nin de la Madre suya   qe tal cuita vidié;
pueblo tan descosido,   qe tal mal comedié,
qui ál tal li fiziesse   nul tuerto non farié. (18, 417-418)

Se destacan por su posición final las líneas que cierran estas dos coplas parejamente indirectas y difusas: la primera alude al castigo recibido por quienes cometieron el crimen original (c. 417); en la segunda, el refrán, modalizado en condicional, apunta al destino que les espera a estos judíos de Toledo (c. 418). El pueblo judío crucifica otra vez al Hijo; el castigo debe volver a repetirse.[6]

---

[5] El mal destino de los perjuros, aunque expresado con relativa vaguedad, es inequívoco en los textos de Berceo. Véase, por ejemplo, esta copla del *Duelo*:
Pusiéronlo aína   en la cruz los paganos,
cosiéronli con clavos   los piedes e las manos;
facién muy grant crueza   como crúos villanos,
ont oi ellos ploran,   e ríen los christianos. (33)
[6] Para la importancia del cuarto verso de la copla de cuaderna vía, véase Uría Maqua (*PSOr.* 30), que no sólo ofrece un buen resumen de los modos en que la última línea puede separarse del resto sino que valora la doble función del fenómeno: por una parte, da la impresión de clausura, de algo

Esas mismas palabras de María son las que sirven de modelo para la conclusión del relato, donde vuelve a aparecer el refrán:

> Quanta fonta fizieron   en el nuestro Sennor
> allí la fazién toda   por nuestra desonor,
> recabdáronlos luego,   mas non con grand savor,
> *qual fazién tal prisieron*,   ¡grado al Criador! (18, 428)

Aquí también Berceo remplaza el presente del refrán, esta vez sustituyéndolo con tiempos pasados. El presente atemporal del dicho popular habría podido servir como apropiado acto verbal del veredicto. Pero en el relato de Berceo, el fallo o veredicto que, como se verá más adelante, no se distingue del hallazgo de las pruebas, se funde con el cumplimiento efectivo de la "sentencia" implícita. Berceo convierte el presente atemporal del refrán en un pasado (*"qual fazién tal prisieron"*); esto es, lo narrativiza, utilizándolo para expresar la conclusión de lo que ya se ha llevado a cabo. Podría decirse que la interpretación que el arzobispo hace de las palabras de María, la salida apresurada de la iglesia, la marcha hacia las casas de la judería, todo, en fin, no ha sido más que el ejercicio narrativo para llegar a la matanza de los judíos de Toledo. Se hace un relato del refrán, se trama una historia de juicio, con su proceso y su culpable, alrededor de las palabras de María, que ahora, bien miradas, incluyen no sólo la acusación, sino también el proceso, y que son también el verdadero y único lugar de la sentencia dictada de antemano.

Sobre ordalías

En la *Primera Crónica General* (I, cap. 318), Alfonso relata el debate formal llevado a cabo en el imperio de Constantino, sobre el valor de la religión judía y la cristiana. La discusión verbal es prólogo a una suerte de ordalía o prueba, centrada en el valor del nombre del Dios. Uno de los doce judíos dice el nombre al oído de un toro, y el toro muere. Previa oración colectiva, San Silvestre

---

cerrado y cabal; por la otra, considerado en su contexto, crea un efecto de fragmentación.

pronuncia el nombre de Jesucristo, en voz alta, y el toro resucita. Creo que el milagro del niño judío representa, como el episodio de San Silvestre, una suerte de prueba de Dios, que exige algunas reflexiones previas. Mi propósito no es mostrar en el texto de Berceo el reflejo directo de una realidad contemporánea sino más bien unos componentes conceptuales (justicia divina, consenso comunitario), una estructura mental subyacente que los *Milagros*, y especialmente los relatos de judíos, comparten con los patrones de pensamiento propios de la ordalía.

Institución común en muchas sociedades premodernas, la ordalía quedó completamente cristianizada en Europa durante el siglo X y se practicó como instrumento de prueba en casos difíciles. La ordalía era, por una parte, un rito que inspiraba el pavor reverente de los que la presenciaban; y también, *lex paribilis*, *apparens*, o *aperta*, demostración patente, pública y definitiva de la palabra de Dios. Las prácticas de la ordalía se dividían en dos clases: la unilateral, en las pruebas del agua caliente y fría y del hierro candente, y la bilateral, en el duelo judicial. El hierro candente era el instrumento acostumbrado en los ordalías por fuego, en las que, si las quemaduras del individuo probado mostraban signos de curación se lo reputaba inocente. En las ordalías por agua, de empleo muy reducido, el sujeto era echado al agua y, si podía flotar, se lo consideraba culpable puesto que el agua, elemento puro y natural, lo rechazaba.

Las ordalías solían emplearse para decidir casos de fraude, robo y asesinato, para resolver litigios sobre posesión de tierras, o en juicios de paternidad disputada u ofensas sexuales, como la acusación de adulterio (aplicada, naturalmente, sólo a mujeres). También sirvieron de prueba en situaciones en las que se ponía en tela de juicio la ortodoxia de creencias religiosas (la herejía, especialmente en el siglo XII), donde lo puesto en cuestión, por su calidad intangible, era especialmente difícil de determinar. A fines del siglo XI, se registra en la Península una ordalía para determinar el valor del rito mozárabe contra la liturgia romana. El domingo de Ramos de 1077 lidiaron en Burgos dos caballeros; el castellano, que luchaba por el rito mozárabe, triunfó contra el toledano. Francisco Rico apunta que la Crónica Najerense fabula este hecho registrado por las crónicas:

Accenso magno igne in platee medio, missi sunt in eum duo

libri, unus Romanu[m] officium continens, alter vero officium continens Toletanum, sub tali conditione ut cuius modi liber ignem illesus evaderet, eius officium teneretur. Sed cum Toletanus magnum extra ignem saltum dedisset, mox rex iratus illum in ignem pede reiciens dixit: "ad libitum regum flecta[n-tur] cornua legum." (Ed. G. Cirot en *BH* 11 (1909), 277, *apud* Rico, "Letras," 41)

`Se encendió una gran hoguera en medio de la plaza y se echaron a ella dos libros, uno con el oficio romano y el otro con el mozárabe, acordando que se adoptaría el rito del que se librara de las llamas. El mozárabe se salió de la hoguera de un gran salto; pero el Rey, airado, lo devolvió a ella de un puntapié, diciendo: "Al gusto de los reyes se pliegan las leyes."' (Traducción de Rico, "Letras" 41)

El final añadido, no desprovisto de humor, suma a la ordalía del duelo una segunda ordalía por fuego.

La anécdota del obispo de Münster, quien, hacia 1130, tuvo que prohibir que su mayordomo se sometiera a una ordalía para convertir a un judío muestra a las claras que la idea de recurrir a la ordalía para probar el valor de una u otra fe religiosa, aunque en este caso no parece haberse llevado a cabo, no fue ajena a la mentalidad medieval. Una de las fórmulas invocatorias del rito de la ordalía del hierro candente rezaba:

> If you are innocent of this charge... you may confidently receive this iron in your hand and the Lord, the just judge, will free you, just as he snatched the three children from the burning fire.[7]

Se hace referencia aquí a Anaías (Sidraj), Misael (Misaj) y Azarías (Abed-Nego), a quienes Nabucodonosor echa a un horno ardiente por negarse a adorar su estatua de oro. El rey, que ve, espantado, que los

---

[7] *Tractatus de incarnatione contra Judaeos*, 3.11, *PL* 156, col. 528, *apud* Bartlett 21.

tres jóvenes judíos no se queman, reconoce el poder de su dios (Daniel 3). La fórmula claramente vinculaba el juicio por fuego y la vindicación de la creencia.[8]

En España, la ordalía del agua hirviente, de la que hay testimonios de principios del siglo X, parece ser la más antigua. En un pleito del año 940 entre Sancho Gómez y Nuño Gómez contra el abad del monasterio de San Millán de la Cogolla sobre el aprovechamiento del agua de un molino, los jueces declaran que el testimonio de los doce testigos y el juramento de los tres fiadores es suficiente, por lo que no debe recurrirse a la prueba caldaria:

> Et iudicaverunt ita ubi XII testimonias testificaron et III fidiatores iuraverunt *nulla calda fiat*, nec ullum alium iudicium nisi prior iudicium sit firmi. (*apud* Iglesia Ferreirós 214; el subrayado es mío).

Desde principios del XI se testimonian la ordalía del agua fría y la ordalía del duelo, aplicada a los nobles, puesto que la del agua hirviente, considerada infamante, se reservaba a los campesinos (Iglesia Ferreirós 111 y 119).

Es muy probable que la desconfianza en la ordalía como método de prueba haya existido desde los comienzos de su práctica, aunque se intensifica durante los siglos XI y XII y culmina en la condena expresa de Letrán IV, donde se marca lo que es, en rigor, el principio del final (Hyams 103-05). Con todo, el cambio radical que supone su fin es lento y no uniforme. Nota John Baldwin (614) la persistencia de la ordalía del agua en los juicios de brujas que siguen practicándose hasta el siglo XVII. Por otra parte, aunque condenado junto con la ordalía del agua y el hierro, el duelo siguió practicándose. Tampoco es uniforme el uso de los diferentes tipos de ordalía en los reinos de la Península. La ordalía del agua hirviente es la más antigua y desaparece temprano; luego, aparece el duelo y finalmente la ordalía del hierro candente (Iglesia Ferreirós 171 y 189). En el caso de España, región más descentralizada, es precisamente en el siglo

---

[8] Véanse Ricard (11-13) y Boreland (19-20), quienes mencionan la historia bíblica en referencia al niño judío de Berceo.

XIII cuando se produce la regulación pormenorizada de su empleo, tanto en el ámbito municipal como en el regio. Bartlett (43 y 46-47) alude a la difusión de la ordalía en la Península, entre los siglos XI y XIII, en relación con la Reconquista. Poco después de que los castellanos toman Cuenca, en 1177, se practica allí la ordalía por hierro candente (Fuero de Cuenca 326-332).

El panorama es desparejo y confuso, y no se presta a generalizaciones. Basten unos pocos ejemplos. Se prohiben las ordalías en Silos en 1135:

> Illud itaque burgum sit ingenuum: non vadat ad fossado, non habeat firmam, neque litem, neque caldam, neque ferrum. (Documento 44, 26 de mayo de 1135, *apud* Férotin 64)

También en 1182:

> Et non habeant foro per facere batalla non de ferro nec de aqua calida, sed si potuerit firmare cum duobus uicinis istius uille pectent suam calumpniam qualis iudicata fuerit et si non potuerit firmare audiat suam iuram et dimittat eum. (Fuero de Laguardia 25.v.1164 *apud* Martínez Díez 220)

Y en 1196:

> Et non habeant foro per facere bataylla non de ferro, non de aqua calida, nisi si potuerit firmare cum duobus vicinis istius ville pectet suam calumpniam qualem judicatam fuerit.(Fuero de Labraza IX, 1196, *apud* Martínez Díez 220).

En la concesión del fuero de Silos de 1209, hecha por Alfonso VIII, no aparece la prohibición general de las ordalías, pero se incorpora la del duelo en la muerte en tumulto (Iglesia Ferreirós 142). En Navarra, la prohibición de Letrán IV sólo tuvo el efecto de remplazar a los sacerdotes por oficiantes laicos (Hyams 101). De hecho, las prohibiciones de ordalías, que aparecen desde finales del siglo X, llegan hasta el XIV y son tan frecuentes los documentos que mencionan ordalías para regular su aplicación como para prohibirlas, y también los fueros que guardan un silencio difícil de evaluar (Iglesia Ferreirós 127, 166, 170-71). Aunque Iglesia Ferreirós advierte que las prohibiciones explícitas de cánones y fueros pueden no ser evidencia concluyente de que la ordalía se practicara todavía, creo que esas prohibiciones revelan que el modelo mental que supone la ordalía sigue todavía vigente.

Como todos los cambios radicales, la desaparición de las ordalías responde a una red compleja de diferentes causas y al efecto acumulado de muchas quejas individuales. Algunos atribuyen la desaparición del juicio de Dios a las críticas de la Iglesia, aunque tal explicación no resulte satisfactoria si se tiene en cuenta que las condenas clericales se registran desde muy temprano (Bartlett 70 y 98-99). Otros la ven como consecuencia del desarrollo de métodos racionales de investigación, gracias a los cuales algunos casos, antes intratables, podían resolverse con nuevas técnicas sin necesidad de "consultar" a Dios (Brown, "Society" 325; Hyams 106; Baldwin 614). En términos generales, la desaparición de la ordalía debe relacionarse también con los cambios radicales producidos durante el siglo XII en materia de derecho y administración: la aparición de códigos escritos después de siglos de ley oral, consuetudinaria, la recepción del derecho romano en las escuelas de Bolonia y la codificación del derecho canónico. Se menciona también la influencia que pudo haber tenido el trabajo de los intelectuales de las escuelas y universidades del XII, especialmente las de Bolonia y París, aunque sus críticas fueron siempre oscilantes y tendían a reformar la ordalía más que a eliminarla por completo.

Los argumentos medievales contra la ordalía son varios: Dios no habría creado jueces ni sería necesaria la sabiduría; no puede atarse el juicio de Dios, inescrutable, a un proceso judicial humano; celebrar una ordalía es exigir una respuesta divina y de algún modo equivale a transgredir el precepto de no tentar a Dios (Deut. 6: 16 y Mateo 4: 7; Dumeige 302; Bartlett 73 y 86). La ordalía, por otra parte, no se adecua fácilmente a la descripción medieval de la realidad: no es un acontecimiento "natural"; no es estrictamente un milagro, pues el milagro es acto libre e impredecible de Dios; y tampoco constituye un sacramento porque no está instituido canónicamente (Bartlett 87). Parece haber consenso en entender que la desaparición de la ordalía es, al menos en parte, resultado de las elaboraciones de la teología sacramental del siglo XII, que establece y analiza los sacramentos con una precisión desconocida hasta entonces. El hecho de que los dos fenómenos —el establecimiento de los sacramentos y la desaparición de la ordalía— se produzcan de modo simultáneo, sugiere un problema de incompatibilidad. Ordalía y confesión eran en cierto modo incompatibles, puesto que si un culpable se confesaba y hacía contrición, debía ser absuelto de culpa. En cuanto a la ordalía y la eucaristía, no parece casual que Letrán IV instituya la doctrina de la transubstanciación y también prohiba la ordalía (Bartlett 79 y 89).

Las críticas no sólo incluyen razonamientos teológicos sino que también apuntan a la gran variedad de engaños a los que se prestaba este tipo de prueba. Entre todas esas objeciones, Baldwin señala como decisivas las de Pedro el Cantor, que constituyen la crítica más intensa y completa del siglo XII, y quizás la más importante, por su posible influencia en la posición adoptada por Inocencio III en Letrán. De Pedro el Cantor es, por ejemplo, la afirmación de que, en la ordalía, "los callos prueban la verdad," alusión a la prueba en la que el acusado demostraba su inocencia caminando sobre carbones encendidos. También Pedro se queja de que la ordalía, en muchos casos, no confirma sino el prejuicio de los jueces: en la prueba caldaria, por ejemplo, que consistía en recoger una piedra del fondo de un caldero de agua hirviendo, los jueces podían escoger una piedra grande o una muy pequeña y difícil de encontrar, según creyeran en la inocencia o en la culpabilidad del acusado.

Creo que la explicación que más interesa para leer los *Milagros*, en los que está todavía latente y vivo el recuerdo de las ordalías, es la de Peter Brown, que se relaciona con el carácter eminentemente público y teatral del procedimiento (Brown, "Society"). La ordalía tiene su exposición, su desarrollo y su desenlace; se ajusta a un protocolo; crea suspenso por la suerte de un protagonista que el público conoce. El momento mismo de la prueba, espectacular, es el clímax, cuidadosamente preparado por el cumplimiento de ciertas condiciones; y el desenlace, ese juicio de Dios, termina involucrando al público, porque la evidencia se vuelve también instrumento de consenso: probar es hacer aprobar (Paz Alonso 70-71).

Las delimitaciones y reducciones del papel de lo sobrenatural, no siempre productoras de felicidad, se relacionan, explica Brown, con la creciente impersonalidad de la vida social. En la Europa anterior al XI las gentes se establecen en espacios reducidos de tierra. La necesidad y la presión del consenso en el grupo pequeño, como se ve en el culto de las reliquias, constituyen el *leitmotiv* de la religión medieval temprana. Por la misma razón, la ordalía adquiere su significado como instrumento de consenso en el grupo pequeño, donde el acusado es alguien que los demás conocen y cuyo destino afecta de un modo más directo el bienestar colectivo. De ahí que sea posible asociar su desaparición con el paso de una sociedad constituida por grupos pequeños de vecinos a una sociedad urbana y progresivamente anónima. A medida que se despersonaliza la sociedad, se hace menos necesaria la teatralidad de la ordalía porque el consenso es menos importante. En otras palabras, se produce un desplazamiento del consenso hacia la autoridad. El que gobierna está menos comprometido a mantener la paz que a imponer la ley. Arguye Brown que la razón que invocan los intelectuales y reformadores de fines del XI y del XII, es, en rigor, el ejercicio más fuerte de autoridad: si antes las decisiones eran lentas, surgidas de un consenso comunitario, ahora, apelar a la razón implicaba que el individuo debía obedecer decisiones más rápidas, resultantes de silogismos, o de textos escritos autoritarios.[9]

Se impone aquí preguntarse cuál es la sociedad de Berceo. Caben por lo menos dos respuestas posibles a esta pregunta deliberadamente ambigua. Si pensamos en la cercanía de San Millán a los mercados de Nájera y Logroño, hacia fines del XII, donde concurre un creciente número de mercaderes francos (García de Cortazar, *Dominio* 306); si recordamos las dificultades financieras y los pleitos que amenazan al monasterio; si aceptamos la imagen del Berceo relativamente culto, comprometido en tareas administrativas fuera del cenobio, quizás notario, viajero, la respuesta es bastante clara: la sociedad riojana de Berceo está sufriendo cambios notables. García de Cortazar ("Introducción" 23-24) caracteriza el período de 1180 a 1280: proceso de urbanización de la Rioja Alta, con los síntomas de progreso de una sociedad urbana y secularizada: ocupación total del espacio; jerarquización del poblamiento regional; nueva orientación de la vida rural, fortalecimiento de los núcleos urbanos:

---

[9] Con Brown coincide, entre otros, Hyams (95), y disiente Charles Radding.

A esta sociedad así diversificada corresponden manifestaciones artísticas igualmente diferenciadas, en las que conviven expresiones románicas en parroquias rurales con los primores de la escultura gótica en las iglesias urbanas, y en las que los juglares de la corte señorial de los Haro resultan contemporáneos de las primeras manifestaciones literarias del castellano, nacidas precisamente en la Rioja Alta de la pluma sencilla, sosegada y rural de un clérigo de aldea, Gonzalo de Berceo, añorante de un tiempo agrario y señorial que se debilitaba. (27)

El hecho de que advirtamos hoy que la de Berceo no es precisamente una "pluma sencilla," no quita valor a la caracterización.[10]

El segundo ensayo de respuesta será muy diferente si miramos la sociedad de los *Milagros*. Ese mundo representado es, a las claras, el de un tiempo anterior. En primer lugar, la sociedad oral de los *Milagros* es coherente con la ordalía, rito que se constituye como ceremonia demostrativa en una sociedad analfabeta. Como sugiere Brown ("Society" 313-14), el motto de la ordalía bien podría ser: *Verba volant, ordalia manent.* No hay en el mundo ficticio de los relatos de Berceo rastros de los cambios demográficos que afectan a la sociedad riojana; la vida monacal no parece tocada por otros problemas que los de la muerte, o los del premio y el castigo divinos. Es un mundo eminentemente agrario, en donde los obispos no son fuente de conflicto sino figuras de consenso comunitario. Esta sociedad de consenso es precisamente el ámbito propio de las ordalías.

La ordalía se integra en la historia de las pruebas judiciales, junto con otras tales como el juramento, la compurgación, el examen de evidencia escrita o la deposición de testigos. Importa advertir la conexión íntima que existe entre ordalía y juramento: la ordalía es un juramento en acción; el juramento, una ordalía anticipada en palabras (Hartog 114). Porque *"jurare est testem Deum invocare,"* la promesa del mercader, que invoca como testigo a Dios, es un juramento cuyo valor el relato confirma, corroborando

---

[10] Para datos biográficos de Berceo, véanse los trabajos de Brian Dutton ("Datos," "Fecha," "Profession").

asimismo la autoridad del testigo. El litigio se resuelve gracias al testimonio oral del crucifijo, que se funde, en la estructura de la intriga, con el hallazgo de las evidencias. Algo similar ocurre en el milagro de los judíos de Toledo con María, que inicia el pleito y que también funciona como testigo cuando sus palabras se cumplen, como las del crucifijo.

Es posible decir, en términos muy generales, que la ordalía desaparece en el siglo XIII. De ahí que no resulte sorprendente que en la literatura vernácula pueda reconocerse aún el recuerdo que de ellas queda en la conciencia popular (Hyams 101; Lea 328-329). Los combates singulares con los que se concluye el *Poema de mio Cid* no son otra cosa que ordalías bilaterales. En los *Milagros* de Berceo no es imposible hallar retazos de ese recuerdo. El relato de la imagen salvada por el fuego (milagro 14) recuerda uno de los usos de la ordalía, que consistía en tirar las reliquias al fuego en los casos en los que se disputaba su autenticidad (Herrmann-Mascard 134-36). En la historia del ladrón devoto (milagro 6), es posible reconocer la costumbre de perdonar la vida al condenado a la horca si la cuerda se rompía en el momento de la ejecución, práctica fundada en el reconocimiento de que, en la ruptura de la cuerda, Dios había expresado implícitamente su juicio. Los ecos de la ordalía medieval se oyen con claridad en los náufragos salvados del milagro 22, que envidian a los romeros muertos en el viaje a Tierra Santa:

Dicién: "¡Aï, romeos!   Vos fuestes venturados,
qe ya sodes 'per ignem   et per aquam' passados..." (22, 602ab)

Contra la lectura de Daniel Devoto, Brian Dutton relaciona el *'per ignem et per aquam'* con el salmo 65 y anota que es una manifestación de ordalías medievales. (Con todo, la fórmula podría no sólo aludir a la ordalía, sino también a la romería expiatoria, que se remonta a la pena romana del exilio, *aquae et ignis interdictio* o perpetuo exilio fuera de Italia; véase Bloch, *Literature* 76.)

En el primer milagro del libro, premio y castigo marianos recaen sobre dos personajes marcados por signos opuestos y tienen por común denominador un mismo objeto: la casulla que recibe de regalo San Ildefonso y que luego estrangula a Siagrio. El relato responde a la misma matriz estructural desarrollada en el milagro del niño judío, en donde el horno (como la casulla) es el elemento común de los dos personajes enfrentados. Esa estructura de ordalía permite pensar en la posibilidad de que en el milagro de San Ildefonso haya intervenido el recuerdo de "la ordalía de la casulla," de la que se ofrecen noticias escuetas en la *Historia Compostelana.* Adaulfo, uno de los primeros obispos de Santiago, condenado por sodomía, fue arrojado a un toro salvaje; sin embargo, frente al acusado, el toro furioso se calmó y mostró, con ello, la inocencia del obispo. Según la historia, la casulla con la que Adaulfo había celebrado la misa antes de su juramento y del intento de ejecución, tenía virtudes especiales: si alguien se revestía con ella y prestaba a continuación un juramento falso, no podría sacársela (Iglesia Ferreirós 68).

La ordalía del niño judío

El relato del niño judío se abre con la acostumbrada introducción en la que Berceo encarece el interés de lo que va a narrar:

> Enna villa de Borges   una cibdat estranna,
> cuntió en essi tiempo   una buena hazanna;
> sonada es en Francia,   sí faz en Alemanna,
> bien es de los miraclos   semejant e calanna. (16, 352)

El prólogo resulta anómalo, o por lo menos ambiguo, pues lo que se anuncia no es precisamente un milagro sino una "buena hazanna."

Montoya Martínez (*Milagros*) se detiene en la palabra "hazaña" para señalar que se nos dice que es un hecho histórico, muy semejante a los milagros y que es necesario tener en cuenta para leer la copla 370, donde se incluye el nuevo milagro "entre la otra gesta." Importa revisar aquí los significados de "hazaña" para entender la carga significativa de esta elección léxica de Berceo. Corominas, *s.v. hazaña*, recorre y documenta en detalle todos los significados del vocablo en la Edad Media. De la etimología, explica las razones fonéticas y morfológicas que hacen imposible derivar "hazaña" de "hacer" o del latín *facere*, aunque esa semejanza haya teñido su significado. "Hazaña" derivaría de *hasana*, que en árabe clásico es nombre abstracto correspondiente a *hasan*, 'hermoso', adjetivo que expresa la idea de una belleza moral más que física. Así, en árabe, "hasana" significó 'buena obra,' 'cosa buena.'

En la Edad Media, la palabra *hazaña* incluye el significado de 'proeza,' o 'hecho extraordinario, notable o singular'. Hazaña, hecho admirable, es que San Millán haya vivido en soledad cuarenta años en la montaña (*VSMill.* 63); de hazaña, acto admirable de inteligencia, se califica la reacción de Santo Domingo ante el episodio del robo de los nabos (*VSDom.* 383). De ahí que, por extensión y por contexto, no sería difícil entender el vocablo, en la copla que abre el milagro del niño judío, como 'acontecimiento milagroso.' Pero el hecho de que se lo declare como "semejant e calanna" de los milagros de María, precisamente viene a subrayar, al menos en una primera lectura, la diferencia entre "hazanna" y milagro puesto que el significado del adjetivo "calaño" ('parecido, semejante') nunca llega a estar connotado con la idea de 'identidad': "Las mannas de la Madre con las d'El qe parió / semejan bien calannas qui bien las connoció" (6, 159ab); "Luego fo ella presta, adusso un buen panno, / panno era de precio, nunqua vid su calanno" (22, 609ab); "... vío grandes quirolas, processiones tamannas / qe nin udió nin vío otras d'ésta calannas" (23, 700cd). "Hazaña" también significa, en la Edad Media castellana, 'obra buena,' 'acción meritoria,' 'moraleja de un relato,' 'narración ejemplar' y aun 'modelo'. Finalmente, esta idea de 'modelo' o 'ejemplo' es la que está detrás del significado legal ('decisión de un juez'), ilustrada ampliamente en la legislación castellana del siglo XIII.

Tomados en conjunto, todos estos significados definen un campo semántico religioso, ético y también legal que, a mi juicio, anticipa el modo en que Berceo concibe su historia del niño judío. En las coplas de clausura, el carácter retributivo de la justicia mariana alcanza acaso su más clara y económica formulación en la conocida metáfora: "a los bonos da trigo, a los malos avena" (374d).

Esta justicia retributiva, expresada inmediatamente después de relatarse la muerte del judío, remite claramente no sólo al milagro de la Virgen sino también a la muerte del padre en manos de la multitud. Con lo cual, el castigo del padre, aunque materialmente llevado a cabo por agentes humanos, queda vinculado a María. La hazaña de la comunidad es acto cuyo valor queda, además, confirmado por el hecho de que el cuerpo del judío se transforma en cenizas en un tiempo brevísimo, señal de la intervención milagrosa de

María, que funciona a modo de rúbrica afirmativa a la firma de los "ejecutores" de la matanza. Sin lugar a dudas, esa matanza es, para Berceo, una "hazanna": no sólo es acto de justicia popular, meritorio, digno de renombre, sino también acontecimiento extraordinario, refrendado por Dios. Como observa Boreland (10-11), la historia empieza con la comunión del niño y termina con los ritos funerarios del padre que rechazó a Cristo. Quemado y hecho muy pronto carbones y ceniza, el judío sigue siendo, por unos momentos más, objeto de atención, centro del paródico oficio funerario que le dedica la comunidad. El discurso de ese oficio suplanta las oraciones y plegarias con insultos, y la prestigiosa lengua latina reservada a lo sagrado es remplazada por el refrán popular, la lengua del mercado: "Qual fizo, atal prenda" (16, 373b), la más cumplida expresión de un acto de justicia popular.

El significado legal del vocablo "hazanna" con el que Berceo escoge anunciar su historia, y el motivo del horno, que constituye el vínculo entre los destinos opuestos del padre y del niño, son los elementos que invitan a asociar el relato con las antiguas ordalías. Creo que la estrecha relación conceptual entre la historia del niño judío y la ordalía es el vínculo más poderoso entre las historias del padre y del hijo. No se trata, desde luego, de una correspondencia estricta y literal entre las ordalías históricas y el relato de Berceo. Bastaría pensar en diferencias obvias a simple vista. El instrumento de la prueba por fuego no era el horno sino el hierro candente o el caldero de agua hirviendo y ambos requerían un período de espera de tres días antes de que se desvendara la mano quemada del individuo sujeto a la prueba. Por otra parte, entre otros grupos de la sociedad (clérigos, burgueses), los judíos estaban exceptuados de la ordalía, por ser prueba que requería vigilia, comunión previa y otras condiciones asociadas con la liturgia y el ritual cristianos. (En la comunión del niño judío, que es previa al castigo del horno podría verse, sin embargo, la condición de comunión previa a la ordalía.) Lo que propongo es más bien que en la construcción del relato opera el recuerdo de la práctica de las ordalías como instrumentos de prueba judicial.[11]

---

[11] Para excepciones de la ordalía, véase Bartlett, 53-54 y 57-62, donde

Los espacios representados en el relato del niño judío funcionan como íconos que revelan el significado profundo de los pasos que forman la secuencia de la narración. Frente al "iudezno," de quien apenas se dice que es "natural del logar," los niños cristianos reciben una caracterización notablemente más rica y significativa. La villa, la escuela "de cantar e leer" y la iglesia donde se celebra la misa el domingo de Pascua se distinguen como sectores de un espacio físico pero también como expresión de un grupo social organizado:

> Tenié en essa villa,   ca era menester,
> un clérigo escuela   de cantar e leer;
> tenié muchos crïados   a letras aprender,
> fijos de bonos omnes   qe qerién más valer. (16, 354)[12]

La invisible frontera que separa el espacio judío del cristiano es precisamente la que cruza el niño protagonista, con sus idas ("fue luego a su casa," 359b) y venidas ("venié un judïezno," 355a). Los dos sectores, sin embargo, no son más que marcos de dos espacios interiores: el horno de la casa del judío, donde el fuego "bravament encendido" es metáfora de la ira del padre, y el altar que sostiene la figura celestial de María:

> Mientre qe comulgavan   a una grand presura
> el ninno judïezno   alzó la catadura,
> vío sobre'l altar   una bella figura,
> una fermosa duenna   con genta creatura. (16, 357)

Pero el paralelo y el contraste de estos dos sitios no mantiene por mucho tiempo su ordenada simetría, porque el poder de ubicuidad de María le permite penetrar en el centro de esa breve réplica del

---

trata de las excepciones en la Península, a pesar de que hubo intentos de obligar a los judíos a participar en ordalías bilaterales (Eidelberg 113-14); para condiciones preparatorias de la ordalía, Southern, 29-30.

[12] Nótese la diferencia con la cantiga 4 de Alfonso. En Berceo el "judezno" se limita a jugar con los niños cristianos; en Alfonso, lee y aprende, y hay insistencia en la lectura (vv. 16-23).

infierno que es el horno, e instalar allí su propio enclave.

La acción del relato se inicia el domingo de pascua, que celebra el día de la institución de la eucaristía, cuando el "iudezno" toma la comunión en un rito que re-presenta el acto fundador del cristianismo:

> En el día de Pascua,   domingo grand mannana,
> quando van Corpus Dómini   prender la yent christiana,
> priso.l al judïezno   de comulgar grand gana,
> comulgó con los otros   el cordero sin lana. (16, 356)

Cargada de una peculiar densidad significativa, la metáfora del cordero sin lana es signo que apunta a dos historias superpuestas e igualmente sagradas. Lejos de ser expresión peyorativa (Saugnieux, *Literatura* 161), recuerda, en el episodio del sacrificio de Abraham, la escena en la que Isaac, "cordero sacrificial," también remplazado luego, pregunta a su padre dónde está el animal para el sacrificio (Génesis 22. 7-13). Paradigmática víctima sacrificial, el cordero evoca, por un lado, la orden que dio Jehová a los hebreos en Egipto: con la sangre de un cordero, que luego asaron y comieron, pintaron los hebreos los dinteles de sus casas, señal que sirvió para distinguirlos de los egipcios y evitar así la destrucción segura destinada a sus opresores. La pascua judía celebra, en efecto, la liberación de aquel cautiverio. Por otra parte, el "cordero sin lana" también recoge el eco más cercano de la nueva historia, en la que Jesús, "cordero de Dios," celebra su pascua en la última cena e instituye con su propio cuerpo el sacramento central del nuevo orden.[13]

El cordero, figura de Cristo en muchos textos medievales, remite a su vez, a la figura materna de María, como se observa en la asociación que hace Alfonso el Sabio cuando explica el signo de Aries:

> ...así commo el cordero anda ssienpre en pos la madre, otrosí
> Nuestro Sennor Ihesu Cristo andudo ssienpre en pos la madre,

---

[13] Para tipología eucarística del cordero pascual, véase Daniélou, *Bible* 162-76; Garrido Bonaño 227 y 491-497; y Boreland, que analiza el milagro del niño judío con una aproximación tipológica.

ssiguiéndola en la virginidat e en la humillat, segunt él dixo.
(*Setenario* 91)

De ahí que el "cordero sin lana" subraya también la estrecha
relación entre el niño y la hermosa "dueña" dorada del altar, figura
de la madre, que el niño vuelve a encontrar en el horno.

La imagen del niño en el horno, protegido por María, me
recuerda otra figura que contiene elementos similares. Pienso en las
miniaturas en las que se representa un gran horno en llamas y, en
forma de mujer, Naturaleza forja, martillo en mano, un *homunculo*.
Rosemund Tuve (325) reproduce dos de esas miniaturas. Acaso los
elementos que constituyen esta iconización de la naturaleza, que
trabaja para mantener viva la especie humana, estén presentes como
ecos desvaídos e inconscientes en la concepción del relato del niño
judío, sólo que formando una constelación diferente: la Virgen da
nueva vida al niño judío; y el horno, ya no instrumento de castigo
del padre iracundo, es más centralmente, el lugar de la prueba que
va a acendrar esta nueva vida del niño, "forjado" en el cristianismo
gracias a María.

En la escena del horno, Berceo repite los mismos íconos de la
escena del altar: la dueña que sostenía en sus brazos al Hijo protege
ahora al "iudezno:"

Yazié en paz el ninno en media la fornaz,
en brazos de su madre non yazrié más en paz... (16, 366ab)

La comparación, que sólo se percibe después de llegar al final de la
frase donde está ubicado el potencial ("non yazrié más en paz"),
permite una primera aprehensión equívoca del significado de la
frase: 'el niño yacía, en medio del horno, en brazos de su madre,'
lectura que pone en evidencia una superposición de historias, la de
los dos niños judíos, el de la historia sagrada, y el "iudezno" de esta
historia presente y también sagrada que de un modo peculiar
representa la primera. Pero el relato del milagro continúa, y el niño
judío, "cordero sin lana," se convierte en la víctima de un sacrificio
que nunca se realiza.

El niño judío es, en efecto, versión corregida de la historia de
Jesús que el mismo Berceo narra en el *Duelo*:

> El día de la Cena,   quando fuemos cenados,
> prissiemos Corpus Dómini,   unos dulces bocados;
> fízose un roido,   de peones armados,
> entraron por la casa   como endiablados. (15)

La escena de la eucaristía queda interrumpida por los soldados que entran por la casa "como endiablados," la misma expresión que Berceo atribuye al padre del niño judío. Berceo se detiene también, en el *Duelo*, en el llanto y los gritos de la madre judía que es María, con palabras semejantes a las que usa para referirse a la madre del niño judío, en la ya citada copla 357 (ver p. 131), que además comparte la misma rima:

> Estando en la cruz   la santa creatura,
> tendió a todas partes   la su dulz catadura;
> vío a mí, mezquina,   triste con grand cochura
> clamando: " Fijo, fijo!,"   a una grand pressura. (*Duelo* 36)

Como la madre humana del niño judío, que llora, grita y se araña las mejillas, en la escena original descrita en el *Duelo*, María sólo puede llorar y gritar. En la historia del niño judío, en cambio, trascendidas las limitaciones de su humanidad, la Virgen tiene el poder de salvar al niño judío.

El relato incluye, de hecho, dos historias estructuradas alrededor de dos violencias. La primera cuenta que el niño judío es echado al horno por su propio padre y salvado por la Virgen; la segunda relata cómo la comunidad cristiana quema al padre en el mismo horno en el que había intentado antes quemar a su hijo. El primer acto de violencia tiene una representación individual y privada: es el padre, y no la comunidad judía, quien echa al niño al fuego, en su propia casa. El segundo, en cambio, se representa como acto colectivo de una comunidad justiciera. Sería posible pensar en ese segundo relato como una suerte de epílogo extendido, comparable al del milagro de la abadesa encinta, donde Berceo dedica considerable espacio textual a contar el destino del hijo de la abadesa, y su carrera eclesiástica hasta llegar al obispado. Pero la historia del padre judío está atada a la del hijo por vínculos mucho más ricos y complejos. El judío se quema y se convierte en cenizas en el mismo horno donde había echado a su hijo, que no se quemó. Retrospectivamente, el poder de aquel primer milagro se duplica en virtud de la rápida destrucción del padre. Las conexiones formales y conceptuales entre los dos acontecimientos son demasiado fuertes para que pueda considerarse la segunda parte del relato como un intento de satisfacer la curiosidad del público.

Los elementos de esta materia narrativa podrían permitirnos ver el intento del padre judío de matar al hijo como respuesta a la transgresión del niño, que comulga con cristianos, puesto que esa comunión implícitamente desafía la autoridad paterna. (En la comunión del niño judío podría verse también la réplica de la conducta de Cristo, que abandona un orden y funda, con su palabra y con su muerte, una nueva historia.) Pero Berceo es un narrador cristiano. Por eso, en el acto del "iudezno" están borradas todas las marcas de transgresión (la comunión que toma se presenta sólo como un acto de amor), y el castigo paterno no llega nunca a hacerse efectivo. Por eso también, lo que podría haberse visto como una configuración de réplicas paralelas se transforma en una estructura de contrastes. La violencia del padre hacia su hijo no es castigo a la transgresión del hijo, ni tampoco una manifestación de intolerancia religiosa sino que aparece como el acto monstruoso de un padre que intenta matar a su propio hijo:

> Priso esti ninnuelo   el falso descreído,
> asín como estava,   calzado e vestido,
> dio con él en el fuego   bravament encendido:
> ¡mal venga a tal padre   qe tal faze a fijo! (16, 363)

Dutton observa la diferencia entre la fuente latina, que presenta al padre en un acceso de ira, y la versión de Berceo, que le atribuye frialdad y deliberación (enciende el horno para que arda con mucho calor, en 362cd), y sugiere que el cambio se deriva del prejuicio antisemítico del clero medieval (*Milagros*, p. 130). No creo que el texto escrito en latín muestre menos antisemitismo que el de Berceo.

La diferencia de signo que adquieren los dos episodios violentos del milagro se subraya mediante la poderosa presencia o ausencia del motivo del lenguaje. Enterado de que su hijo ha comulgado con cristianos, el padre queda poseído por una ira demoníaca cuyo principal atributo es una notable ausencia de articulación verbal:

> Pesóli esto mucho   al malaventurado,
> como si lo toviesse   muerto o degollado;
> *non sabié* con grand ira   qé fer el dïablado,
> *fazié figuras malas*   como demonïado. (16, 361)[14]

El narrador elige cerrar la escena con los gritos de la madre, que expresa su dolor de un modo igualmente desarticulado:

> Metió la madre vozes   e grandes carpellidas,
> tenié con sus oncejas   las massiellas rompidas. (16, 364ab)[15]

La violencia puede ensordecer, pero es esencialmente desarticulada y muda. Muy distinto es el marco de la muerte que la comunidad impone al padre, prologada por una larga introducción donde domina la presencia del lenguaje:

> *Preguntáronli todos,*   judíos e christianos
> cómo podió venzer   fuegos tan sobranzanos,
> quando él non mandava   los piedes ni las manos
> quí lo cabtenié entro,   fiziésselos certanos.
>
> *Recudiólis el ninno   palavra sennalada:*
> "La duenna qe estava   enna siella orada,

---

[14] Los críticos de Berceo han señalado ya las connotaciones demoníacas presentes en la descripción de la ira del padre del niño judío, que "fazié malas figuras." Variantes de esa frase sirven para caracterizar a endemoniados en la *VSMill.*: "ont facié el enfermo muchas malas figuras" (158d); y "facién malas figuras por a él desmedrir" (202b).

[15] La madre del "judezno" responde al paradigma de la sufriente madre judía, como la misma Virgen en el *Duelo*, descrita de modo tan similar:

Yo mesquina estava catando mió Fijuelo,
batiendo miés massiellas, rastrando por el suelo. (c. 28)

con su fijo en brazos   sobre'l altar posada,
éssa me defendié   qe non sintía nada."

Entendieron qe era   sancta María ésta,
que lo defendió ella   de tan fiera tempesta;
cantaron grandes laudes,   fizieron rica festa,
metieron est miraclo   entre la otra gesta. (16, 368-370)

Encabezando las tres coplas previas al castigo se hallan los términos
que articulan una comunicación verbal y un acto de entendimiento.
Finalmente, como parte de la "rica festa," el pueblo cristiano prende
al judío y lo echa al fuego. El motivo del lenguaje, presente en el
diálogo entre la comunidad y el niño y también en las oraciones y
en los cantos de celebración, convierte lo que sería un incidente de
violencia social en un rito religioso donde la víctima sacrificial es,
además, el reo castigado por la justicia.

Si se piensa que el relato de algún modo superpone las historias
del "iudezno" y de Jesús, la muerte del padre es algo más que un
castigo al individuo que ha intentado asesinar a su hijo, porque en
ese judío puede verse la figura de la comunidad protagonista de la
violencia original infligida contra Cristo. Como objeto de violencia,
el judío es lugar de coincidencia de dos isotopías. En tanto padre que
intentó matar a su hijo, recibe justicia pública; en tanto figura de la
comunidad que se volvió contra el Hijo de Dios, el judío es adecuada
víctima sacrificial. Desplazado el objeto de la violencia —de
comunidad judía a padre judío— se evita la reciprocidad perfecta, se
detiene la cadena de violencia que de otro modo no tendría fin. Se
rompe el paralelismo, y con él, la peligrosa simetría que podría
engendrar una interminable sucesión de violencias.[16]

El milagro del niño judío es la historia de un enfrentamiento que
tiene las características de una ordalía *sui generis*. Por un lado,
comparte con las ordalías unilaterales el elemento de la prueba (el
fuego) y, por otro, tiene la estructura de las pruebas bilaterales, con

---

[16] Sobre los conceptos de venganza, sacrificio, justicia privada y pública,
véase Girard (*Violence* 15-16); y para el tema del chivo emisario, fuera de la
literatura, tan relacionado con el asunto de este milagro, Girard, *Chivo*,
especialmente el capítulo 3.

la diferencia de que el enfrentamiento de las dos partes no es simultáneo, como en el duelo, sino secuencial (primero el hijo, después el padre). He hablado ya de las múltiples reverberaciones de la metáfora del "cordero sin lana." A todas ellas podría añadirse el significado de 'pura simplicidad,' que pasaría a predicar la comunión que toma el niño judío como puro e ingenuo acto de amor. Así vista, esa copla del milagro del niño judío dialoga con un pasaje del *Sacrificio de la Misa*, donde la historia sagrada presenta el eterno debate de las fuerzas del bien y del mal en términos del combate entre el lobo y el cordero:

> Esti cordero simple   con su simplicidad,
> debatió al mal lobo,   pleno de falsedad. (159ab)

El recuerdo de estas líneas recupera, para el milagro del niño judío, las nociones de lucha y de debate entre dos fuerzas irreconciliables.

Al menos en dos lugares del relato, los patrones acentuales de la cuaderna vía intervienen para crear una suerte de supertexto, que no necesariamente respeta el detalle de la versión de superficie. Ese supertexto, en un caso, muy al principio de la composición, anuncia el tema, y en el otro, lo confirma. Veamos el primero:

> Tenié en essa villa,   ca era menester,
> un clérigo escuela   de cantar e leer;
> tenié muchos crïados   a letras aprender,
> fijos de bonos omnes   qe qerién más valer. (16, 354)

En el primer hemistiquio de la última línea los dos acentos crean el sintagma "*fijo(s) de omne(s)*," cuyos ecos bíblicos anuncian la asociación entre el "iudezno" y Cristo que luego el relato desarrolla. En efecto, al comulgar, el niño judío pasará de ser mero "natural del logar" a convertirse en posfiguración (corregida) del "Fijo de omne."[17]

Hallamos el segundo caso en las palabras que dice el niño judío

---

[17] Sobre las diferentes significaciones de "hijo de hombre," en los diversos contextos de los Evangelios, véase Charity, 119-122 y 128.

ante las amenazas de su padre, donde podría verse también una tenue sugerencia de un debate centrado nada menos que en la identidad de la figura de Dios:

> "Padre —dixo el ninno— *non vos negaré nada,*
> ca con los christianiellos *sovi grand madurgada..."* (16, 360ab)

La construcción de la frase "no vos negaré nada" es perfectamente clara: equivale a 'te lo diré todo' o ' te diré la verdad.' Y sin embargo, la aliteración, que llama la atención sobre el sintagma, y el modelo acentual (**non** vos negaré **na**da) tienen por efecto dejar en sombras al pronombre "vos" y producir así un sintagma diferente ("**no negaré**"), que remite al valor religioso del verbo negar en el latín bíblico. Olegario García de la Fuente señala este significado bíblico de "negar," que reduce su campo semántico al de 'negar a Dios,' y ofrece una lista de las muchas fórmulas con que aparece en la Vulgata: *negare Deum* (o *Dominum*), *negare Sanctum et Iustum*; *negare me; negare fidem; negare Patrem et Filium; non negare nomen* (*Dei*). Y también documenta este significado bíblico de "negar" en muchos pasajes de Berceo, que muestran a las claras que el poeta tiene conciencia de este uso particular del verbo.[18]

La conexión entre el motivo del horno en el relato y el procedimiento de la ordalía parece aún más fuerte si se piensa en las semejanzas entre la ordalía y el sacramento de la eucaristía, que constituye el otro motivo central del relato de Berceo. La eucaristía, además de ser entendida tradicionalmente como el misterio del cuerpo de Cristo, era también un milagro, y no sólo en el sentido más amplio en el que todos los otros sacramentos se veían como *quotidiana miracula.* Una de las cuatro condiciones que Alfonso estipula para el verdadero milagro, es que debe ser hecho por mérito del beneficiario y no por fuerza de palabras, como en la eucaristía (*Primera Partida,* 5. 121). A diferencia de la mayoría de los otros

---

[18] García de la Fuente, *s.v. negar,* 236-237, añade que la fórmula *negare aliquem,* 'negar a uno,' 'renegar de uno' se encuentra ya en Séneca (*negare deos*) pero fue el latín cristiano el vehículo de su difusión en Occidente por influjo de la lengua de la Biblia latina.

sacramentos, que se administraban una sola vez en la vida, la eucaristía era un acontecimiento repetible. La intervención divina manifestada en las ordalías constituía, como la eucaristía, un milagro repetible y también predecible; ambos eran ritos sacerdotales, realizados bajo condiciones prescriptas, en las que Dios transformaba la naturaleza de los elementos físicos.[19]

La "buena hazanna" anunciada por Berceo es una hazaña doble: es la hazaña de la Virgen que salva al niño y también la de la comunidad cristiana que mata al padre. Ambos acontecimientos, igualmente "milagrosos," se presentan como la expresión de un juicio humano convalidado por Dios. En este marco, María emerge como el agente que hace posible la manifestación de Dios, aquí también, en un doble sentido, al encarnar a su Hijo divino, y al salvar al niño judío de esta historia, permitiendo de este modo que Dios manifieste su juicio.

En un nivel del relato, la quema del judío se presenta como el castigo apropiado a un intento de asesinato. Sin embargo, cuando uno considera que las ordalías no fueron nunca actos punitivos sino procedimientos legales, pruebas válidas admitidas en las cortes, el padre judío es también, en otro nivel, el culpable probado de otra clase de ofensa (sacrilegio). Concebidas como una ordalía bilateral, las dos historias, del hijo y del padre, son realmente una sola: la historia de una ordalía híbrida, bilateral y por fuego, en un juicio donde lo que se pone realmente a prueba trasciende la historia individual de los personajes. Se trata, nada menos, que de establecer el valor de las dos religiones. El final de la historia —la salvación del niño judío y la quema de su padre— relata cómo el orden cristiano fue inequívocamente sancionado como el verdadero con todo el peso de la Ley.[20]

LA "BUENA FE" DEL MERCADER DE BIZANCIO

Shylock se prefigura en el judío prestamista de Constantinopla.

---

[19] Sobre la conexión entre ordalía y eucaristía, véase Ward, 13-19; y Brown, "Society" 307).

[20] Esta sección es versión ampliada y retocada de mi artículo "Ordalía."

La leyenda cristiana adapta un Midrash talmúdico protagonizado por el célebre sabio Rabbi Akiba (véase Nelson y Star). Recordemos la línea argumental. Un mercader rico queda empobrecido por su extrema generosidad, y decide pedir dinero en préstamo al judío más rico de la ciudad. Al principio, el prestamista se resiste a aceptar los fiadores que pone el mercader, que son nada menos que las imágenes de Cristo y de María de su iglesia, pero termina aceptándolos. El mercader viaja y recupera sus riquezas y recuerda, tarde, el día del plazo para devolver el dinero. Lejos de su tierra, echa al mar un cofre con la suma adeudada y pide a Dios y a María que se encarguen de que el judío lo reciba a tiempo. Al día siguiente el cofre llega a las orillas de la ciudad donde vive el judío. Muchos intentan apoderarse de él, pero el cofre se resiste y, por fin, sólo se entrega a su verdadero destinatario. Hasta aquí, la primera parte de la historia. Después de un tiempo, el mercader regresa a la ciudad y el judío lo acusa de no haberle devuelto el dinero. Nuevamente el mercader recurre a Cristo, esta vez, para que valide su palabra. Seguro de la imposibilidad de que hable una imagen de madera, el judío acepta ir a la iglesia. El pueblo—judíos y cristianos— acompaña a los litigantes. En la iglesia, el crucifijo atestigua que el pago ha sido hecho puntualmente y asegura que el cofre está todavía en casa del judío. Allí, en efecto, encuentran la caja y el prestamista tiene que reconocer la verdad. Berceo concluye el relato diciéndonos que el judío se convierte al cristianismo y muere.[21]

El reproche medieval más importante contra los prestamistas se conecta con el principio de que el dinero (que es, por una parte, indestructible, y por la otra estéril) no puede producir dinero. En la Edad Media, el interés que, al menos en principio, no se distingue de la usura, constituye una ofensa triple: contraría el curso de la naturaleza, ofende el bienestar de la sociedad y se opone a las enseñanzas de Dios. Esa ganancia suponía una hipoteca sobre el tiempo, que sólo pertenece a Dios, aunque, como advierte Le Goff (*Tiempo* 92), ese desprecio no fue tan unánime ni tan generalizado. En efecto, las protestas de la Iglesia contra el interés excesivo

---

[21] No he podido consultar el trabajo de Montoya Martínez ("El burgués") sobre este milagro.

implicaban aceptar como legales los intereses justos (Neuman 192 y 200). Pero no son estas ideas bien conocidas las que desarrolla la historia del mercader de Bizancio, ni tampoco la asociación del prestamista con la figura del judío. En primer lugar, ni en la fuente latina ni en la versión de Berceo, la usura es actividad exclusiva de judíos: hacia el comienzo de la historia se dice que el mercader adeuda dinero y ha llegado a una situación desesperada en la que no encuentra quién le preste "nin entre los estrannos nin entre su natura" (23, 630d). Las condiciones del préstamo, por otra parte, que incluyen el plazo fijado para devolver el dinero, pero no hacen referencia alguna al interés usurario, se centran en los fiadores. El narrador, en fin, no condena la usura sino que, con relativa neutralidad, refiere la transacción del préstamo en virtud de la cual el mercader está, en rigor, comprando tiempo.

Creo que del cotejo con la fuente se deduce que los cambios que hace Berceo no sólo modifican la caracterización del prestamista (Dutton) sino que contribuyen a interpretar el significado de la historia. Esos cambios se registran en tres sectores: la caracterización del mercader, la del prestamista (e, implicado en ellas, el sentido de la transacción) y la conversión y muerte del judío que clausura el relato.

La generosidad del mercader está motivada, en la versión latina, por el deseo de ganar fama y buen nombre:

> Fuit civium quidam, qui nominis sui famam volens extendere, largas quas habebat opes largos in sumptus expendere cepit. Verum postremo magnitudine sumptuum magnitudinem superans opus largiendis defecit opibus, cum ei largiendi non deficeret animus. (Dutton, *Milagros*, p. 198)

Frente a la fuente latina, en donde esa generosidad, como señala Dutton, está apenas sugerida en el verbo "largiri," Berceo es notablemente más explícito:

> Derramava lo suyo   largament e sin tiento,
> menguavan los averes   mas non el buen taliento;
> siempre trovarié omne   en su casa conviento,
> quando vent, quando treinta,   a las vegadas ciento. (23, 629)

El mercader de Berceo, "de muy grand corazón," que se llama, significativamente, Valerio, se empobrece por su deseo de ganar *precio*, de *valer* más (23, 627-628). Porque da de lo que tiene sin prudencia, es lugar común describir su actitud como la de alguien que derrocha y desperdicia sus bienes (Gerli, *Milagros* 176; Bermejo Cabrero 41).

Sin embargo, las palabras que predican la supuesta falta de prudencia ("sin tiento") están insertas en el contexto de una rima (*taliento, conviento, ciento*) que sugiere exactamente lo contrario. Creo que la palabra *taliento* recuerda aquí la parábola evangélica de los talentos (Mateo 25. 14-30 y Lucas 19. 11-28), y sirve para caracterizar positivamente al mercader de Bizancio: el burgués de Berceo carece, en efecto, de la "prudencia" del mal servidor de la parábola, que hace un hoyo en la tierra para guardar el talento que ha recibido de su señor. Así mirado, el mercader es alguien que, con generosidad genuina, vale a su prójimo aun cuando no le resulta fácil (23, 629).

Otro tanto ocurre con las posibles connotaciones negativas del predicado "dar en baldón":

> Era esti burgés   de muy grand corazón,
> por sobir en grand precio   fazié grand missïon;
> espendié sos averes,   dávalos en baldón,
> quiquier qe li pidiesse   él non dizrié de non. (23, 627)

Si recuperamos el sentido literal de la frase "dar en baldón" ('dar sin interés'), el mercader se distingue del judío, que presta a interés, porque da de sus haberes 'sin precio, gratuitamente.'

A diferencia de la fuente latina, el relato de Berceo está puntuado, por así decir, por las oraciones del mercader. Dos plegarias enmarcan la transacción del préstamo (632-634 y 654-659). También la devolución del pago está prologada por una oración (667-671). Por fin, el mercader pronuncia una cuarta plegaria, esta vez públicamente, para rogar a Dios que valide su palabra (692-693). Con sus haberes, el mercader "derrama" la fe del cristianismo.[22]

---

[22] En el momento en que propone a Cristo y a María como sus fiadores,

La caracterización del judío de Berceo está, como apunta Dutton, notablemente empeorada en comparación con el texto en latín. Se añaden constantemente epítetos peyorativos, especialmente el de "trufán *renegado*" (648 y 670), que subraya el acto de *negar* la evidencia, y con ello, expresa literalmente la cuestión central de la historia. Es también evidente la "mala naturaleza" del prestamista, cuyo intento de fraude no se explica de ninguna manera, a diferencia de los otros milagros de la colección, donde las faltas cometidas por los devotos de la Virgen se presentan siempre como consecuencia de su debilidad frente al diablo que los instiga a pecar.

Con su precisión característica, Dutton se detiene en unos añadidos de Berceo que le parecen curiosos (*Milagros*, p. 201). Berceo añade, en la presentación del prestamista (637 y 641), una cortesía que la neutra versión latina no le atribuye, pero también pone en boca del judío lo que a Dutton le parecen "unas mofas que apenas vienen al caso" (en 644c-645d). Coincido en esto con Biglieri ("Milagros" 101-02), para quien los detalles "gentiles" agregados por Berceo, más que mejorar al judío, lo empeoran, si se interpretan como un índice de la duplicidad del usurero. Esos añadidos, que manifiestan el escepticismo del judío, trazan el retrato de este prestamista cortés pero porfiado e implacable; esas "mofas," además, hacen verosímil la respuesta del mercader y permiten toda una línea de diálogo (646-647) que insiste en el significado más profundo de la transacción:

> Respondió el christiano,   díssoli al judío:
> "Entiendo qe me tienes   por loco e sendío,
> qe non trayo consejo   e ando en radío,
> mas ál verás tras esto   secundo qe yo fío." (23, 646)

---

cuando lleva al judío a la iglesia, y frente a la imagen sagrada, proclama públicamente:

> Disso el omne bono   a los de la aljama:
> "Esti es nuestro Sire,   e ésta nuestra Dama,
> siempre es bien apreso   qi a ellos se clama,
> qui en ellos non cree   bevrá fuego e flama." (23, 650)

Las palabras comprometidas en la rima apuntan a la verdadera cuestión que aquí se dirime y que trasciende el asunto del préstamo del dinero.[23]

La función mediadora de Cristo y de María es fundamental en la dos partes de la historia: son los fiadores del préstamo, y luego aseguran la devolución del dinero en el plazo fijado. Berceo deja claro que pedir dinero al judío es solución que proviene de Dios, en respuesta a los ruegos del mercader:

> Demientre qe orava, quísoli Dios prestar,
> ovo un buen consejo el burgés a asmar;
> non vino por su seso, mas quísolo guiar
> el qe el mundo todo ave de governar. (23, 635)

Importa registrar esta motivación divina del préstamo, que no figura en la fuente, para entender que desde el principio del relato, Berceo incluye a Cristo y a María como responsables efectivos de la acción y como figuras centrales de su significado simbólico. Por eso, la espectacular palabra del crucifijo, al final de la historia, no es más que una continuación de este negocio en el que el mercader, en rigor, es un representante de Dios y de María. Como ha señalado Bermejo Cabrero, el relato representa con fidelidad el régimen de fianza medieval: los fiadores son los "señores" del burgués, tal como lo prescribía la norma, y es el deudor quien debe probar el pago. Añade Bermejo Cabrero (43-44) que las expresiones usadas por Berceo recuerdan las fórmulas de fianza utilizadas en el derecho romano. Unas y otras son orales y con testigos.[24]

---

[23] Vicente Beltrán Pepió (*Milagros*, 1983, xxxiii) apunta que, a diferencia de la lírica trovadoresca, la rima no es, en los *Milagros*, un elemento primario de la composición. Digo algo semejante en mi artículo "Berceo y Alfonso." Con todo, creo que éste y algunos otros ejemplos que señalo a lo largo de este estudio, la descripción cuidadosa de Beltrán Pepió (pienso en la observación sobre la rima repetida en varias coplas seguidas, por ejemplo) y varias observaciones de Thomas Montgomery sobre la rima en los *Milagros* ("Fórmulas") invitan a mirar el fenómeno más de cerca.

[24] Para préstamos entre judíos y cristianos, sus condiciones y las discordias que podían producir, véase Amador de los Ríos, *Historia social*,

El léxico referido al préstamo es revelador y configura dos amplias zonas de significado. El primer campo semántico se centra en la idea de pagar, en palabras como *render, entregar, valer* o *redimidor*. El segundo es el del **crédito**, con vocablos como *acreer, aver acreído, fiador, fianzas, enfiar, fiadura*, derivados todos de **creer** y **fiar**. **Creer** y **fiar** son unidades semánticas de doble valor: crédito y creencia, fianza y fe, apuntan respectivamente al mundo del dinero y al ámbito de la fe. En la factura verbal del relato Berceo juega constantemente con estas posibilidades que le ofrecen, por un lado, la lengua misma, que acerca los mundos del dinero y de la fe, y por el otro, la historia sagrada, construida sobre la gran metáfora de la redención. Berceo acerca dinero y fe hasta llegar a fundirlos, en un relato que representa la buena fe, esto es, el cristianismo, como principio central de la economía de la salvación. Basten un par de ejemplos de esta evidente fusión de los dos campos semánticos:

> Plogo a la Gloriosa,   al su Fijo querido,
> otro día mannana,   el sol bien esclarido,
> el bahssel qe levava   *el aver encreído*
> nadava a la puerta   *del trufán descreído.* (23, 672)

La caja con el tesoro se escapa de las manos de todos los que quieren tomarla, hasta que llega el judío:

> Vino por aventura   *el sennor verdadero,*
> vínoli a las manos   adiesso el tablero;
> levólo a so cassa,   entro en so cellero,
> de oro e de plata   fizo un(a) grand rimero. (23, 677)

El prestamista es, en este caso, el dueño legítimo de esos tesoros. Pero es igualmente imposible escapar a las connotaciones religiosas de la frase "el sennor verdadero," que será precisamente el centro del litigio entre cristianos y judíos.

No sólo el léxico sino también la estructura misma del relato nos dice que lo que aquí se dirime es algo más que la anécdota de un

---

352-355.

préstamo y un intento de fraude. El milagro se estructura en dos núcleos narrativos paralelos: el primero está centrado en el préstamo; el segundo se focaliza en la palabra del mercader, cuestionada y luego validada:

I	II
Mercader rico y generoso empobrece (626-629)	Mercader regresa rico (681-683)
Mercader pide préstamo a un judío (630-636)	Judío reclama pago (684)
Litigio sobre las fianzas (637-659)	Litigio sobre la palabra del mercader (685-693)
Pago de la deuda (660-678)	Testimonio y prueba del pago (694-695)
Judío niega el pago (679-680)	Judío acepta la palabra del mercader (696)

La estructura de la intriga, en las dos partes del relato, revela además que el asunto central se ha deslizado del dinero a la palabra.[25]

El paralelo entre las dos partes del relato es prolijo y simétrico: si en la primera se litiga sobre las fianzas, en la segunda se disputa la verdad de la palabra del mercader; la primera historia termina con la devolución del dinero, que el judío no reconoce; la segunda se clausura con la escena en la que el prestamista acepta finalmente la verdad. A las claras, el litigio no es otra cosa que el cuestionamiento de una fe. Y si se piensa que el cristianismo concibe la historia como el cumplimiento de las palabras divinas, el relato, centrado en el valor de la palabra del mercader, o de sus fianzas, puede leerse

---

[25] Aunque importa notar que el desarrollo de la primera parte de la narración también está centrado en el litigio sobre la estipulación de la fianza (641-653, esto es, 12 de las 17 coplas) más que en el dinero prestado.

como una metáfora de la historia sagrada.

En los tres milagros de judíos, Berceo trama y vuelve a tramar esa historia. Aquí, aparece vestida de contrato financiero; en "Los judíos de Toledo" se convierte en un pseudoproceso, con su fiscal demandante y su reo ajusticiado; en el relato del niño judío, adopta la forma de ordalía. Ordalía, juicio, contrato financiero, son variantes del mismo enfrentamiento de judíos y cristianos, uno de los modos en que la Edad Media cristiana elige imaginar la batalla del Mal y del Bien.

A primera vista sin embargo, la historia del mercader parece apartarse de los otros dos milagros de judíos porque no presenta una violencia explícita. Con todo, creo que la violencia está allí, para quien quiera leerla. El crucifijo de madera testimonia que encontrarán el cofre en casa del judío, y allí se dirigen de inmediato las gentes:

> Movió.s el pueblo todo,   como estava plecho,
> fuéronli a la casa,   fizieron grand derecho... (23, 695)

La situación es exactamente la misma que la que se narra en el relato de los judíos de Toledo: la Virgen acusa a los judíos de crucificar otra vez a su Hijo y el pueblo se dirige a la judería para buscar las evidencias:

> Moviéronse los pueblos,   toda la clerecía,
> fueron a muy grand priess   a pora la judería... (18, 426)

A la palabra de María en el milagro 18, o del crucifijo en la historia del mercader sigue el movimiento del pueblo, que en los dos casos se desplaza de la iglesia a la judería. La fórmula épica ("movió.s el pueblo todo," "moviéronse los pueblos") es expresión que nos sitúa de inmediato en la violencia.

En la fuente latina de la historia del mercader, la conversión del judío se relata como el reconocimiento voluntario de su error, después de oír la voz del crucifijo:

> Audit iudeus et stupet, signa recognoscit et *horret*. Quid plura?
> Judaicum errorem agnoscit. Fidei christiana cum omni domo sua

colla submittit. (Dutton, *Milagros*, pp. 199-200, el subrayado es mío)

Lo que reconoce el judío no es haber negado el pago puntual del mercader, sino haber cuestionado a sus fiadores. El horror que el prestamista experimenta en el texto latino acaso haya inspirado a Berceo su propio modo de entender y relatar el desenlace del litigio:

> Si.l pesó o si.l plogo,   triste e desmedrido,
> ovo del pleito todo   *a venir connocido*,
> elli con sus compannas   fo luego convertido,
> murió enna fe buena,   de la mala tollido. (23, 696)

El laconismo del narrador subraya la atmósfera de alta tensión y de violencia de la escena: el judío *tiene que reconocer* la verdad ("ovo... a venir connocido"). Por otro lado, la voz pasiva, en el "fo luego convertido," acaso no se deba sólo a las necesidades de la rima sino al carácter forzado de la conversión.

En muchos lugares de sus obras, Berceo reconoce la brevedad como valor narrativo, pero en este caso, la brevedad es totalmente anómala. En el clímax del relato, Berceo apura en cuatro líneas el reconocimiento de la verdad por parte del prestamista y por añadidura, sin transición alguna, añade otros dos datos: la conversión en masa de judíos y la muerte del prestamista. A la luz del milagro 18, donde el movimiento del pueblo es preludio de la matanza general de los judíos de Toledo, resulta difícil no pensar esa conversión como el resultado de la presencia amenazante de un pueblo enfurecido.[26]

Berceo sigue estrechando la relación entre los motivos del dinero y la palabra en las coplas que añade para concluir la primera parte del relato:

---

[26] Desde luego, esto no se adecua a la teoría de la Iglesia, que dictaba que la conversión no debía ser forzada sino libre de toda presión externa. Por otro lado, Grayzel (15) apunta que es notable la poca atención que recibe la predicación como método para convertir a los judíos en los documentos de la Iglesia del siglo XIII.

Quando el trufán ovo   el aver recabdado,
el vaso en qe vino   fo bien escodrinnado;
echólo so su lecho   riccament alleviado,
avién todos envidia   del trufán renegado.

El trufán alevoso,   natura cobdiciosa,
non metié el astroso   mientes en otra cosa;
tenié qe su ventura   era maravillosa,
púsoli al burgés   nomne 'boca mintrosa.' (23, 678-679)

No se detiene en la conexión explícita entre la entrega milagrosa del cofre y el pago del mercader, pero la última línea de la copla 679, en apariencia, una suerte de *non sequitur* (su transacción con el mercader se había concluido poco más de 25 coplas atrás), manifiesta la fusión de los dos motivos: el judío experimenta la alegría de recibir el dinero, que es, a las claras, evidencia de la devolución del préstamo y, casi simultáneamente, niega que se haya efectuado el pago.

El enfrentamiento último con la verdad, que conduce a la conversión del judío, registra diferencias significativas respecto de su fuente. Como en el caso del milagro 18, el léxico jurídico, que se ha usado a lo largo de todo el relato de Berceo (*pleito, demandar, prender judizio*) apenas disimula la guerra entre las dos religiones:

Fueron a la eglesia   estos ambos guerreros,
facer esta pesquisa   quál avié los dineros;
fueron tras ellos muchos   e muchos delanteros,
veer si avrién seso   de fablar los maderos. (23, 691)

En este sector del relato de Berceo se registra el último cambio importante con respecto a la versión latina. El texto en latín empieza el relato con la historia del arcediano que asiste a la fiesta del pueblo, pregunta el motivo de la celebración y, una vez enterado, pone por escrito la historia. Consecuente con todos los otros cambios, Berceo escoge dejar para el final la participación del arcediano y la escena del banquete.[27]

La intensidad de la violencia sugerida lacónicamente en "Si.l pesó o si.l plogo" de la escena colectiva en la que se relata la conversión y muerte del judío se confirma en la fusión de ese último momento de la historia con otra escena colectiva, la de la fiesta y el banquete con los que el pueblo cristiano celebra, desde entonces, la palabra proferida por la imagen de madera:

> Siempre en essi día   qe cuntió esta cosa,
> qe fabló la imagen,   la su vertud preciosa,
> fazien muy alta festa   con quirios e con prosa,
> con grandes alegrías   a Dios e la Gloriosa.
>
> Los pueblos de la villa,   páuperes et potentes,
> fazién grand alegría   todos con instrumentes;
> adobavan convivios,   davan *ad non habentes*
> sus carnes, sos pescados   salpresos e recentes.
>
> Andavan las redomas   con el vino piment,
> conduchos adobados   maravillosament;
> qui prenderlo quisiese   non avrié falliment,
> non trayén en su pleito   ningún escarniment. (23, 697-699)

El vino y los "conduchos adobados maravillosament" están allí ofrecidos libremente, para quien quiera tomarlos (como los haberes del mercader, en 627d; como el cuerpo de Cristo). La música y el canto contribuyen a otorgar a la escena un carácter ritual, que se confirma asimismo cuando el narrador presenta esta celebración como banquete que se repite cada año, en conmemoración de la poderosa palabra proferida por el Cristo de madera.

---

[27] Tampoco las fiestas están en la cantiga 25 de Alfonso, que se diferencia también porque es María, y no Cristo, la que testimonia el pago (vv. 167-174), porque la conversión del judío parece más genuina, y porque no se menciona su muerte.

LOS JUDÍOS DE TOLEDO

Sabemos que las persecuciones y violencias colectivas suelen prosperar en períodos de crisis, en los que, debilitadas las instituciones y resquebrajado de algún modo el orden social, las circunstancias favorecen la formación espontánea de multitudes predispuestas a la acción. En los milagros 16 y 23, sin embargo, no hay indicio alguno de que la sociedad, en sus respectivos mundos representados, sufra crisis alguna. Y el relato de los judíos de Toledo afirma explícitamente lo contrario: la acusación de los judíos hecha por María viene, de hecho, a interrumpir la misa que oyen las gentes devotas de Toledo (18, 414-415). El narrador subraya este momento de paz paradigmática y, con ello, hace aun más eficaz el contraste con la voz de la Virgen que va a interrumpirlo.

La línea de acción del milagro 18 es bastante simple: en medio de la misa irrumpe la voz de María, que acusa a los judíos de volver a crucificar a su Hijo. Los fieles, guiados por Cristo y por María, salen de la iglesia hacia la judería, donde encuentran evidencias de que los judíos crucifican un Cristo de cera. La historia se concluye con la matanza colectiva de los judíos de Toledo. Podría decirse que, en el nivel de lo representado, el milagro de los judíos de Toledo es una historia de violencia. Aquí, sin embargo, quiero proponer que con esa matanza colectiva, Berceo no trama una historia de violencia sino que construye un relato de concordia y de orden.

La acusación, que, estructuralmente, es el segundo momento de la historia, tiene a las claras una función mediadora. Incluye el discurso directo de María y la paráfrasis que hace luego el arzobispo, y abarca diez coplas (416 a 435) de las diecisiete que componen el milagro, esto es, ocupa más de la mitad del texto. La acusación de María, con su gran densidad de léxico judicial, crea su propio contexto de juicio y de proceso. La comunidad congregada es *concejo* (422, 424) y *oye* (421) la acusación, *entiende* (422a) la identidad de María y el asunto de su *querella* (423). También el pueblo *escucha* (422) al arzobispo, quien parece cumplir la función de abogado de la demandante. El arzobispo confía en que hallarán las evidencias (la *batuda*, 424) del crimen (la *malfetria*, 424).

No obstante, mirada con detalle, la escena del juicio resulta anómala. A la presentación inicial del caso hecha por María, no sigue la exposición de la defensa sino un segundo discurso acusato-

rio (el del arzobispo) que confirma el primero: la historia se repite,
pero esta vez, el pueblo no debe repetir el desamparo de Cristo en la
historia original. El acusado (los judíos de Toledo) está ausente y su
signo, aquí y en la matanza posterior, es el silencio. El *concejo*
formado por el pueblo cristiano, *tribunal y jurado*, es también *fiscal*
(busca las pruebas), *juez* (implícitamente dicta una sentencia) y aun
verdugo (se encarga de cumplirla). No sólo este "concejo" cumple
funciones incompatibles sino que se le atribuye aun un deseo que
sólo correspondería al *demandante*: el de *tomar derecho* (dice el
arzobispo en 424cd: "si la cosa buscáredes batuda hallaredes, / e
d'esta malfetría *derecho tomaredes*"). Se extienden las funciones del
"concejo" y hasta se amplía su propia composición, que, hacia el
final del relato, abarca al propio narrador y a sus oyentes:

> Quanta fonta fizieron   en el nuestro Sennor
> allí la fazién toda   *por nuestra desonor.* (18, 428)

Ha bastado, en fin, una cuidadosa selección del léxico para crear la
ilusión de un proceso en un relato que no ha narrado otra cosa que
los actos violentos de una multitud unánime. El texto citado hace
suficientemente clara la ya obvia perspectiva del narrador, identificado —e identificando a su lector— con la perspectiva de los perseguidores.

Consciente del sentido etimológico de las palabras que escoge,
Berceo relata así el momento en que se hallan las pruebas y se dicta
la sentencia implícita:

> *Fallaron* enna casa   del raví más onrado
> un grand cuerpo de cera   como omne formado,
> como don Christo sovo,   sedié crucifigado,
> con grandes clavos preso,   grand plaga al costado. (18, 427)

No hay veredicto verbal en este pseudoproceso. Porque *hallar* la
prueba del crimen cometido por los judíos es también *fallar* en su
contra. El fallo o veredicto es la evidencia: el cuerpo crucificado de
Jesús, prueba que, en rigor, la congregación ya poseía.

Si el léxico jurídico cumple la función de crear la ilusión de una
legalidad en la que se subsume la violencia, el segundo grupo de

palabras que me interesa comentar, mucho más reducido, ilumina desde otro ángulo la significación de esa violencia. Se trata de palabras que pertenecen al campo semántico del alimento: el vocablo "yantares," repetido dos veces en el texto, y la frase latina "tu autem," hacia el final del relato. Es sabido que la comida, en tanto expresión de unión con la divinidad, no es asociación exclusivamente cristiana. La liturgia judía incluía una comida sagrada hecha en el templo. Señala Dalmais (6) que las liturgias se basan en los gestos más elementales, más primitivos, casi biológicos, aquellos en los que la gente revela las necesidades más intrínsecas de su naturaleza. De todos los grandes arquetipos, la comida comunitaria es la más universal.[28]

El milagro de los judíos de Toledo y el del niño judío son los únicos dos relatos de la colección que representan, en algún momento de sus respectivas historias, la celebración de la misa. En la historia de Toledo, la descripción inicial del pueblo devoto en la misa cantada por el arzobispo registra los elementos necesarios para la escena del sacrificio que va a celebrarse. Es día de fiesta de María; el arzobispo dice "sobre'l altar sagrado" la misa solemne que el pueblo congregado oye con devoción. Rito del sacrificio de la misa, cuyo momento central, la consagración de la eucaristía, convierte el pan y el vino en el cuerpo y la sangre de Cristo, alimento sagrado con el que el pueblo cristiano se nutre literalmente de su Dios. El relato, sin embargo, proporcionará otra víctima y celebrará otro sacrificio, el de los judíos de Toledo.

Importa reconocer la centralidad de esta comida para entender en algunas referencias textuales algo más que un eufemismo irónico del narrador, como se ha visto hasta ahora. El castigo que el pueblo cristiano impone a los judíos se relata con la conocida expresión "dar mala yantar":

> Fueron bien recabdados   los qe prender podieron,
> *diéronlis yantar mala*   qual ellos merecieron,
> y fizieron "Tu áutem,"   mala muerte prisieron,
> depués lo entendieron   qe mal seso ficieron. (18, 429)

---

[28] Para tipología del banquete sagrado, véase Daniélou (*Bible* 152-76).

Las expresiones "buen yantar," "mala yantar," metáforas inequívocas del premio o el castigo, son relativamente comunes en otras obras de Berceo: al mancebo capturado por los moros, en la *VSDom.*, "dávanli yantar mala e non buena la cena" (355c); en los *Signos* se anuncian las penas que sufrirán los condenados: "Darlis han malas zenas e peores yantares..." (40). De ahí que se entienda el "diéronlis *yantar mala*" como eufemismo que sirve para expresar el castigo que el pueblo cristiano impone a los judíos.

Pero no es ésa la primera vez que aparece el vocablo *yantar* en el relato. El arzobispo interpreta para los congregados el mensaje ya transparente de María y los urge a abandonar la iglesia, seguro de que en la judería encontrarán las evidencias:

"Vayamos a las casas,   esto no lo tardemos,
de los rabís mayores   ca algo hallaremos;
desemos las yantares   ca bien las cobraremos,
si non, de la Gloriosa   mal rebtados seremos." (18, 425)

El arzobispo aclara el apenas velado mandato de María (418d: "qui ál tal li fiziesse nul tuerto non farié") y añade la amenaza, que normalmente está a cargo directo de la Virgen. Las palabras del arzobispo muestran a las claras que la Iglesia no es meramente arrastrada por la fuerza de la congregación multitudinaria sino la voz que se encarga de articular sus tendencias persecutorias. Luego, sin embargo, en el momento de la acción, el arzobispo queda sumergido en la congregación, que actúa guiada por sus líderes originales (18, 426: "guiólos Jesu Christo e la Virgo María..."). El hecho de que *yantares* no esté aquí modificado por el adjetivo *bueno* o *malo*, indica a las claras que no estamos frente a uno de los usos metafóricos señalados antes. Tampoco el contexto permitiría pensar que aquí se aluda a ninguna clase de premio o de castigo.[29]

¿Qué son, entonces, esos *yantares* a los que se refiere el

---

[29] Podría entenderse "yantar" como expresión metafórica basada en su acepción de 'impuesto;' pero aun este significado se basa en el derecho del rey y otras autoridades a recibir comida y hospedaje, obligación que se designaba con el nombre de *yantar*, *conduchus* o *comestión* (Cantera 27; Serrano, *Fuentes* xxxi-xxxii).

arzobispo? Cabría pensar que, tratándose de un día de fiesta, a la misa mayor seguirían las comidas. Pero la misa no se ha terminado aún porque María la ha interrumpido con su queja. Una vez hecha la pregunta, no es difícil proponer que los yantares podrían aludir a la comunión que el pueblo no ha recibido aún.[30]

Si volvemos por un momento a la acusación de la Virgen, vemos además que, como en el *Duelo* (30 y 43), María autoriza su propia experiencia de dolor ante la muerte de su hijo citando los Evangelios:

> *Secundo qe nos dizen   las sanctas escripturas,*
> fizieron en don Christo   muy grandes travesuras. (18, 417)

El rito de la misa está dividido, esencialmente, en dos partes: la liturgia de la Palabra, cuando, después de la epístola y el gradual, se lee o se canta un capítulo tomado de uno de los cuatro libros de los Evangelistas, y la liturgia de la Eucaristía. De ahí que tampoco sea irrazonable suponer que la referencia a las Escrituras podría constituir, simbólicamente, el *sui generis* evangelio del día, previo al sacrificio.[31]

Esta asociación entre los *yantares* y el sacrificio de la misa ilumina, a su vez, el *"tu autem"* del final, que también cobra ahora un significado más denso y complejo que el que suele asignársele. Cuando los cristianos llegan a la judería, Berceo describe así la escena de violencia colectiva:

> Fueron bien recabdados   los qe prender podieron,
> diéronlis yantar mala   qual ellos merecieron,
> y fizieron "Tu áutem,"   mala muerte prisieron,
> depués lo entendieron   qe mal seso ficieron. (18, 429)

Gariano (*Análisis* 102) ve en la línea 429d un *non sequitur*. También

---

[30] Pensemos en la cantiga 12 de Alfonso, donde se explicita que el arzobispo habla al pueblo *después* de cantar la misa (v. 21), y en donde no aparece el motivo del yantar ni tampoco el del juicio.

[31] Sobre las dos partes de la misa, véase Andrachuk, 17-18. Para objeciones a esta división, véase Dalmais, 140.

Montoya Martínez (*Milagros*) señala que el verso no tiene sentido y propone un orden diferente, según el cual la cuarta línea sería la segunda. No me convence el cambio, que tendría el efecto de convertir la ira espontánea del pueblo en acto meditado. Prefiero quedarme con la explicación de Devoto (reseña del libro de Gariano, 197), que entiende que el "después" se refiere a la vida después de la muerte.

Todos los editores de Berceo explican que el "*tu autem*" es expresión abreviada del "*Tu autem Domine, miserere nobis,*" fórmula utilizada para concluir las lecciones litúrgicas. La expresión está fuertemente asociada con el lugar habitual donde se pronuncia, el refectorio benedictino, sitio de reunión para comidas acompañadas de lecturas. También la misa, elevada a oficio divino, es el rito en que la congregación recibe su alimento espiritual, comida sagrada acompañada de lecturas también sagradas.

Para la perspectiva de esa comunidad cristiana, que es la del narrador, los dos espacios físicos donde ocurren la misa y la matanza —iglesia y judería— tan radicalmente opuestos, se tornan equivalentes, porque los dos son, aunque sólo temporariamente, la figura de un solo espacio, el lugar del sacrificio. Sin lugar a dudas, en ambos reina, si no la paz, la completa concordia cristiana pues el asesinato colectivo es tan unánime como la masa coral que entona los himnos sagrados en la iglesia. El "*tu autem,*" entonces, estrecha aun más las conexiones entre la misa con que comienza el relato y la matanza general que lo clausura. Porque la frase latina no sólo es signo de que la vida de esos judíos de Toledo ha llegado a su fin sino también índice de que el banquete cristiano, el sacrificio de esa misa ha sido, por fin, efectivamente consumado.

En este alterado banquete no son ya los cristianos los que reciben el alimento sagrado de la misa. El antiguo sacrificio ha adquirido ahora una nueva víctima (los judíos de Toledo remplazan a Cristo). Y con esta alteración, los elementos de la escena sacrificial sufren necesariamente un desplazamiento. El arzobispo es sustituido por el pueblo cristiano. Este nuevo oficiante multitudinario ya no da la vida, el buen yantar, el cuerpo de Jesús, sino la muerte. Las gentes cristianas, cuyos atributos son la unión y la concordia, quedan sustituidas por una aglomeración involuntaria de judíos que busca sólo huir ("Fueron bien recabdados *los qe prender podieron*") y cuyo emblema inequívoco es la dispersión. El desplazamiento no afecta, sin embargo, el significado profundo del sacrificio y del banquete, porque recibir la vida (el cuerpo de Cristo en la eucaristía) se vuelve ahora equivalente a dar la muerte a quien mató la vida, a asesinar a los deicidas.

En rigor, el relato de los judíos de Toledo alude a cuatro sacrificios. El primero es la crucifixión de Cristo. El segundo es el sacrificio de la misa, que re-presenta aquella violencia originaria. Mientras la comunidad cristiana se prepara para recibir la eucaristía, en la judería, los rabinos están crucificando un Cristo de cera: al rito cristiano, se opone el rito burlesco de los judíos de Toledo, el tercer sacrificio. Misa y rito paródico, iglesia y sinagoga (casa del rabino), ausencia de iconicidad (hostia consagrada) y representación icónica (Cristo de cera): las oposiciones marcan con fuerza notable la cercanía de las dos religiones. Porque son, al fin y al cabo, "una misma natura," como recuerda María en el *Duelo* (c. 57), en los dos ritos, el centro es la figura de Cristo. El relato que comenzó con el sacrificio de la misa, termina, sin embargo, proporcionando otra víctima, en el cuarto sacrificio. Porque, el único sacrificio llevado a cabo en la historia es el de la matanza general de esos judíos, que no se añade al sacrificio del cuerpo de Jesús sino que efectivamente lo sustituye.

La historia original se repite, indefinidamente. Con todo, el primero y el último sacrificios (la muerte de Cristo y la de los judíos de Toledo) se separan de la misa y de la crucifixión del Cristo de cera. La misa repite el sacrificio original de modo estilizado e incruento. Esa versión estilizada no significa, sin embargo, que sea una mera repetición del sacrificio original. Los ritos no pueden explicarse como una mera representación de creencias; no se limitan a copiar sino que, por el contrario, son absolutamente "reales."[32]

Estilización paralela es la del sacrificio realizado en casa del

---

[32] El rito es un "drómenon," una acción real y totalmente efectiva, como explica Cassirer (*Philosophy* II, 38-39). Ésa es la posición de Berceo en el *Sacrificio de la Misa*, donde concibe la eucaristía como una renovación del sacrificio de Cristo en la cruz y, con ello, combate la herejía de ciertas sectas, que no veían en la eucaristía la presencia real de Jesús sino una mera repetición en memoria del sacrificio original (Andrachuck 16).

rabino, donde, desde luego, no se crucifica el cuerpo de Cristo, sino su imagen de cera. La cera une unos a otros y descubre el valor ritual de uno y otro sacrificio estilizado. En esta (relativa) paz del rito que celebra la violencia, que la repite sólo estilizadamente, irrumpe la oscura llamada de María, que lleva a los cristianos a una acción que recuperará el valor literal de lo que en el rito era representación simbólica. (Los judíos "recabdados" no son imágenes de cera sino hombres de carne y hueso, como el Cristo original.) Sin embargo, ya he dicho que el relato rodea a estos personajes de silencio y elige la elusividad para denotar su presencia. La descripción de la matanza elude toda representación física de esa carnicería, la vuelve también incruenta, oblitera los cuerpos, lo refiere todo en palabras abstractas o metafóricas ("recabdar," "prender mala muerte," "dar mala yantar"). Esta obliteración de los cuerpos revela que la matanza de los judíos se concibe como acto ritual. Y si pensamos que un rito no puede dar origen a otro rito, podremos concluir que al borrar el cuerpo de los judíos y al convertir su matanza en parte del ritual cristiano, el texto les borra también toda posibilidad de convertirse en víctimas sagradas, en altares de otra fe, donde pudiera celebrarse la memoria de su sacrificio.

Creo que la violencia es fenómeno que puede caracterizarse por dos predicados complementarios. Por un lado, la violencia, en su sentido primario, que es el físico, necesita un cuerpo: el cuerpo del sexo, de la tortura, de la guerra. El segundo predicado de la violencia es una proposición negativa: un acto violento es ajeno a toda clase de discurso; puede ensordecer, produce ruido, pero es esencialmente mudo. En el relato de los judíos de Toledo, asistimos a la negación de estos dos predicados. Por un lado, la historia borra los cuerpos. Tanto la matanza de Toledo como la violencia original eliminan el cuerpo violentado: el cuerpo de Cristo, totalmente desiconizado, es el pan de la eucaristía; el cuerpo de los judíos de Toledo, como ya dije, se oblitera. Si pasamos ahora a la segunda proposición sobre la violencia, que predica su carencia de discurso, vemos que el relato también la niega, porque hace compatibles violencia y discurso. El arrebato de los cristianos de Toledo no es acto mudo sino discurso articulado. Creo que se requiere el proceso de desiconización al que me he referido antes para transformar la violencia en rito, para articularla en una ceremonia, para otorgarle una discursividad que le es esencialmente ajena.

El relato de los judíos de Toledo se estructura claramente en tres momentos: la paz inicial, la acusación y la violencia colectiva del final. Así formulados, los tres momentos de la intriga podrían encontrarse en cualquier otra historia, en los términos más generales de la secuencia narrativa **orden - transformación - desorden**. En el milagro de Berceo, sin embargo, tanto la paz del comienzo como la violencia del final son signos claros de orden. Y puede pensarse que esto es así porque la paz del primer momento de la historia es la expresión de un orden social y religioso fundado en una violencia original. La misa celebra, en efecto, una violencia necesaria, la muerte de Cristo. Paralelamente, aunque invertida, la violencia desatada del final del milagro, que repite la violencia originaria y también la contesta, se concibe como un acto de justicia, como una expresión de aquel mismo orden con el que se inició la historia.

Puesto que la violencia no es monopolio de la vida medieval ni de su literatura, además de registrar y analizar las manifestaciones de violencia en los textos, en el nivel de la más alta generalidad, habrá que formular otras preguntas. ¿Tiene la violencia representada en los textos medievales la marca negativa que le asignamos algunos hoy? ¿Se pliega, como para muchos de nosotros, a la fuerte asociación con el desorden? Creo haber mostrado que la violencia representada en la historia de los judíos de Toledo construye una historia de concordia y de orden. Sin embargo, cuando yo leo las historias de judíos en Berceo, las pienso como historias de violencia. En este caso, no creo que el desacuerdo tenga que ver con la alteridad de la literatura medieval sino más bien, con dos ideologías, que conviven aún en nuestro propio siglo. Eliminar esa otra significación, que depende de mi propia ideología, y que sin duda no coincide con la perspectiva de Berceo, no sólo no es esfuerzo deseable; sería, además, ingenuo pensarlo como posible.

A primera vista, parecería obvio que para trabajar con el tema de la violencia en textos medievales hay que partir de una descripción de los actos violentos representados en los textos. Sin embargo, la cuestión no es tan simple como parece. El hecho de que la matanza de los judíos de Toledo se trame como un acto de concordia, impone la necesidad de distinguir entre representación y significación, esto es, entre los actos violentos representados en los textos y la violencia en tanto significación derivable de ellos. Sospecho que para estudiar la violencia en tanto significación, los textos medievales que representan actos violentos serán tan útiles como los que no los representan. Hay violencia, por ejemplo, en convenciones como las del amor cortés. Y también en otros milagros de Berceo que no representan actos violentos, pero donde la solución mariana es casi siempre la obliteración del cuerpo y donde es imposible toda forma de discurso que no se ajuste a la melodía bien acordada del canto clerical.

5
Las mujeres y el culto mariano

ES INEVITABLE QUE la percepción de cualquier objeto o fenómeno esté de algún modo determinada por los modelos de la cultura. Se oye no sólo con los oídos, y se ve no sólo con los ojos, sino con hábitos mentales, memoria, imaginación, sentimiento, voluntad (Barfield 20). En la Edad Media, los jardines, por ejemplo, se ven inevitablemente a través del Edén. Todos los jardines son, de un modo o de otro —réplica, símbolo o antítesis—, ese jardín primordial. Los ejemplos podrían multiplicarse.

De modo similar, la maternidad se percibe a través del modelo disponible, el de la Virgen y el Niño. En esto, las *Cantigas* de Alfonso, que representan con más riqueza las posibilidades del modelo materno, ofrecen un buen ejemplo de la influencia del modelo en la representación de lo particular. De las figuras iluminadas con simpatía, la de la mujer estéril, animada por el deseo obsesivo de tener hijos (cantiga 43) es personaje que confirma la justificación teológica masculina de la existencia misma de la mujer, hecha para procrear. La otra, más repetida, es la imagen de la *Mater dolorosa* que expresa el paradigmático sufrimiento materno por el hijo enfermo, muerto o en peligro (cantigas 4, 6, 21, 43, 53). Tan significativa como la presencia repetida de esas madres dolientes, que replican a la Madre al pie de la cruz, es la figura ausente de la hija. Fieles al modelo, las madres de Alfonso sufren siempre por el peligro, la enfermedad o la muerte de un hijo varón.

Pero hay una diferencia radical entre madres y jardines. En el prado es relativamente fácil descubrir los ecos del jardín primordial. Sin embargo, el Edén no está allí representado *literalmente* sino que solamente se entrevé lo suficiente como para permitir la exégesis

162

figural o alegórica. La Virgen, en cambio, no se encuentra sólo en la posible exégesis alegórica, que puede "leer" a María detrás de algún personaje o detalle de la historia, sino que constituye efectivamente una función del relato: María es un personaje, como las madres humanas. Esas madres, esto es, los particulares, comparten la superficie literal del texto con la madre primordial que es María, esto es, con el universal que sirve para percibirlas. La consecuencia es una inevitable rivalidad de las dos figuras, en la que, desde luego, los personajes femeninos llevan todas las de perder.

Por debajo de las diferencias de voz que separan a Alfonso de Berceo, creo que Berceo, Alfonso, Gautier de Coinci y todos los cantores marianos, comparten un sustrato común que hace muy difícil que el culto por María contagie positivamente la visión de la mujer. Una de ellas es la ideología heredada y reafirmada. Creo que la otra, ajena a la ideología, es de carácter estrictamente literario. La rivalidad inevitable de personajes femeninos y la figura de María es consecuencia de que el universal y sus particulares, compartan, en tanto personajes, el mismo nivel de representación.

LAS ABADESAS DE BERCEO Y DE ALFONSO

La labor poética se mueve siempre entre la libertad y el límite. Quien escribe trabaja con una serie de restricciones que dependen de ciertas elecciones previas, pocas pero decisivas. Si es bilingüe, deberá escoger en qué lengua expresarse. Tratándose de poesía, tendrá que elegir la forma métrica de su composición. La lengua abrirá ciertas posibilidades de expresión pero también obligará a moverse dentro de un léxico, una sintaxis, unas posibilidades metafóricas y no otras. La calidad del poema, en fin, dependerá de la medida en que sea capaz de trabajar con libertad dentro de los límites impuestos por las disponibilidades de la lengua en la que escribe y por la forma métrica que ha escogido.

En las cantigas, el *refrám* es el principio generador de la composición: conceptualmente interpreta el significado del relato y, en términos musicales, contiene la melodía que sirve de punto de partida al desarrollo del poema (Fernández de la Cuesta y Montoya Martínez, "Precisiones"). Además de imponer el patrón de rima que ha de cumplirse en el resto de la composición, el *refrám*, que se repite en la vuelta, rompe necesariamente la continuidad del relato.

Esa interrupción de la secuencia narrativa es señal inequívoca de que la melodía y la forma métrica del *refrám* tanto como las ideas que allí se expresan se impondrán de algún modo sobre la andadura del relato. La cuaderna vía de Berceo, en cambio, con sus cuatro versos monorrimos, impone restricciones locales, dentro de cada copla, pero de una estrofa a la otra, la única obligación del poeta es la de continuar el sentido y la secuencia narrativa, la única restricción es semántica.

La historia de la abadesa se narra en el milagro 21 de Berceo y en la cantiga 7 de Alfonso. El relato de Berceo está notablemente más elaborado e incluye además un epílogo que cuenta la historia del niño. El motivo del hijo, ausente en la cantiga 7, aparece, sin embargo, en otro poema de Alfonso que relata una historia similar. En la cantiga 55, una monja deja su casa religiosa para vivir con un abad que la abandona en cuanto queda embarazada y, al regresar al monasterio, advierte que María la ha remplazado en su ausencia. Como en la historia de la abadesa encinta, María la asiste en el parto, se lleva al hijo y evita el escándalo. Sobre esta base de semejanzas argumentales, resaltan por lo menos dos diferencias importantes que ilustran el modo en que Alfonso y Berceo escogen presentar personajes femeninos. Inmediatamente después del parto, la madre de la cantiga 55 busca a su hijo y sufre, dice el poeta, como una leona a quien le han arrancado a su cachorro:

> Foi-ss' enton Santa Maria, / e a monja ficou sãa;
> e cuidou achar seu fillo, / mais en seu cuidar foi vãa,
> ca o non viu por gran tempo, / senon quand' era ja cãa,
> e por el foi mas coitada / que por seu fill' é leõa.
> (55, vv. 55-59)

Al cabo de muchos años, el hijo visita el monasterio, y se describe una segunda escena, fugaz pero importante, en la que madre e hijo se reconocen y la madre tiene, al menos, el gozo de verlo antes de que vuelva a partir. Alfonso atribuye a la monja protagonista un sentimiento materno que los *Milagros* jamás conceden a ningún personaje que no sea la Virgen.

Gariano (*Enfoque* 70) ve en el espacio extenso que dedica Berceo a la historia del hijo de la abadesa una redundancia no provechosa, motivada acaso por la necesidad de satisfacer la curiosidad del oyente sobre el destino del niño. No creo que sea así. En Berceo, la historia del hijo cumple la función de cambiar por completo el foco del relato: la infancia, educación y carrera eclesiástica del niño, que llega a obispo, constituye un epílogo, anómalo por su longitud (siete coplas enteras), que se produce, narrativamente, a expensas de la madre. Si el relato de Berceo insiste, como se verá, en borrar todas las marcas físicas y psíquicas de la maternidad de la abadesa, el "epílogo" completa la tarea, oblitera a la protagonista.

Una lectura tipológica (Boreland) inserta a la abadesa de Berceo en el paralelismo teológico de Eva y María. La abadesa evocaría, por una parte a Eva, y por la otra, también a la figura de la Virgen: la escena en la que, sola en su oratorio (514 y 517), recibe la visión de María, recuerda las circunstancias de la Anunciación; también como la Virgen, la abadesa es rechazada por los suyos, tiene un parto sin dolor (motivo que Berceo añade a la fuente latina) y da a luz a un niño que postfigura a Cristo. Según esta lectura, al contar la historia, consciente o inconscientemente, Berceo estaría recordando el relato de la natividad. Que, al relatar una historia de maternidad, un escritor medieval recuerde la maternidad de la Virgen, y que ese recuerdo influya de uno u otro modo en lo que escribe, es inevitable. Esta presuposición ilumina seguramente nuestras lecturas, que sin embargo, tendrán que atender al sentido que surja del texto en cuestión.

En una de las coplas introductorias del milagro (que, además, es añadido a la fuente latina), Berceo anticipa la historia:

> De una abbatissa   vos quiero fer conseja,
> qe peccó en buen punto   como a mí semeja,
> quissiéronli sus duennas   revolver mala ceja,
> mas no.l empedecieron   valient una erveja. (21, 505)

La ausencia de toda mención al hijo importa, porque precisamente se trata del momento en que Berceo resume, a modo de prólogo, la historia entera que de inmediato comenzará a relatar. El resumen centra la historia en la lucha silenciosa entre la abadesa y su congregación, motivo que Berceo retoma y desarrolla en el relato (21, 510).

Bien mirada, la situación de la abadesa acusada por las monjas es equiparable a la del clérigo ignorante acusado ante el obispo, pero la diferencia de la insidia entre hombres y entre mujeres no podría ser más notable. A pesar de que la fuente latina hace mención de los clérigos acusadores ("a clericis"), Berceo escoge, como Alfonso ("foi end' acusado," 32, 18), una voz pasiva sin agente ("fo...al bispo acusado," 9, 221), con lo cual elimina toda mención a los acusadores. (No se le escapa a Dutton la omisión, en Berceo, de toda referencia a la falta de solidaridad entre los clérigos, y la señala como digna de interés.) En los dos casos, se trata del motivo tópico de la disensión conventual, notablemente desarrollado cuando se trata de monjas, silenciado con respecto a los clérigos. Mi profesor Henry Mendeloff señaló que la disensión conventual, motivo que proviene del tópico de los malos mestureros de la épica, se repite en las obras de Berceo y constituye uno de los modos en que se contraponen las fuerzas del bien y del mal. Las monjas cizañeras, que se identifican con el diablo por la risa, son, como la mujer en la tradición patrística, figuras de escisión y de discordia. Podríamos atribuir ese desarrollo a un impulso novelizador, pero con mucha más razón habría sido de esperar el mismo impulso en la historia del clérigo ignorante, de trama tanto más simple.

Berceo comienza su relato cuando dice que la abadesa "fallóse *embargada*" (507). Después de que las monjas mandan la carta al obispo, la palabra se repite, ya como epíteto caracterizador, para marcar un cambio de escena: "digamos nos qé fizo la duenna *embargada*" (513c). Sobre este juego con los dos significados del adjetivo "embargada" —'preñada' y 'afligida'— Berceo sienta las bases de lo que será, de inmediato, un contraste significativo. Sola en su oratorio, la abadesa ruega a la Virgen:

> "Madre, por el amor   del tu Fijo querido,
> *Fijo tan sin embargo,*   tan dulz e tan complido..." (524ab)

Lo que se predica del hijo de María no sólo alude a la perfección de Cristo —"Fijo tan sin embargo," esto es, 'perfecto'—, sino que sirve para contraponer una y otra preñez, la de María y la de la abadesa. En respuesta a su plegaria, la Virgen se le aparece y la inunda de una luz sobrenatural. El temor inicial de la abadesa y el motivo de la luz recuerdan, como se ha dicho ya, la escena de la anunciación:

Ovo pavor la duenna e fo mal espantada,
ca de tal visïón nunqa era usada,
de la grant claridat *fo mucho embargada*,
pero de la su cuita fo mucho alleviada. (530)

La escena es, en rigor, una anunciación al revés, en donde lo que se anuncia no es la feliz concepción del hijo sino la liberación de una carga indeseada. La carga sin peso de la claridad sobrenatural que *embarga* a la abadesa sustituye el *embargo* de su cuerpo preñado.

Casi todas las referencias a la preñez de la protagonista son eufemismos fuertemente cargados de connotaciones negativas: "flama encendida" (509b), "mala farina" (539b), "fuert malatía" (540d), "nemiga" (544a), "quilma" (558d). La descripción de las transformaciones físicas del cuerpo durante el embarazo (508), en la que predominan los diminutivos, se ha visto, más de una vez, como signo de la actitud positiva y aun enternecida de Berceo, aunque vale la pena recordar que las posibilidades del valor que tiene el diminutivo en castellano no se reducen a una valorización positiva. También con un diminutivo caracteriza Berceo a la mujer embarazada del parto maravilloso, "femna flaquiella e prennada" (19, 437b), y se detiene luego a registrar lo que dicen los otros náufragos:

dizién: "Esta mesquina fue desaventurada,
sos peccados toviéronli una mala celada." (19, 440cd)

En Berceo, los hijos se conciben en pecado, las madres no tienen marido, el parto es sin dolor, y el placer está ausente en la relación sexual. El parto sin dolor de la abadesa encinta, que Boreland percibe como signo de la relación figural, es también indicación de una conciencia ausente. En la abadesa, como en el romero de Santiago, la solución mariana se manifiesta, sobre todo, en una ausencia en el cuerpo. Cuatro coplas enteras (536-539), poéticamente, las más logradas, dedica el narrador a describir a la abadesa después del parto:

Recudió la parida, fízose sanctiguada,

> dizié: "¡Valme, Gloriosa,   reína coronada!
> ¿si es esto verdad   o si só engannada?
> Sennora beneíta   ¡val a esta errada!"
>
> Palpóse con sus manos   quando fo recordada,
> por vientre, por costados   e por cada ijada,
> trobó so vientre llacio,   la cinta muy delgada,
> como mugier qe es   de tal cosa librada.
>
> No lo podié creer   por ninguna manera,
> cuidava qe fo suenno,   non cosa verdadera;
> palpóse e catóse   la begada tercera,
> fízose de la dubda   e cabo bien certera.
>
> Quand se sintió delivre   la prennada mesquina,
> fo el saco vacío   de la mala farina,
> empezó con gran gozo   cantar "Salve Regina,"
> qe es de los cuitados   solaz e medicina. (536-539)

Sabe que María ha enviado a su hijo a un ermitaño, pero no pregunta por el niño, ni intenta establecer contacto alguno con él. De la maternidad no quedan rastros en el cuerpo ni tampoco en el corazón de la abadesa.

Amamantar, proteger y nutrir, emblemas de la maternidad, son predicados ausentes en las pocas madres humanas de Berceo. El motivo de la leche, para citar sólo el ejemplo clásico, nunca aparece en el contexto de otra maternidad que no sea la de la Virgen. Frente a la abadesa, despojada de todo sentimiento materno, no sólo María es quien se caracteriza por la actitud posesiva y paradigmáticamente maternal ("dezidli qe.m lo críe..." 534c). Figuras masculinas son también los dos ángeles que llevan el niño al ermitaño después del parto, remplazados, al cabo de siete años, por los dos clérigos que envía el obispo al ermitaño para que le traigan al niño a su cuidado. Maternal es también el ermitaño amigo de María:

> Envïó dos calonges   luego al ermitanno,
> provar esto si era   o verdat o enganno;
> trovaron al bon omne   con ábito estranno,

>   teniendo el ninnuelo   envuelto en un panno.   (568)

Ángeles y clérigos son las otras figuras de esta familia masculina y cristiana, ausentes en Alfonso.[1]

La idea no es nueva. San Pablo concibe su propia obra pastoral como la tarea de la madre que alimenta a sus hijos, infantes que necesitan líquidos porque todavía no pueden digerir alimento sólido (I. Cor. 3:1-2). Si el padre posee el poder fecundante del anuncio de la Palabra, la madre representa el cuidado del pastor por las almas (Delahaye, 61). Creo que esas figuras masculinas y maternas de Berceo deben relacionarse, sobre todo, con la imaginería de la tradición devocional de Jesús como madre, estudiada por Carolyn Walker Bynum. Las imágenes centradas en la maternidad, psicológica y fisiológica, utilizadas por figuras eclesiásticas de autoridad —que Bynum ilustra con profusión utilísima de citas— constituyen un fenómeno paralelo y coherente con el culto mariano, en cuyo desarrollo y florecimiento también el Císter, en la figura de San Bernardo, tuvo un papel central.

A San Bernardo se atribuye el desarrollo notable y complejo de esa imaginería: con instrucción y afecto amamantan y alimentan los obispos a sus comunidades, y los abades a sus monjes. Los pechos, la leche, la preñez, la relación del corazón con la matriz, símbolo de seguridad y unión, y la idea de engendrar, asociada con la autoridad, son algunos de sus motivos más desarrollados. A Roberto, a quien teme haber alienado con su severidad, San Bernardo le escribe una carta en la que dice:

>   ¿Quién no te hubiera reprochado tu desobediencia...? Pero yo conozco tu corazón, y sé que respondes mejor al amor que al miedo... Porque, si me permites decirlo, yo te engendré en religión por palabra y por ejemplo, yo te amamanté cuando,

---

[1] En la escena del ermitaño que sostiene al niño envuelto en un paño quizás pueda leerse un recuerdo de la entrega de oblatos, prohibida en 1215, hecho que hizo decrecer considerablemente las comunidades benedictinas. En cuanto a la educación del niño a cargo del obispo, Berceo repite ideas heredadas: en el derecho canónico, el cuidado paterno de los hijos es parte del derecho natural.

todavía bebé, era lo único que podías tomar.[2]

Las cartas de San Bernardo también contienen referencias a la maternidad de Dios:

> Si te sientes atormentado por las punzadas de la tentación, chupa no tanto las heridas como los pechos del Crucificado. Él será tu madre y tú serás su hijo.[3]

Ciertamente, esta feminización del lenguaje religioso no es obra de mujeres ni tampoco refleja una actitud más positiva con respecto a ellas. Se trata más bien, como explica Bynum, de una expresión de la nueva espiritualidad optimista del XII, que subraya más la Encarnación que el juicio, y cuya piedad insiste en humanizar lo sagrado y hacerlo accesible.

A diferencia de las *Cantigas*, en donde la maternidad de María es motivo central pero no llega a sustituir por completo la de los personajes femeninos, en el mundo de los *Milagros*, superpoblado de clérigos, monjes y obispos, la única maternidad es la de María, la única familia, la de la Iglesia de Cristo y de la Virgen. En Berceo, en fin, se marca con fuerza notable la ideología implícita en el culto mariano, invención de la clerecía masculina y célibe de la Baja Edad Media, cuya "rehabilitación" de la mujer es sólo el signo aparente pero engañoso de su obliteración o de su ausencia.

Basta una lectura rápida de las cantigas de Alfonso el Sabio y los milagros de Berceo para advertir las diferencias más obvias en lo que respecta a personajes femeninos. Las *Cantigas* ofrecen un espectro diferente y mucho más amplio que los *Milagros*. En algunos casos, la madre es un personaje que desaparece por completo de la escena en cuanto cumple su función de provocar, con sus ruegos, la intervención milagrosa de la Virgen. Y hacia el final de la composición, se insiste en la estrecha unión entre el niño salvado y la Virgen, que sustituye el vínculo del hijo con su madre natural (pienso en las cantigas 6 y 53). Podría creerse que en Alfonso, las

---

[2] Carta 1, PL 182: cols. 72 y 76A-C, *apud* Bynum, pp. 116-17; traducción mía.

[3] Carta 322, PL 182: col. 527; *apud* Bynum, p. 117, traducción mía.

mujeres embarazadas que sólo piensan en la vergüenza que el hijo indeseado les traerá (cantigas 7, 55), las madres ausentes y las que matan a sus hijos (cantiga 17) "se compensan" con algunas figuras femeninas "positivas" (sobre el "antifeminismo" de Alfonso, véase el trabajo de Catherine Guzmán). El rico mundo representado por Alfonso es ya lugar común de la crítica de las *Cantigas* que ofrecen, como ha dicho Keller (*Alfonso e Iconography*), un gran friso de la vida castellana urbana del siglo XIII. Por otra parte, señalar en tal o cual grupo de relatos buenas o malas imágenes de personajes femeninos, y presuponer que tal o cual imagen indica una actitud positiva o negativa hacia las mujeres es tarea problemática. La imagen de la mujer en las *Cantigas*, más matizada que la de los *Milagros*, no puede evaluarse fuera de su contexto: el mayor o menor espacio que ocupan las mujeres en una y otra obra depende directamente del modo en que cada uno de los dos poetas escoge representar el mundo.

Si intentamos caracterizar la cohesión poética del milagro de Berceo, tendremos que pensar sobre todo en la densidad significativa de ciertas palabras y oposiciones insertas en diferentes contextos y con cargas semánticas variadas. Esas oposiciones se iluminan unas a las otras, y en esa reverberación mutua el relato adquiere su rica significación conceptual. Si buscamos, en cambio, los factores de la cohesión poética de la cantiga 7, nuestra atención deberá seguir caminos muy diferentes.

La cantiga de la abadesa encinta es una composición impregnada de humor. El talento para el humor, como apunta Cicerón, no es enseñable y no se presta al escrutinio. El humor de la cantiga 7, por añadidura, no es el de la broma, conciso y directo, sino que constituye un tono que recorre toda la composición. El *refrám* que abre la composición se construye sobre una pareja de opuestos marcados por la rima en **-oña**: el poeta nos urge a que roguemos a Santa María para que nos otorgue su gracia —"ssa graça ponna"— y nos defienda de las trampas del demonio, "sen vergonna." De las dos palabras comprometidas por la rima, "vergonna," por ser sustantivo, se imprimirá en la memoria del público con más fuerza que el subjuntivo "ponna." A esto se añade el hecho de que el sintagma "o demo sen vergonna" subraya, entre otros posible epítetos del demonio, su carácter de burlador de la humanidad y anticipa el tono humorístico y burlón de la cantiga.

En la cantiga 7, que presenta apenas el esqueleto de la historia heredada, la diferencia más obvia con respecto al milagro de Berceo atañe a la historia misma. La cantiga termina con el fallo del obispo, construido sobre una oposición: "brama" contra las monjas acusadoras y declara la inocencia de la abadesa. Este final crea automáticamente tres grupos caracterizados por diferentes grados de conocimiento: por una parte, la abadesa, María, el narrador y los lectores, que lo saben todo (el pecado y el milagro); por otra, las monjas de Oña, que han visto a la abadesa embarazada pero no conocen el milagro de María; y por fin, el obispo, que no se ha enterado de nada y que, a pesar de su absoluta ignorancia de las circunstancias del caso, otorga una sentencia esencialmente justa. Esta ironía dramática convierte el milagro en una treta con la que María vence al diablo burlador, al "demo sen vergonna," con sus propias armas.

Pero el humor no surge solamente de estas relaciones conceptuales sino que se construye sobre todo a base de las aparentes incongruencias del relato. Parafraseo las cuatro estrofas lacónicas: la abadesa queda preñada por un hombre de **Boloña**, "ome que de recadar/ avia e de guardar/ seu feit' e sa **besonna**" (vv. 18-20). Llamado por las monjas, el obispo, de **Colonia**, llega al monasterio y manda llamar a la abadesa, quien comparece de inmediato, "leda e mui **risonna**" (v. 33). Por intervención milagrosa de María, la abadesa da a luz, "come quen **sonna**" (v. 43) y la Virgen manda criar el niño en **Sansoña** (v. 46). En la cuarta y última estrofa, el obispo manifiesta su enojo contra las monjas acusadoras, que son de la orden de **Oña**, y declara la inocencia de la abadesa en un discurso directo que permite al poeta insertar su última rima: "...por salva poss' esta dar,/ que non sei que ll' **aponna**" (58-59).

En términos lógicos, la sintaxis del relato es notablemente débil. Del amante de la abadesa, cuya función es totalmente tangencial, se nos ofrece una amplificación superflua: "ome que de recadar/ avia e de guardar/ seu feit' e sa besonna." Literalmente, esta amplificación consiste en un excurso admonitorio, pero la pobreza del contexto y el laconismo del relato anulan el peso de la admonición, y al convertirla en gesto verbal vacío, le cambian el signo y la hacen bordear en la ironía. El poeta no identifica la orden de Oña a la que pertenecen las monjas al principio de la narración, ni en la segunda estrofa, donde sería más apropiado, sino al final del relato. Más incongruente aún, es la descripción de la abadesa, que comparece ante el obispo que viene a juzgarla, "leda e mui risonna." Creo que la paráfrasis me exime de explicar de modo exhaustivo los otros ejemplos. Todos ellos revelan, a las claras, la voluntad de un poeta más preocupado por los significantes —en este caso, los sonidos exigidos por una rima difícil— que por los significados.

Con todo, las observaciones que acabo de hacer señalan debilidades sólo si se las juzga con las normas de una cohesión basada en un pensamiento lineal. Si recuperamos la inocencia de una primera lectura, lo que he observado a propósito de esa rima se convierte en instrumento de otra clase de coherencia. Desenvuelta, y no carente de un cierto descaro, la voz del poeta diluye el mensaje moral de la historia, y aun el peso de la milagrosa intervención de María, para crear un efecto de humor que no está lejano del tono de los cantares de burlas. Vale la pena insistir en que ese humor liviano no se crea tanto a base de semántica, como ocurre con Berceo, sino que es el efecto de la acumulación de ciertos sonidos insertos en una secuencia narrativa ligada muy tenuemente. Dicho de otro modo, el laconismo del relato y el juego de esos significantes (las palabras que terminan en -oña), son capaces de crear otro significado, que viene a constituirse como una suerte de entonación que glosa la anécdota con una sonrisa de picardía. El humor de la cantiga de Alfonso es efecto producido por elementos formales, por la ironía dramática del final, que no satisface la posible expectativa de que el milagro secreto de María se haga público, y por cierta medida de incongruencia en el ensamble inesperado del relato, en lo que se escoge omitir, incluir y amplificar. El tono ligero de la composición, no obstante, no altera el carácter genuino de la devoción mariana. La coherencia poética, que parte del *refrám*, construido sobre la oposición entre María y el demonio burlador, se logra a base de esa antítesis central, en un relato en el que el burlador resulta burlado.

En la obra del Pseudo Longinus se nos previene contra el error de ver tropos y figuras retóricas como meros fragmentos aislados de color ornamental porque la fuerza expresiva de esos elementos formales deriva, sobre todo, del modo en que se entretejen en la totalidad de la composición "para que el arte esconda al arte." Multitud de casos podrían ilustrar la importancia de ese tejido.

Pensemos, por ejemplo, en la exageración, recurso con el que se puede construir lo humorístico pero también lo patético. En el caso de la historia de la abadesa, la antítesis es, como quería Cicerón, recurso proteico: le sirve a Berceo para otorgar cierta gravedad a su mensaje, y al poeta de la cantiga, para aligerar, con humor, un relato de pura devoción.[4]

MANTOS, PAÑOS Y LIBROS

Hasta cierto punto, es comprensible que asociemos el manto de María con su naturaleza de mujer y madre; de esa relación, también es fácil deslizarse a generalidades vacías sobre la naturaleza femenina y la maternidad humana. Por eso vale la pena volver al texto, que nos impondrá otra clase de relaciones. Ornamentos del altar y signos de riqueza, mantos y paños son objetos privilegiados en el mundo representado de los *Milagros* y constituyen emblemas de la vida religiosa. Importa consignar también que mantos y paños aparecen en frecuente pareja con libros y escrituras en lugares del texto que son, además, adiciones de Berceo a la fuente latina:

> Cadió rayo del cielo   por los graves peccados,
> encendió la eglesia   de todos quatro cabos,
> quemó todos los libros   e los pannos sagrados,
> por pocco fue los monges   qe non foron quemados. (14, 322)

> Despojaron las sábanas   qe cubrién el altar,
> libros e vestimentas   con qe solién cantar... (24, 714ab)

El elemento que une paños y libros sagrados es la actividad de la lectura y el canto religioso. La asociación no es exclusiva de los *Milagros*: en la vidas de santos Berceo alude a libros y ropas sagradas como parte integral de los deberes litúrgicos de Domingo y Millán:

> compuso la eglesia,   esto bien lo creades,

---

[4] Este estudio del milagro de la abadesa es versión corregida de mi artículo "Berceo y Alfonso."

de libros e de ropas   e de muchas bondades... (*VSDom.*
108bc).

Vistió el omne bueno   los pannos del altar,
con los quales es lei   de la missa cantar;
cantó la santa missa   por salud li ganar,
ca qerié a so grado   sana la embïar. (*VSMill.* 179)

La mención a mantos honrados en conexión con el canto aparece
también en el *Poema de Santa Oria*:

Vidi y grandes gentes   de personas honrradas,
que eran bien bestidas   todas e bien calçadas;
todas me recibieron   con laudes bien cantadas,
todas eran en una   voluntat acordadas. (156)

En el *Sacrificio*, Berceo refiere el antiguo rito de la misa, donde el
obispo se cubría con un palio en el que estaban escritos los nombres
de los padres y los profetas:

Metié ennos vestidos,   qe son pontificales,
los nomnes de los padres,   profetas principales,
e los nomnes derechos   que son patrïarcales;
entrava bien guarnido   de noblezas cabdales.

Levávalos escriptos   en un pallio cabdal,
que vestié el obispo   sobre todo lo ál,
la meatat delante   do es el pechugal,
lo ál ennas espaldas,   diciénli humeral. (109-110)

Apenas tres coplas más adelante (114-115), Berceo vuelve sobre el
motivo de los paños escritos y leídos, con parejo detalle, cuando nos
habla del rito contemporáneo, que imita al antiguo. Y se detiene
también en lo mismo, cuando describe las vestiduras de Oria (*PSOr.*
91-93).
    En Berceo, mantos son protección y premio. En las vidas de
santos, manto es también metáfora de la protección de Dios (*VSMill.*
326b: "de toda la tierra eres salud e manto") y de la que ofrece Santo

Domingo a sus amigos, quienes se lamentan por su muerte diciendo: "nunqua más fallaremos pora nos tan buen manto" (*VSDom*. 520d). El manto que el santo da a algún pobre o agonizante y el tema del santo que se sirve de su manto para transportarse de una a otra orilla de un río son antiguos motivos tradicionales de la hagiografía cristiana (véase Goodich 7; y también Gaiffier 5). Si San Millán exorciza a un poseído del diablo, revestido de sus paños sagrados (*VSMill*. 193), con su manto María defiende al monje borracho acosado por el demonio. El premio asociado con los paños es motivo frecuente, especialmente en el *Poema de Santa Oria*:

> Prisiéronla las vírgines   dando'l grandes sossannos,
> echáronla a Oria   en essos ricos pannos... (131)

> Fue esti sancto cuerpo   ricament aguardado,
> en sus pannos de orden   ricament aguisado... (179)

Sobre el "panno" de María, esta vez en sentido metafórico, descansan "las vírgenes gloriosas" (22, 612). El galardón más alto de la Virgen, signo de santidad, se manifiesta también en paños sagrados, metafóricos o literales. Antes de morir, Teófilo queda cubierto por un manto de luz. Con una casulla para que cante premia María a Ildefonso:

> "A la tu Missa nueva   d'esta festividat,
> adúgote ofrenda   de grand auctoridat:
> cassulla con qe cantes,   preciosa de verdat,
> oy en el día sancto   de la Natividat." (1, 62)

Como explica Devoto ("Historia" 282), "missa nueva" significa aun hoy, 'la primera que dice o canta el sacerdote.' El arzobispo canta su primera misa, ya se trate de la misa nueva que ha compuesto él para la ocasión, ya sea la primera misa que canta como capellán de la Virgen. De ahí que el regalo de María cobre aquí la categoría de una ordenación celestial.

La casulla es el premio a dos servicios especiales: Ildefonso cambió la fecha de la fiesta de la anunciación y escribió un libro sobre la virginidad de María. Sin aguja cosida, íntegra como la virgen, la casulla, tejido intemporal, podría pensarse como opuesta al tratado y a la fiesta de Ildefonso, que son, al fin y al cabo, palabras (escritas en el libro o cantadas en la fiesta) sometidas al tiempo. Pero Berceo elige insistir en que la fiesta de María durará mientras dure el mundo:

> Esta festa preciosa   qe avemos contada
> en general concilio   fue luego confirmada:
> es por muchas eglesias   fecha e celebrada,
> mientre el sieglo fuere   non será oblidada. (1, 65)

Como observa Joseph Snow (6), después de registrar los dos servicios de San Ildefonso, Berceo subraya la fiesta a expensas del libro. Esa fiesta de Ildefonso, "preciosa" como la casulla (62c), alcanza el grado más alto posible de estabilidad, de "eternidad" en la tierra.

La malignidad se expresa, en los *Milagros*, como la urdimbre de una mala tela (*VSDom.* 152 y 168), y la incesante actividad predatoria de los diablos se vale de sogas (6, 147; 11, 273 y 279), lazos (6, 153 y 154; 7, 167; 21, 532), dogales (16, 371; 25, 845), vencejos (24, 729) y "tienllas" (10, 246; 11, 273) para tender celadas y hacer zancadillas a los hombres (17, 379; 19, 440; y 20, 465; 24, 746). También la justicia humana se vale de cuerdas y sogas (milagro 6). En las *Etimologías romanceadas* (González Cuenca 286-291), se enumeran y definen por extenso las penas establecidas por la ley: *dapnum, vincula, verbera, talionem, ignominium, exilium, servitatem* y *mortem*. Todas esas penas, por las cuales "es vengado todo el pecado e toda la nemiga que se faze," están signadas, como el pecado mismo, por la temporalidad.

Para Siagrio, la casulla angélica y entera de María, se vuelve cadena, contaminada con el signo de la temporalidad que caracteriza a los instrumentos del diablo. Abierto o cerrado a voluntad (recordemos el prado, 36: "Ella es dicha puerta, en sí bien encerrada, / pora nos es abierta, pora darnos entrada"), y con connotaciones que lo hacen bordear con la magia, el círculo por el que pasa la cabeza quien viste la casulla, es amplio para Ildefonso y estrecho para Siagrio. Pensemos en la cantiga 2:

> deu-ll' hua tal vestidura

> que trouxe de Parayso,
> ben feyta a ssa mesura (vv. 11-13)

donde el detalle pedestre de estar hecha a la medida de Ildefonso, de alguna manera explica por leyes naturales el hecho de que la casulla luego no le quede bien a Siagrio. La toca, pegada para el ladrón y suelta para el buen clérigo que quiere besarla (24, 719) y el mar en la historia del parto maravilloso (milagro 19), son variaciones de esta capacidad de expandirse y retraerse, como la que tiene el cuerpo de la mujer en la maternidad. Alba flexible e íntegra y dura cadena de eslabones, eterna y temporal, premio y castigo, la casulla de Ildefonso es emblema de María:

> Tal es sancta María   qe es de gracia plena,
> por servicio da Gloria,   por deservicio pena;
> a los bonos da trigo,   a los malos avena,
> los unos van en Gloria,   los otros en cadena. (16, 374)[5]

En un excelente estudio de los *Milagros*, James Burke ("Ideal") llama la atención sobre el motivo de las ropas, tradicionalmente asociado con la Virgen y con el jardín perfecto como el paraíso ("nuevo ropaje en la tierra"). Por una parte, en la tradición cristiana, está el antiguo paralelo, prevalente en la Iglesia oriental: si Eva, por su pecado, dio a sus hijos una ropa de pieles, María ofreció a la humanidad un nuevo manto (el Cristo encarnado). La unidad es el cuerpo de Cristo y, metonímicamente, también es símbolo de unidad la túnica sin costuras que lo cubre en la cruz y que luego rifan los soldados romanos. Los Padres vieron en ese manto sagrado un símbolo de la unidad de la Iglesia y de la Creación. Por otra parte, en la casulla "sin aguja tejida," como en el prado "bien

---

[5] La capacidad de objetos de agrandarse o achicarse, en ocasiones, tiene claras connotaciones sexuales, como en la *Vida de Santo Domingo*, el puente angosto por el que pasa el santo, en la visión de las tres coronas, que se ensancha para darle paso:

> Metíme por la puente,   maguer estrecha era,
> passé tan sin embargo   como por grand carrera... (copla 236)

sencido," Burke ve el vínculo y la imagen maternos que usan las sociedades patrilineales para expresar la comunidad como un todo, protectora y maternal, descrita a menudo como una tela "blanca, pura, primaria y sin costuras." Burke propone que el libro entero, en el prado y en los milagros individuales, desarrolla el tema de la "enteridad." Creo que las connotaciones de temporalidad y eternidad que he registrado en los mantos de Berceo y la estrecha relación de los mantos con el canto clerical y la escritura, confirman que esa comunidad entera y armónica a la que se refiere Burke es, en los *Milagros*, figura de la Iglesia.

LAS MUJERES Y EL CULTO MARIANO

Penny Schine Gold (xviii) y Mieke Bal (*Death* 34) advierten contra los peligros de postular "buenas" o "malas" visiones de la mujer en la literatura e insisten en la necesidad de comparar con cuidado autores, épocas o culturas. Una vez propuestas como foco de atención, las visiones de la mujer que nos ofrece la literatura, medieval o de cualquier otra época, presentan los problemas inherentes al trabajo con la ideología de los textos a los que ya me he referido en el capítulo anterior (pp. 109-11). Allí están todas las tentaciones: cuantificar y clasificar, mirar a los personajes femeninos e ignorar a los masculinos, presuponer la existencia de un status unitario de las mujeres en la sociedad, y también en la literatura. Estoy hablando aquí del impulso centrípeto que crea homogeneidad, conclusiones totalizantes, una visión y no varias. También está, desde luego, la relación problemática entre la literatura y la realidad, que frecuentemente conduce a conclusiones dudosas sobre el pasado. Algunas estadísticas muestran, por ejemplo, que en la segunda mitad del siglo XI, las mujeres son sólo un 9.8 % de todos los santos; en el XII, el porcentaje sube a 14.6; en 1250, las mujeres que son santas constituyen un 15%; para el 1300, son un 24%; entre 1400-1449, el 29% (Bynum 137). ¿Concluiremos, entonces, que estos números representan una mejora en el status de las mujeres, prolijamente medible cada 50 años?

Si es relativamente fácil (aunque no tanto como parece) observar diferencias en la representación de hombres y mujeres, el acto de valorarlas resulta más complejo. Escojo, al azar, algunos ejemplos. Simone Roisin (108-113) mostró que en la hagiografía cisterciense del XIII, recurrir a la Virgen es un tema más común en las visiones de hombres que en las de mujeres, hecho que, a mi juicio, debería resultar significativo si se lo relacionara con el servicio amoroso de la literatura cortesana.[6] En las vidas de santos, por ejemplo, para pensar en Berceo, San Millán o Santo Domingo fundan y dirigen monasterios, esto es, dejan su marca en el mundo; Santa Oria, en cambio, encerrada, recibe visiones. Una vez observada la diferencia, no es difícil apurarse a concluir que santas como Oria responden a la visión masculina de las mujeres, siempre asociadas a la pasividad y a lugares interiores. Y sin embargo, esas santas podrían también verse como la imagen del "yo" masculino cuando se escapa de los órdenes establecidos (Duby, "Conclusions"). En ese caso, la representación literaria de la santidad femenina puede tener muy poco que ver con las mujeres. Puede, en cambio, encarnar deseos de los hombres, que la sociedad les impide realizar (Bynum 110). Christine Pouchelle ha mostrado que el atributo femenino de la interioridad, en lo que respecta al cuerpo, puede realizarse en el aspecto repugnante de la interioridad corporal, o puede ser signo de amenaza que produce terrores ancestrales (fantasías de castración) o invitar a la nostalgia del seno materno, sitio del refugio (*hortus conclusus*), y convertirse en emblema de lo deseado e imposible. Y Duby ("Conclusions" 520), comentando a Pouchelle, observa que si a la mujer se la limita con el único atributo útil de procrear, importa notar que esa función la pone en contacto con los secretos más misteriosos de la vida, que tocan al nacimiento y a la muerte (lavar a los recién nacidos o los cuerpos de los muertos). Todas esas significaciones son posibles en un mismo autor y en un mismo texto.

Comentaré ahora dos ejemplos del modo en que con frecuencia se concibe la relación entre las mujeres y la figura de la Virgen María. En un trabajo publicado por Cambridge University Press en 1983, un crítico inglés explica que la pobreza de representación de

---

[6] Véanse Dutton ("Reflejo") y Montoya Martínez ("Servicio"), que examina el tema del servicio amoroso en Berceo y observa que está menos desarrollado que en Coinci, pero no reflexiona sobre las consecuencias ideológicas que puede tener con respecto a la posición de la mujer en el culto mariano.

las mujeres en la literatura religiosa de la Europa medieval está compensada por el culto que recibe la figura femenina de María.[7] Creo que tal explicación, a primera vista lógica, sería apropiada para la producción literaria de una sociedad cuya norma fuera la igualdad de los sexos; para la Edad Media, en cambio, resulta innecesaria, y por eso mismo también, distorsionante.

El segundo ejemplo viene del hispanismo. En el milagro 9, el obispo que recrimina duramente al clérigo ignorante debe enfrentarse luego con la Virgen. En un trabajo publicado en 1975 se comenta así la escena en la que María reprocha y amenaza al obispo: "La Virgen[...] habla y habla, irónica y jactanciosa. María es ante todo aquí, como en la mayoría de los milagros, mujer.[8] Pienso en el milagro de San Ildefonso, en el que María premia a su devoto y le habla, dice Berceo, "pocos vierbos, razón buena, complida" (1, 60) y creo que no me equivoco al pensar que este mismo crítico, para quien la mujer es, a las claras, agente paradigmático de la conducta verbal descontrolada, calificaría esa economía verbal como tópico literario de la época, y no como rasgo caracterizador del personaje. Lo que ocurre, en este caso, es que la ideología del crítico no se distingue de la que anima al culto mariano que está detrás de la representación "humanizada" de María. Buena parte de esa humanización es el carácter "irracional" de sus mercedes. La Virgen, en estos casos, es buena instancia de la visión misógina, que ubica a la mujer por encima o por debajo de la razón, celosa y vengativa, sensible a la lisonja o sujeta a la ira, marcada siempre por la emotividad descontrolada.

Los dos ejemplos, que he elegido un poco al azar, de dentro y fuera del hispanismo, son buena evidencia de que en este fin de siglo, cuyo espíritu proclama una conciencia desarrollada sobre los problemas relacionados con la mujer, no es todavía superfluo señalar ciertas evidencias de la ideología de textos, autores y críticos literarios. Pero acaso todavía más importante, el denominador común de los dos ejemplos es que en ambos se presume que la Virgen María es, sin reservas, exclusivamente una figura femenina.

---

[7] Wilson 37-38.
[8] Juan Manuel de Rozas, "Composición" 438.

Vale la pena reflexionar sobre esto. En primer lugar, tenemos que advertir que en la afirmación de que María es una figura femenina hay, en rigor, dos presuposiciones: la primera, obvia, propone que la Virgen es femenina; la segunda, se basa en la noción de que "femenino" es un predicado no problemático.

No se ha abandonado todavía por completo la idea de que, junto con el amor cortés, el culto mariano fue factor que contribuyó a una visión más positiva de las mujeres. Creo que esa visión tradicional es, muchas veces, el mito de una ideología misógina que no se reconoce a sí misma. La visión de San Ambrosio, que establecía una diferencia ontológica entre mujer y virgen ("per mulierem stultitia, per virginem sapientia" *PL* 15, c. 1614), ha adquirido, a lo largo de los siglos, diferentes formulaciones que no cambian la fuerza de su impulso original.

Contra esa hipótesis, aumentan hoy los estudios que niegan explícita o implícitamente la influencia del culto mariano en la situación de las mujeres (McLaughlin, Shahar, Duby, "Conclusions"). Con todo, vale la pena recordar que las primeras objeciones vinieron de fuera del campo de los estudios medievales. Hace ya muchos años, Simone de Beauvoir señaló que los países con un culto mariano más intenso defienden con mayor fervor la posición inferior de la mujer y son también los que tienen un clero más poderoso. Y añadía:

> Pour la première fois dans l'histoire de l'humanité, la mère s'agenouille devant son fils; elle reconnaît librement son inferiorité. C'est là la suprême victoire masculine qui se consomme dans le culte de Marie: il est la réhabilitation de la femme par l'achèvement de sa défaite. (Beauvoir 275-276)

Si pensamos en los rasgos estereotípicos femeninos que caracterizan a la Virgen, podemos estar de acuerdo con Beauvoir. Su razonamiento se basaba en la identificación de las mujeres y la Virgen, y en la presuposición de que María es solamente una figura femenina. Un argumento muy diferente puede hacerse si no damos por sentada tal identificación. Pensemos en la Virgen: la concepción inmaculada, el parto sin dolor y el no haber sido tocada por la muerte, son atributos teológicos que no sólo aíslan a María del resto de la humanidad sino que la vuelven un modelo imposible para las mujeres de carne y hueso.

Eva y María son, las dos, madres de la humanidad; por eso están asociadas con la tierra y la materia, frente al hombre, relacionado con la mente y el espíritu. (Recordemos que la etimología de la palabra "madre" contiene el mismo étimo de "materia.") En la fórmula tradicional, María es comparada con Eva con el objetivo inequívoco de establecer la distancia radical que las separa. Si Eva causó la Caída, María fue el instrumento de la Redención. Eva, asociada con sexo y debilidad; María, con virginidad y fuerza. En las mujeres fuertes del Antiguo Testamento, que no podían servir para ilustrar la paradigmática debilidad femenina, los Padres veían símbolos de la Iglesia: así Judith, como la Iglesia, castiga a los enemigos de la fe y salva al pueblo de Dios de la opresión y la ruina; o Ruth, extranjera casada con un judío, representa la Iglesia de los Gentiles, fiel a su pueblo. Desde una perspectiva no feminista, Charles Journet (3-31) considera a la Virgen la mejor entre todas las mujeres bíblicas vistas por los Padres como prefiguración de la Iglesia. Y Karl Delahaye (58) apunta que en la patrística la imagen de la mujer en el Antiguo Testamento es figura del pueblo de Dios.

En la exégesis patrística, de largas repercusiones, encontramos más que buenas razones para hacer difícil la identificación de mujer y Virgen María. Duelo y conflicto insoluble, fisura que destruye la unidad, el dos es el número de las cosas variables y divisibles, cifra de la desgracia y signo de la mujer: "Impar numerus mas, et par femina vocatur" (Macrobio, *Somnium Scip.*, I, I, E, 484 *apud* Lubac 16). Henri de Lubac traza con detalle las múltiples manifestaciones de la connotación negativa que el número dos (y en general, los números pares) poseen en la Edad Media: Dios, al final del segundo día, no dice que le parece buena su obra; en el Génesis, los animales impuros son metidos en el arca de dos en dos. Cristo en cambio, el gran mediador, está signado por el número impar. De ahí también que las oraciones de la misa siempre deban ser en número impar. El número uno simboliza la virginidad de María, que para San Agustín prefigura la del corazón de la Iglesia, frente a la sexualidad, sujeta al mal signo del dos. El uno también se asocia con la enteridad del orden sacerdotal: en la castidad prescripta para la regla eclesiástica, que suprime la desgracia de la diferencia, reside el poder absoluto del sacerdocio que, esperablemente, no admite a la mujer.

Desde luego, en asuntos de teología y exégesis bíblica, género y sexualidad no son sino metáforas de las que se echa mano toda vez que es necesario hacer vívidos y comprensibles ciertos conceptos abstractos. Si por una parte, los rasgos del estereotipo femenino y del masculino no se atribuyen al azar, es preciso no apresurarse a ver en esas atribuciones un reflejo de visiones positivas o negativas de uno u otro polo. En la alegoría del prado que prologa los *Milagros* de Berceo, encontramos varias instancias de la inestabilidad de los atributos de género. El romero "caece" en un prado, lugar mental de refrigerio, paraíso en la tierra. Un poco como los dioses primitivos, que casi no se distinguen de los lugares sagrados que habitan, María es ese prado feliz, lugar interior pero perfectamente accesible. La primera confusión de los atributos femeninos y masculinos se encuentra en el prado que representa a la Virgen. La unidad semántica de "prado" (sitio, continente) es claramente femenina, y coincide con la significación más amplia del papel que cumple María en la historia sagrada, donde es "vaso de elección," sitio donde escogió alojarse el Verbo. Y con todo, es imposible ignorar, particularmente en poesía, el efecto producido por el hecho de que la palabra escogida por Berceo para ese jardín sea "prado," sustantivo masculino, insistentemente repetido en el texto.[9]

Pensemos ahora en el romero. A diferencia del peregrinaje espiritual activo de la *Divina Comedia*, o de *Piers Plowman*, donde un héroe que de repente está perdido pide guía a una figura de autoridad (Virgilio, Holy Church), en el texto de Berceo, por el contrario, todo se centra en la llegada: el prado presenta la figura de María como la expresión de un deseo cumplido, del bienestar emocional producido por la gracia. Frente a la pasividad del romero (atributo femenino), toda la actividad está en el prado, donde crecen flores y frutos, donde corren las aguas cristalinas de las fuentes y donde las aves cantan incesantemente. Esta actividad del prado que es María, es, como la de la Iglesia, paradójicamente, la condición de su inmutable permanencia, de su ser siempre igual a sí misma.

---

[9] Podría haber escogido "huerta," que, además, recogería los ecos de la rica tradición del *hortus conclusus*, aunque desde luego, "prado" se presta más fácilmente a la rima.

El prado, sitio sin otras leyes que las del canto, replica la variedad de árboles del paraíso, pero frente a la sugerencia de verticalidad y autoridad que en el Génesis producen el árbol del conocimiento y el de la vida, la multitud indistinta de arboledas del prado mariano proyecta una horizontalidad que sugiere sólo el reparo y el descanso del romero. Si con la fruta que promete la serpiente, Adán y Eva adquirirían el conocimiento, los frutales del prado de Berceo, ofrecen sólo refrigerio. La sombra que refresca al romero (oraciones de María), proporciona el bienestar que le permite descansar de sí mismo. Sin embargo, si pensamos en el sacristán fornicario o el romero de Santiago, si recordamos cómo se logra la quietud, la autoridad de los dos árboles del Génesis, con sus connotaciones fálicas, está allí, multiplicada al infinito. En el prado hay arboledas (sustantivo femenino). A diferencia del claro perfil de los dos árboles del Génesis, las arboledas diseñan un plano horizontal, pero esa horizontalidad se logra a base de una multiplicidad de líneas verticales. Y es precisamente esa multiplicación la que les permite adquirir el atributo "femenino" de la horizontalidad.

Creo, en fin, que María es una figura híbrida. Berceo le otorga los atributos femeninos clásicos, que sirven para humanizarla, esto es para debilitarla, volverla vulnerable y crear así la simpatía: ella es la madre protectora y la novia celosa, las arboledas de aroma incomparable, lugar de placer y refrigerio. Y junto con esos atributos femeninos, detrás de ellos, están también las cualidades "masculinas" de la autoridad y de la verticalidad: ella es la abogada astuta, la fiera enemiga de Satán y, sobre todo, la voz autoritaria que dicta una voluntad que se desobedece sólo a riesgo de perder vida y salvación eterna. Romero masculino y femenino; María femenina y masculina. El eje masculino / femenino se revela aquí como una construcción extremadamente frágil en la que es posible ver muchas instancias de fisuras. Bien pensada, aun fuera de la literatura, la lista completa de atributos de esa oposición da forma a un modelo que es, en rigor, imposible de realizar de modo absoluto.

Desde luego, Berceo no es una excepción. En la cultura religiosa medieval es posible encontrar desplazamientos notables: en las estatuas de los siglos XII y XIII, Cristo es el Logos y el Nuevo Testamento (representado como masculino), y es también la Sabiduría y el Antiguo Testamento, con atributos femeninos. *Anima mundi*, concepto neoplatónico que siempre fue femenino, es otro ejemplo de ambigüedad cuando se lo identifica con el Espíritu Santo (masculino). En el período carolingio, parece haber existido la tradición iconográfica de una Virgen María Barbada;[10] más tarde, entre los siglos XII y XIV, la devoción de Jesús como madre, se expande en imágenes de obispos y abades amamantadores. Los ejemplos abundan, lo suficiente como para producir una intensa sensación de vértigo. Con todo, es notable comprobar cómo el trabajo continuado de críticos de arte y literatura, ha logrado transparentar estas ambigüedades e incoherencias, suprimirlas o redescribirlas de modo que encajen en el binarismo canónico femenino / masculino.

   ¿Qué hacer con esas "transgresiones" que acabo de mencionar? En primer lugar, es imposible seguir insistiendo en la relación determinista y simplista entre los atributos y los sustantivos, y entre la representación ficticia y la realidad. Si lo hiciéramos, la María barbuda podría leerse como un reflejo del respeto y la admiración inspirada por mujeres "masculinas" en la sociedad carolingia. Acaso esta *reductio ad absurdum* pueda tornar más patente el error de crear falsas ecuaciones entre el arte o la literatura y la realidad, y el problema de presumir demasiado rápido la naturaleza sustantiva de opuestos tales como masculino y femenino, afuera y adentro, naturaleza y cultura. Desde luego, hay otras explicaciones más adecuadas. La Virgen barbuda armoniza bien con el tono belicoso de la espiritualidad monástica de la temprana Edad Media (Bynum 139); y el Jesús maternal responde a las nuevas imágenes de ternura que caracterizan la espiritualidad del XII. Estos atributos no son sino instancias de una estilización particular de la carne, que tiene funciones específicas en momentos determinados. De hecho, estas estilizaciones de la carne no son diferentes de las otras imágenes de la María femenina, que son canónicas y tradicionales, esto es, aceptadas, porque han sido repetidas lo suficiente. Aquí necesitamos reconocer los efectos poderosos de la repetición.

   En cuestiones de ideología, una actitud muy común, compartida

---

[10] Bynum (139) cita a Jo Ann McNamara (150-154) y también un trabajo inédito de Jonathan Smith.

por muchos de nosotros, refleja un notable doble standard. Cuando no estamos de acuerdo con las ideas de alguien, tendemos a atribuirle a su ideología aquello que consideramos un error. Decimos entonces que el error es una distorsión derivada de su ideología. Una implicación de esto es que nuestras propias ideas no responden a una ideología. La otra es que nuestra ideología es la correcta. Pero, ¿en qué respecto puede ser correcta una ideología? La respuesta a esta pregunta nos retorna a la primera posibilidad. Si nuestra ideología es correcta, es decir, si tenemos razón, debe de ser porque nuestra ideología nos permite ver la realidad, o la naturaleza, **tal y como realmente son**. Desde luego, el problema deriva de concebir la ideología como una lente, perfecta en nuestro caso, defectuosa en el caso de las ideas equivocadas de los otros. En otras palabras, el problema deriva de presuponer que sería de veras posible no usar lentes, esto es, de pensar que la ideología es algo dispensable. Esta idea, a su vez, está basada en la presuposición aun más fundamental de la existencia independiente de la realidad o de la naturaleza. Podemos recordar aquí el dictum de un crítico francés: "No hay naturaleza, sólo existen los efectos de la naturaleza: la desnaturalización o la naturalización."

Algo muy similar a estas reflexiones sobre la ideología y la realidad puede decirse del cuerpo. En una visión esencialista, existe una sustancia que llamamos "cuerpo," que está detrás de todas las vestiduras, máscaras o disfraces posibles. De modo que los desplazamientos que hemos visto en la Virgen barbada del arte carolingio, o en los obispos amamantadores de la religiosidad cisterciense, serían concebidos como diferentes vestiduras de un cuerpo fijo, cuyo género está fuera de toda cuestión. Yo diría que la gramática medieval es, sobre todo, una gramática de sustantivos, que responde a esa visión esencialista. Esa gramática es coherente con la metafísica de la sustancia que prevalece en la concepción medieval del mundo y de la humanidad. Y aun así, la Edad Media muestra una relativa mayor libertad que nuestro propio tiempo:

> Medieval authors do not seem to have drawn as sharp a line as we do between sexual responses and affective responses or between male and female. Throughout the Middle Ages, authors found it far easier than we seem to find it to apply characteris-

tics stereotyped as male or female to the opposite sex. (Bynum 162)

De hecho, ese rasgo esencialista está lejos de ser exclusivo de la Edad Media; permea la filosofía occidental hasta nuestro propio fin de siglo, abiertamente o disfrazado. La visión opuesta, que se niega a ontologizar, vería en cada desplazamiento no una vestidura sino una realización, es decir, todo lo que hay. A mi juicio, los mejores esfuerzos en la teoría feminista, insisten en prestar atención a los verbos más que a los nombres. En el caso de la cultura religiosa medieval, evitaremos mucho malentendido cuando seamos capaces de abandonar las ontologías fuertemente binarias y sustantivas de blanco y negro, cuerpo y alma, masculino y femenino.[11]

El texto de Berceo opera sutiles desplazamientos de los motivos de la mediación, la virginidad y la maternidad, que, de atributos de la Virgen pasan a ser predicados del clero. Su maternidad, en la historia de la abadesa encinta, es también la de las figuras clericales y masculinas. Su virginidad, motivo central del prado, simboliza la castidad de donde el clero deriva su poder. Por eso creo que si miramos los términos de la oposición masculino / femenino con menos simplismo, es posible proponer que María es el nombre del discurso vertical y autoritario de la Iglesia.

---

[11] Ciertamente, el tema merece más investigación, trabajo y desarrollo que el que puedo ofrecer aquí.

6

La patria mariana

EL PRADO, UN NOMBRE MÁS ENTRE LOS NOMBRES DE MARÍA

L OS PRÓLOGOS CRÍTICOS, que anuncian el significado de la alegoría, le quitan al lector los placeres de la sospecha y la incertidumbre y le impiden recibir el impacto pleno de la llegada repentina al significado. Quien lee hoy por primera vez, sin anuncio previo, el prólogo de los *Milagros*, no reconoce a María en la descripción del prado perfecto que ocupa las primeras quince coplas del texto. Los elementos que componen el prado se presentan al mismo tiempo como familiares y elusivamente extraños. En el prado hay flores, aguas cristalinas, árboles con frutos, cantos de aves: nada podría ser menos extraño o más reconocible como objeto de experiencia o como tópico literario. Pero contra toda lógica, las flores del prado aumentan cuando deberían disminuir, las aguas son frías en verano y calientes en invierno, los frutos no parecen simplemente perfectos sino incorruptibles.

En el capítulo 22 de la *Retórica* (III, cap. 2, 1405 a-b) se establece de modo explícito la connaturalidad de metáfora y enigma. Aristóteles analiza la célebre metáfora de las ventosas ("Yo he visto a un hombre aplicar el bronce sobre un hombre con el fuego") y concluye que en los buenos enigmas pueden encontrarse buenas metáforas, porque las metáforas son expresiones enigmáticas. En ese sentido, como señala Germán Orduna (456), el prado de Berceo es un enigma. Peter Dronke (*Fabula* 45-46) recorre las diversas caracterizaciones retóricas del enigma: Quintiliano lo define como un tipo de alegoría oscura, que muestra una cosa por las palabras, otra —y aun la contraria— por el significado; San Isidoro y Beda, siguiendo a Quintiliano, entienden el enigma como una subespecie de alegoría.

No creo que los poderes de la sombra, el olor y las flores se identifiquen con la magia (Ackerman 29). El narrador, por ejemplo, no dice nunca que esas flores se reproduzcan vertiginosamente; si así fuera, el texto nos insertaría de inmediato en una dimensión mágica, como la del jardín antitético al paraíso en el *Roman de la Rose* que, de modo no natural, produce sus árboles cargados de frutos. Las imposibilidades que presenta el prado interrumpen la percepción que tiene el lector de lo narrado, de modo que, aunque continúa leyendo, se ve obligado a mantener una segunda línea de atención, en donde una clase de significado que es, en rigor, el silencio de una pregunta no respondida, se mantiene en suspenso. Aislado, cualquiera de estos atributos podría entenderse como expresión hiperbólica de la belleza tópica del lugar ameno. Aunque, en rigor, no hay lugar ameno donde ocurra lo que con las flores o las aguas de Berceo, excepto en la fuente de la *Égloga II* de Garcilaso, que no representa el lugar ameno convencional sino un *locus uberrimus*, como ha señalado Thomas Rosenmeyer, o en la primera escena de *Razón de amor*. En el prado de Berceo, la acumulación de imposibilidades se vuelve indicio inequívoco de que este paisaje requiere una exégesis, y revela, si no su significado, la comprensión general de que lo que aquí se presenta es, como diría T. S. Eliot, "la aprehensión sensual directa de un pensamiento." La elusividad es índice hermenéutico de la insuficiencia del sentido literal, de la existencia de un peso significativo "otro," aunque ese otro significado sólo se perciba de modo vago y general.[1]

Paradójicamente, las vestiduras alegóricas, indispensables para asir ciertos conceptos, al mismo tiempo, y fatalmente, oscurecen lo mismo que buscan revelar. Karl Delahaye (44) recuerda que en el comentario al Sueño de Escipión (I, 2), Macrobio dice que las verdades divinas son imposibles de contemplar sin velo y que lo

---

[1] Sobre la importancia del silencio en la alegoría, véase Fletcher, 107; sobre su elusividad, el trabajo de Gay Clifford (2); para el *locus amoenus*, Curtius (195-200) y, en relación con el prado de Berceo, Foresti Serrano ("Introducción" y "Esquemas"). Algunos críticos toman la incoherencia o el absurdo en el nivel literal como signo propio de la alegoría; otros disienten, apuntando que tal opinión tiene más que ver con el origen de la alegoresis que con el reconocimiento de la alegoría. Para un panorama de las teorías clásicas de la alegoría, véase el trabajo de Philip Rollinson.

verdadero no soporta una representación de sí en su desnudez. Ernst Cassirer (*Language* 7) observa que todos los procesos mentales, que necesariamente fracasan en asir la realidad misma, se ven obligados a recurrir a los símbolos para representarla de alguna manera; la paradoja reside, dice Cassirer, en que todo simbolismo lleva consigo la maldición de la mediación. La alegoría del prado oscurece lo mismo que ilumina: las primeras quince coplas no manifiestan el alcance alegórico pero apuntan veladamente a su existencia y señalan la necesidad de descubrirlo. El significado llega en la copla 16, donde el poeta explica que lo que ha dicho hasta entonces es oscuro y necesita ser develado. Se sigue el despliegue analítico de los significados que, precisamente porque han sido pospuestos, son significados espirituales. Comprende entonces el lector lo que había intuido en la lectura de la primera parte, esto es, que el prado perfecto era el velo ilusorio apropiado para expresar unas verdades trascendentes. Queda expuesta la peculiar "retórica del velo" que caracteriza a la alegoría (Murrin).

En las alegorías de personificación, el nombre propio de los personajes, que es, por lo general, un sustantivo abstracto (Templanza, Justicia), declara desde el principio la convivencia explícita de los significados alegóricos con sus significantes e impone una percepción simultánea de los dos niveles. Rosemund Tuve (10) compara, con notable expresividad, el placer de leer buenas alegorías con el que produce mirar una piedrita bajo el agua, que aumenta sus dimensiones reales. En este sentido, observa Tuve (179), la alegoría se parece a la vida por el modo en que descubrimos su significado, en ocasiones, a través de un lento e incierto proceso de reconocimiento, en otras, de modo repentino y dramático. Ni el agua ni la piedra ofrecen novedad; el placer reside en observar la naturaleza del mundo y mirar sus correspondencias. La lectura de textos alegóricos es, por eso, un proceso notablemente dinámico, pues el lector debe operar *simultáneamente* en dos niveles, el de la acción representada (lo que los personajes dicen y hacen) y el del significado alegórico que emerge de unir esas acciones o palabras de los personajes con los conceptos denotados por sus nombres.

El texto de Berceo, en cambio, nítidamente dividido en dos paneles —el del mundo representado en las coplas 1 a 15 y el de su explicación— requiere más suspensión por parte del lector, aunque menos viajes mentales (de ficción a sentido alegórico). En Berceo, el silencio no establece puentes, sólo sugiere que existen, entre la representación del prado y la "otra" realidad, que el prado veladamente representa. Precisamente porque el prado es un sustantivo concreto, sin la fuerza predicativa que caracteriza a los nombres abstractos como Verdad o Templanza (Barney 24), la figura alegorizada de María es más un objeto de descripción, en un cuadro relativamente estático, que el sujeto de una narración. De ahí que la descripción del prado de las primeras quince coplas, que no exige una percepción simultánea de la ficción y su significado, se percibe como una alegoría notablemente estática. Sólo en la segunda parte conviven, explícitamente y sin rivalizar, el velo y lo velado, el sentido literal y el alegórico. Allí los significados alegóricos se imponen verticalmente y sin ambigüedad, sobre el mundo representado. La estructura en dos paneles escogida por Berceo acentúa la separación de los dos niveles (no entre las palabras y sus significados, sino entre los dos conjuntos de significados) y produce así una fuerte experiencia de disyunción.[2]

El sentido alegórico del prado se analiza luego iluminando sus componentes aislados, cada uno con su significado preciso (flores, frutos, sombra, fuentes, aves). Esta cualidad analítica, más propia de la alegoría que de la metáfora, ha sido señalada por teólogos y críticos literarios:

> Alors que dans la métaphore, ou la parabole, on développe une *image* qui, par sa ressemblance dissemblable, et donc selon son ensemble, nous introduise à l'intelligence de la réalité spirituelle ainsi figurée, l' allégorie est la description analytique d'une *idée* à partir des éléments morcelés et abstraits d'une image, dont chaque détail prend signification. Ce n'est plus tant l'arche comme type de l'Église qui est prise en considération, mais chaque détail de sa construction, ses poutres, sa forme, sa longueur, etc. (Chénu 188-189)

Se trata del mismo parcelamiento observable en el simbolismo que

---

[2] Sobre alegorías estáticas y dinámicas, véase Jung 19-20.

caracteriza la descripción de iglesias y ornamentos eclesiásticos (Frisch 33-37).

Angus Fletcher (87-88, 171) también señala, junto con la ausencia de perspectiva, la calidad emblemática de la imaginería alegórica, que se logra gracias a una disposición paratáctica y a la ausencia de perspectiva. Añade Fletcher (100-102) que la cualidad más asombrosa y sensual de las imágenes en la alegoría es su aislamiento; su claridad visual no coincide con lo que experimentamos en la vida diaria sino que se acerca a la visión hiperdefinida que producen las drogas y constituye el rasgo que la acerca tanto al arte surrealista. Como la pintura alegórica, la poesía emblemática presenta "fragmentos de maquinaria alegórica" (balanzas, espejos mágicos, bolas de cristal), que se ponen en el plano de la pintura sin una clara ubicación en profundidad y cuyos tamaños violan la perspectiva. Estos objetos aislados tienden a revelar un poder escondido, son signos de una cratofanía.

Una mirada al espacio textual que ocupan las diversas partes que componen el prado revela algunas disparidades singulares. Acaso la instancia más notable sea la extensa descripción de las flores (2c, 3ab, 5ad, 6b, 13, 24d, 31-42), alrededor de un 32% de la totalidad del texto, frente al exiguo espacio dedicado a las cuatro fuentes (un 6%: 2, 3cd, 21 y 44b) que son, tanto en la coherencia de la representación como en la de su significado alegórico, el elemento que origina todo lo demás: de María mana el agua de vida que permite la existencia de las flores, los frutos, los árboles, con su sombra y sus aves melodiosas (cc. 21-22). El amplio espacio dedicado al sector de las flores, que Víctor García de la Concha (*Loores* 183) ha comparado con las *laudes et deprecationes* marianas del final de los *Loores*, sorprende o molesta, y ha dado lugar a varias interpretaciones. Gariano (*Enfoque* 86) lee implicaciones simbólicas en los 25 nombres; Montoya Martínez (*Milagros* y "Prólogo"), que los entiende como una digresión, también relaciona los nombres con la técnica de composición numérica; Ackerman (23, 26, 28 y 29) explica la inusitada extensión como parte del recurso general de la acumulación, signo de abundancia que apunta al poder generativo de María; ese "lleno" de la abundancia suele compararse también con la vida cristiana, realización del paraíso, como explica Daniélou (*Shadows* 26). Saugnieux (*Berceo* 45, "Tradition" 32-33) ve en los nombres del prado un comentario de las letanías y una prueba más del carácter litúrgico de la poesía de Berceo. Y Agustín del Campo (37-38) muestra abiertamente su molestia: "¿Para qué seguir paso a paso tales apelativos? Eludo las estrofas XXXII-XLI, donde la enumeración resulta prolija y excesiva, a fuerza de didactismo bíblico" (37-38). En la primera parte de la introducción, las flores bien olientes, opuestas al hedor del pecado, refrescan al romero:

> Davan olor sovejo   las flores bien olientes,
> refrescavan en omne   las caras e las mientes. (3ab)[3]

Flos, florum, rosa rosarum, se vuelven expresiones comunes en himnos a partir del siglo XII: Peter Dronke ("Excursus" 185) apunta que en himnos tempranos a la Virgen, las imágenes que expresan la idea de florecer sugieren el poder de realización o cumplimiento creador y el poder de unir y recoger ("gathering together"). Muy probablemente motivadas por ese uso frecuente del vocablo *flor* en letanías y oraciones, en el prado de Berceo, las flores son los nombres de María:

> Los omnes e las aves,   quantos acaecién,
> *levavan* de las flores   quantas *levar* querién,
> mas mengua en el prado   ninguna non facién,
> por una qe *levavan*   tres e quatro nacién. (13)

La insistencia en el verbo *levar,* que significa 'quitar', pero en el que también resuena el significado latino de *levare* ('levantar, elevar') anuncia indirectamente los nombres y loores que la humanidad *eleva* en honor de la Virgen.

La interpretación de nombres es práctica antigua desde Homero, frecuente en el Antiguo Testamento y continuada en el Nuevo. Su larga trayectoria pasa por San Agustín, San Jerónimo y San Isidoro, hasta llegar a los himnos cristianos y entrar, en el siglo XII, en las

---

[3] Si se piensa en la multitud de textos medievales que repiten el tópico del mal olor del pecado frente al buen olor de la virtud, la enmienda de Dutton, que corrige "olor" por "color," es innecesaria, como se ha señalado varias veces.

artes poéticas como *"argumentum sive locus a nomine."* Curtius (495-500) traza la historia de la interpretación de nombres que, para los cristianos, queda autorizada en San Mateo (16-18) y en las frecuentes explicaciones de nombres del Antiguo Testamento. En la literatura medieval los ejemplos abundan. Paul Beichner (37) señala que muchas obras hagiográficas, la *Legenda aurea* por ejemplo, comienzan con la interpretación del nombre del santo, con el objeto de dirigir la atención a sus virtudes; y también recuerda a Chaucer, que interpreta el nombre de Cecilia, en el prólogo del Second Nun's Tale (CT, VIII, 85-119). Familiar a toda la Edad Media latina, la práctica de interpretar nombres, se funda en la antigua idea discutida en el *Cratilo*, condensada en el *dictum "Nomina sunt consequentia rerum."* La relación entre los nombres y las cosas (natural o como producto de una convención), es cuestión que nunca se sintetiza ni se resuelve por completo en la Edad Media. Howard Bloch (*Etymologies* 46-53), que ofrece una buena revisión de la teoría lingüística medieval, encuentra muy poco que sostenga todas las implicaciones de la posición naturalista; los que teorizan sobre la lengua, desde los gramáticos latinos tardíos a los especulativos del siglo XIV, rechazan la noción de las palabras como extensiones físicas de las cosas. Por otra parte, esa teoría tampoco incluye nada tan radical como postular la arbitrariedad del signo. De acuerdo con el precepto aristotélico, pasado via Boecio, había cierto consenso en concebir las palabras como sonidos que tienen un significado establecido por la convención. Y sin embargo, explica Bloch, en casi todo intento de examinar la naturaleza compleja de los signos verbales se hace evidente la profunda resistencia a romper enteramente con el deseo de la continuidad entre la lengua y la materia.

Las advocaciones de María, consecuencias de sus hechos, son nombres que revelan una visión de la lengua como motivada y no arbitraria, la misma que está en la base de las *Etimologías* de San Isidoro, sustentada en la noción de que para conocer una cosa debe partirse de su nombre, porque ir al origen de ese nombre es apresar su "fuerza" (*vis*). Otro tanto muestran Valerio y Teófilo en los *Milagros*, o la explicación del nombre de Oria (*PSOr. 9**). Y aun el Sancho y el Domingo del prado, donde es posible que haya algo más que el popularismo ya visto por Artiles (214):

> Non es nomne ninguno   que bien derecho venga
> que en alguna guisa   a ella non avenga;
> non ha tal que raíz   en ella no la tenga,
> nin Sancho nin Domingo,   nin Sancha nin Domenga. (38)

Si pensamos que Domingo y Sancho derivan, respectivamente, de *dominus* y *sanctus*, apreciaremos también que, al escoger esta frase proverbial, Berceo juega con la polisemia del vocablo *raíz*, en el sentido de 'causa' (María es causa de Cristo, origen de todo) pero también en su acepción de 'origen etimológico.'

Con los nombres de María ocurre lo mismo que con las múltiples metáforas utilizadas para expresar la idea de la Iglesia (templo, viña, casa, novia, esposa), que apuntan a aspectos parciales por la imposibilidad de asir su significado completo. El hecho de que María sea un nombre de significados innumerables no señala una mera polisemia sino un fenómeno más radical. Se trata, más bien, de la plenitud de significado que sólo puede darse en un lenguaje sagrado, constituido sólo de formas nominales. María es, en ese sentido, el nombre que posee el discurso sustantivo de la gracia: por eso pronunciarlo no es nunca un acto gratuito. (Recordemos, por ejemplo, la escena en la que el nombre de María pronunciado por los ángeles tiene el efecto de hacer desaparecer a los diablos en 11, 278.) El nombre de María da, a quien lo sabe o quiere pronunciar, un poder especial no muy diferente acaso del que tienen los nombres de los dioses en culturas primitivas.

Como el elogio de figuras de autoridad en la literatura griega y como el encomio cristiano, el texto de Berceo presenta de modo desordenado figuras del Antiguo y del Nuevo Testamento y metáforas de la tradición hímnica mariana. La lista tiene la cualidad paratáctica del estilo bíblico y tipológico, en el que la falta de relacionantes temporales o causales produce precisamente la impresión de una conexión profunda y más fundamental (Ginsberg 79-80).

La variedad de los nombres de María hace posible varios tipos de clasificaciones. Una posibilidad es distinguir entre los nombres que hacen alusión explícita a las profecías marianas del Antiguo Testamento ("Sión," "vara de Aarón," "fonda de David," "trono de Salomón") y los que no exigen el marco bíblico para ser comprendidos: estrella de la mar, reina de los cielos, señora natural, medicina de cuerpos y de almas. Los nombres del primer grupo son los "hechos reales" cantados por las aves, ya depurados de su historicidad, una suerte de sustantivación de la historia sagrada. Su sentido espiritual los hace alegorías *in factis*, en las que dos hechos igualmente históricos se simbolizan y completan mutuamente, y comprometen, por eso, un significado tipológico. Los nombres del segundo grupo son, en cambio, metáforas —alegorías *in verbis*— que establecen una relación entre una ficción y una realidad predicada por esa ficción. Esas metáforas podrán pertenecer a una larga tradición textual (desde Jerónimo y Agustín, hasta Rabano Mauro) pero no exigen, para ser comprendidas, un conocimiento de esos textos. A diferencia de las alegorías *in factis*, el vínculo que establecen está fundado en una semejanza no esencial sino contingente, no determinada por Dios sino hallada por el poeta. Dicho de otro modo, los nombres del primer grupo exigen una lectura que tenga en cuenta el *sensus spiritualis*; los del segundo remiten al sentido figurado presente en cualquier tropo (véase el trabajo de Armand Strubel).

Si me he detenido en esta distinción es porque creo que es necesaria para comprender que el prado es metáfora que Berceo presenta como nuevo nombre de María. Si pensamos en la connotación de 'elevar' que he sugerido para el verbo *levar*, en el prado son precisamente las aves (los padres de la Iglesia) y también los hombres devotos, quienes dan nombres a María:

> Los omnes e las aves,   quantos acaecién,
> levavan de las flores   quantas levar querién. (13ab)

Berceo une su voz (eleva su nombre) al canto universal. María es estrella de la mar, medicina, vecina piadosa, y es también "prado verde e bien sencido." *Sencido*, esto es 'intacto y no hollado', en donde se acentúa la virginidad, y también 'sancionado,' como propuso Spitzer ("Notes" 115-16), aunque tal etimología presente los serios problemas señalados por Dworkin (131-32). Basado en la tenue historia del romero que en su viaje encuentra este reparo, el prado puede entenderse entonces como un nombre más, una nueva advocación mariana. Y porque dar un nombre es acción que implica alguna clase de poder (a Adán le dio Dios el poder de nombrar a las aves y a todos los animales), éste sería un buen ejemplo de la autoridad que invoca para sí el poeta de María.

Los elementos que componen este lugar ameno no responden a ningún esfuerzo de reproducción realista sino que constituyen, podría decirse, los trazos de una caligrafía emblemática cuya lectura se mantiene estrictamente controlada por el texto mismo. Si se tiene en cuenta que uno de los antecedentes del emblema (que nace con Alciato en la primera mitad del XVI) son los cuatro sentidos de la exégesis medieval, la introducción entera podría pensarse como una suerte de emblema *avant la lettre*. El segundo panel, donde Berceo presenta la exégesis, tiene la virtud de proponer la descripción de la primera parte como la *littera*, esto es, como texto autorizado. La descripción alegórica del prado (*pictura*) funcionaría a modo de ilustración pictórica enigmática que se resuelve en la *explicatio* de la segunda parte. "Motto" de este protoemblema, el prado (*inscriptio*, título o tema del emblema) es otra flor, el nuevo nombre añadido por el poeta.

Como la música que organan las aves, el prado es también "temprado," palabra donde se esconde para hacerse aun más visible:

> Tornemos ennas flores   qe componen el **prado**,
> qe lo facen fermoso,   apuesto e **temprado;**
> las flores son los nomnes   qe li da el dictado
> a la Virgo María,   madre del buen Criado. (31)

El ritmo de la copla impone la relación de *prado* y *temprado* en la intensidad de sus acentos, y en el paradigma creado por la rima. El prado, en rigor, está presente en cada uno de los componentes de la descripción alegórica. Conceptualmente, está en la temperatura *templada* de las fuentes. Está también presente en la sombra de esos árboles:

> Nunqa trobé en sieglo   logar tan deleitoso,
> nin sombra tan **temprada** nin olor tan sabroso... (6ab)

Y en los sabores de los frutos:

La verdura del prado,   la color de las flores,
las sombras de los árbores   de **temprados** savores,
resfrescáronme todo   e perdí los sudores:
podrié vevir el omne   con aquellos olores. (5)

donde la posición paralela en el verso de "árbores" y de "sabores"
(línea b) llama la atención sobre su *quasi* condición de anagramas y,
al hacerlo, estrecha la relación entre sombras y frutos (oraciones y
milagros de María por la humanidad). El vínculo que la palabra
"temprados" establece entre el canto de las aves y el prado (canto de
Berceo), es, sin lugar a dudas, el más fuerte de todos:

nunqa udieron omnes   órganos más **temprados,**
nin qe formar pudiessen   sones más acordados. (7cd)

Estos juegos de palabras confieren al nuevo nombre de María la
calidad de poderoso ícono verbal.

La elección de la pradera es comprensible por varias razones.
Reflexionando sobre la etimología de *paraíso* Bartlett Giamatti
(13-14) recuerda que la palabra significó 'jardín,' mientras "jardín"
designó alguna clase de lugar perfecto. En la tipología, si Eva es el
tipo de María, Ireneo, Ambrosio y Agustín asocian a María con la
tierra virgen del paraíso (*humus* y de ahí su *humilitas*) de la que fue
formado Adán (Coathalem 26-30). El nombre de las dos madres -Ave
y Eva-, objetos predilectos de anagramas medievales, puede percibir-
se en una lectura en voz alta del prado mariano. La primera copla
reúne, escondidos, los dos nombres:

Amigos **e** **v**assallos   de Dios omnipotent,
si vos me escuchássedes   por vuestro consiment,
querríavos contar   un buen **av**eniment:
terrédeslo en cabo   por bueno veramente. (1)

El nombre de Eva ("nin tomarién tal daño **Eva** nin so marido" 15d)
podría leerse, sólo con mucho esfuerzo, en otras líneas del poema,
porque en todos los casos, o las dos sílabas son átonas o su acento
fuerte en la *a* impide la percepción del nombre:

> levávan de las flores   quantas levár querién (13b)

> por una qe levávan tres e quatro nacién. (13d)

En otras ocasiones, el nombre se oscurece en palabras cuya identidad semántica es fuerte:

> Las quatro fuentes claras   qe del prado manavan,
> los quatro evangelios,   esso significavan,
> ca los evangelistas   quatro qe los dictavan
> quando los escrivién   con ella se fablavan. (21)

La única excepción, en donde el nombre recibe el acento fuerte sobre la *e*, es significativa:

> Quiero dexar con tanto   las aves cantadores,
> las sombras e las aguas,   las dévantdichas flores (44ab)

porque forma parte de una palabra cuyo significado efectúa la asociación del nombre de Eva con la idea general de "historia anterior."

También es posible hallar el nombre de María —*Ave*— en contextos donde la *a* es átona o lleva el acento trastrocado (avé): "Sennores e amigos, lo qe dicho avemos" (16a): "En esta romería avemos un buen prado (19a); "sennora natural, pïadosa vezina" (33c); "non es nomne[...] que en alguna guisa a ella non avenga" (38ab); "ca yo non me trevría en ello a venir" (45d); "qe las flores del campo, del más grand qe savemos" (42d). Pero también existen instancias en las que el acento (principal o secundario) corresponde con el nombre de María:

> La verdura del prado,   la color de las flores (5a)
> en qui ave repaire   toda la romería (23b)

En la copla 32, el nombre se repite en los dos hemistiquios: en el primero, con acento trastrocado; en el segundo, con el acento sobre la *a*, que permite una percepción más clara:

ca quando éssa **ve**den   es la **nave** guiada (32d)

En una buena mayoría de casos, sin embargo, la frecuente referencia a las aves cantoras permite a Berceo repetir el nombre sagrado de la madre:

odí sonos de **aves**,   dulces e modulados (7b)

aves torpes nin roncas   y non se acostavan (8d)

Los omnes e las **aves**,   quantos acaecién (13a)

Las **aves** qe organan   entre essos fructales (26a)

en qui facién las **aves**   los cantos generales (43b)

Quiero dexar con tanto   las **aves** cantadores (44a)

Estos juegos, y los que ya señalé con la palabra *prado*, son un caso más de las múltiples instancias del carácter lúdico que manifiestan los textos medievales de todos los géneros ("jongleries," las llamaría Zumthor). Y también relacionan el prado con la tradición de la himnología latina medieval de los siglos XII y XIII. Auerbach ("Prayer" 10-11) señala que las metáforas tipológicas, frecuentes en los elogios hímnicos, se funden, en una técnica altamente desarrollada, con juegos de rimas y sonidos que apuntan a significados simbólicos, lo cual les confiere una forma muy característica de agudeza de ingenio, única en su estilo (véase también Ong, "Wit").

A la asociación del jardín con el paraíso y con María, se añade la que vincula el paraíso con la Iglesia. La idea de que la vida enclaustrada es un paraíso provisional, manifestada en la expresión tradicional de *Paradisus claustri*, es la base misma de la cultura monástica (véanse Comito 207-208 y Colombás 233). Se llama *paradisus* al jardín del claustro y también al atrio (patio-jardín) de la basílica cristiana temprana donde se dispensa el agua sagrada, se da santuario y se alimenta a los pobres (Pearsall y Salter 27). Apunta Comito (41) que un escritor del XII no es excéntrico cuando divide toda la creación en cinco regiones: el mundo, el purgatorio, el infierno, el cielo y el *paradisus claustralis*.

La elección de la pradera puede explicarse también desde el "realismo." Thomas Capuano investiga el léxico y, sin negar la tradición teológica, ve en el prado elementos de la realidad agraria de la Rioja en tiempos de Berceo. Para esos retazos de realidad, podría añadirse también que, a pesar de que el arte medieval se interesa poco por el paisaje *per se*, la Península Ibérica, seguramente por influencia árabe, fue el primer lugar de Europa donde, antes del Renacimiento, se cultivaron jardines puramente ornamentales (Harvey 38 y Clark, cap. 1). Capuano ("Hayfields" 810) encuentra significativa la elección de "prado," contra *uerto*, dado que *uerto* era el vocablo asociado tradicionalmente con la Virgen (el *hortus conclusus* del *Cantar de los Cantares*) y propone que una lectura del prado mariano en el contexto de la agricultura de la época, lleva a pensar que la alegoría de Berceo tiene su base firme en la realidad. En el estudio del léxico de Berceo, lo mismo encuentra Daniel Devoto (*Textos*). Con todo, vale la pena recordar que la palabra *pratum* no es ajena al lenguaje religioso de los himnos latinomedievales: en uno de ellos, se lee, por ejemplo, que coros de almas beatas cantan el Alleluia "per prata paradisiaca" (*Analecta* 34, 4, p. 60). *Pratum virginale* es también uno de los nombres dados a María e incluidos por San Bernardo (*Serm. ad milit. templ.*, CLXXXIV, en *PL* 219, VII. Index Marianus, Encomiastica).

Si se piensa que la devoción mariana ofrece un lugar mental de refrigerio, un paraíso en la tierra, las observaciones de Capuano pueden insertarse en el contexto más amplio de las representaciones del cielo, que siempre replican realidades temporales y humanas, y que por lo general usan los términos de la realidad política y eclesiástica del tiempo (Manselli 84). Allí donde predomine un estilo de vida agrario, el paraíso será el jardín verde, de clima templado; la revitalización de las ciudades inspirará a describirlo como la nueva Jerusalén; los teólogos, en cambio, lo pensarán en términos de las ideas escolásticas de luz, armonía y contemplación (MacDanell 69-70).

La dualidad Bien / Mal se manifiesta en los jardines de la tradición literaria occidental, que actualizan, o bien la visión antitética del verdadero paraíso, subrayando los rasgos negativos —el falso jardín— o bien la del paraíso verdadero, jerárquicamente

ordenado (Plaks 128-131). La repetición de "buen," "bueno" y de
otros epítetos ponderativos sumarios, que para Sobejano (187)
"apenas hablan a la imaginación," son notados por Beltrán Pepió
(xlii) quien, con razón, sugiere que la pobreza de adjetivación puede
deberse a razones más profundas. Esa repetición no deja lugar a
dudas de que el prado pertenece al segundo grupo de jardines
verdaderos. Una lectura en voz alta del texto revela las diferentes
realizaciones de la misma raíz "bien - bueno" que el acento,
principal o interior, marca con insistencia:

> Amigos e vassallos   de Dios omnipotent,
> si vos me escuchássedes   por vuestro consiment,
> querríavos contar   un **buen** aveniment:
> terrédeslo en cabo   por **bueno** verament.

> Yo maestro Gonçalvo   de Verceo nomnado,
> yendo en romería   caecí en un prado,
> verde e **bien** sencido,   de flores **bien** poblado,
> logar cobdiciaduero   pora omne cansado.

> Davan olor sovejo   las flores **bien** olientes,
> refrescavan en omne   las caras e las mientes;
> manavan cada canto   fuentes claras corrientes,
> en verano **bien** frías,   en ivierno calientes.

> **Avién** y grand **abondo**   de **buenas** arboledas,
> milgranos e figueras,   peros e mazanedas,
> e muchas otras fructas   de diversas monedas,
> mas non **avié** ningunas   podridas nin azedas. (1-4)

El efecto rítmico de la cuaderna vía, que no respeta la unidad de la
palabra, extrae, de otros vocablos ajenos a la idea de bondad
("avién," "abondo"), sílabas que adquieren independencia semántica
y que resultan asimiladas a la misma idea de "bondad." La concentración de estas repeticiones, notable en las primeras coplas de la
introducción, funciona a modo de indicio de la naturaleza del paisaje
representado. Un rastreo del sema "bien-bueno" en la introducción
revela que se trata de un fenómeno generalizado: véanse 11a, 12d,

14b, 19a, 22b, 23a, 32a, 36ac, 39c, 41d. En el "prado verde e bien sencido" de Berceo se funden el escenario cósmico —Edén corregido en virtud del "buen aveniment"— y su consecuencia, el escenario psíquico del hombre en estado de gracia.[4]

MARÍA Y LA IGLESIA

Entre los problemas críticos implicados en la alegoría, está la falta de acuerdo con respecto a que la modalidad alegórica requiera la personificación. (por ejemplo, Barney y Van Dyke). Angus Fletcher (26) apunta que en la alegoría la agencia puede ser de dos clases (o los agentes representan ideas abstractas o personas reales históricas) pero luego no toma en cuenta la segunda posibilidad. Aunque no ofrece explicación, supongo que Fletcher piensa en la posibilidad de que una persona histórica pueda ser la base o el referente que, no obstante, siempre necesitará ser "despersonalizada" o "universalizada" antes de convertirse en sujeto de la alegoría.

Es lugar común destacar la humanidad de la figura de María, a quien Berceo dota de gestos maternales, celos de novia, violencias de mujer ofendida. Se admira la humanización del personaje, pero en cambio se pasa por alto el hecho de que la alegoría del prado reifica la figura de la Virgen. No tenemos en cuenta una diferencia notable que separa la alegoría del prado de las alegorías de personificación, en las que, como señala Morton Bloomfield ("Allegory" 313), el significado alegórico se halla en el nivel más literal del texto:

> In personification-allegory the allegorical meaning (or most of it) is in the literal sense itself. When Lady Holy Church appears in Passus I of the B Text of *Piers Plowman*, her allegorical significance is not the Christian significance of what Holy Church stands for, *it is Holy Church right then and there*." (El subrayado es mío.)

El prado de Berceo tampoco es una pseudopersonificación, si

---

[4] Escenario psíquico y, desde luego, no psicológico e individual, que es imposible para la alegoría, en la cual los acontecimientos son siempre categóricos, carentes de todo lo que pueda ser único o individual.

pensamos cómo la caracteriza Bloomfield:

> Another type of pseudo-personification may be called emblematic and frequently accompanies genuine personification. We find this type when trees, rivers, and buildings are given abstract names. The City of Covetousness, the Slough of Despond, the Tower of Truth provide examples. ("Approach" 164).

Cuando insistimos en la humanización de María, cuando la tratamos como si fuera un concepto abstracto o una verdad personificada, olvidamos momentáneamente el hecho obvio de que, siendo persona histórica, toda posibilidad de personificarla está, en principio, negada.

En el texto de Berceo, al poder designatorio del nombre propio (María), que apunta a un referente, precede su reificación en el prado, que le confiere un significado. Dos simples hechos invitan a no cuestionar qué significa el nombre de María en el texto de Berceo. En primer lugar, la existencia extratextual de la Virgen, que el lector conoce bien; en segundo lugar, el hecho de que todo nombre produce la engañosa impresión de impartir alguna clase de certeza.

La existencia extratextual de María impone ciertos límites y plantea el problema literario de su creación como personaje. Para los lectores de Berceo, María se identifica con una función doble: es el ser humano escogido para la Encarnación, y es también la figura poderosa que trasciende los límites de su propio tiempo y lugar históricos para interceder por los hombres ante la autoridad divina de su Hijo. También doble es la función de la Iglesia, cuyas figuras se dividen en dos categorías generales: la realidad histórica por un lado; y, por el otro, la metáfora, cuyo elemento imaginativo la aleja de la historia (Congar, "Marie" 20-21). En tanto madre de Cristo, persona histórica, María no puede ser alegorizada; en cambio, en tanto madre y abogada de la humanidad, la Virgen es precisamente esa figura universal que requiere la alegoría. De ahí que el prado que es María, figura histórica y también atemporal, permita aproximaciones tipológicas (Foster 119-125; Gerli, "Tipología") y alegóricas.

Tipología y alegoría son las dos formas principales de significado suplementario en la exégesis bíblica temprana. Resulta hoy tan imposible ofrecer definiciones concisas de la alegoría como ignorar por completo las reflexiones teóricas a las que ha dado lugar. La complejidad del fenómeno no sólo deriva de la gran diversidad de obras individuales asociadas con él, hecho que remite a la literatura y a su historia, sino también a la historia crítica del término mismo utilizado para designarlo. La crítica moderna rescata la alegoría de sus antiguas connotaciones de aridez y escolasticismo y naturalmente se interesa en ella porque ve allí el espacio más propiamente literario, donde se puede reflexionar sobre las preocupaciones actuales del lugar del intérprete y del sitio de la lectura, y porque, en términos latos, se comprende ahora que alegorizar e interpretar son actividades equivalentes. Este interés ha tenido como consecuencia la producción de gran número de trabajos que exploran la naturaleza de la alegoría (modo o género; figura retórica o "supertropo"), y plantean los problemas, caros a nuestra modernidad, de la codificación y decodificación de signos. Acaso por tratarse de un fenómeno notablemente más restringido, la tipología no ha invitado a una producción tan variada de especulaciones teóricas y metodológicas.[5]

La diferencia esencial entre tipología y alegoría reside precisamente en que la tipología vive de la historia y trabaja con referentes, mientras que la alegoría se inserta en un ámbito de atemporalidad y apunta siempre a significados abstractos (Auerbach, "Figura" 54). La alegoría, en fin, cuenta siempre con su propio argumento, en donde interactúan universales; la tipología, por el contrario, se maneja con particulares, y en su sentido primario, para ser develada exige del lector un conocimiento de la historia sagrada.

Los atributos que se asocian a la Virgen se apoyan, desde luego, en los hechos de la historia sagrada. Pero si el poder de la figura de María está convalidado por el esquema providencialista de esa historia (Patrides 13-46) su significación en los *Milagros* se construirá en las palabras mismas del texto de Berceo y en la interpretación

---

[5] Véanse los trabajos de Auerbach ("Figura"), G. W. Lampe y J. J. Woolcombe, Hans-Robert Jauss, "Transformation"; Todorov (*Symbolism* 97-130); y el utilísimo volumen de Earl Miner, que, entre otros, incluye un trabajo de Karlfried Froelich, sobre la historia de la crítica tipológica. Yo me he asomado al tema en "La metáfora obediente."

que hagamos de ellas. Por eso es posible decir que si el prado es alegoría de la Virgen, la figura de María es, a su vez, cifra de un significado que el lector debe construir.[6]

Uno de los rasgos que se atribuyen a la alegoría es su perfecta claridad, creada por un texto que controla nuestra lectura, que nos impone una interpretación determinada. El alegorismo del prado es igualmente autoritario: la segunda parte impone las claves para leer la primera. Y sin embargo, tan necesario es tener en cuenta esa autoridad inherente de la alegoría con respecto a su propio significado, como ejercer la libertad de leerla no sólo en los términos que ella misma propone. Disiento en este punto de la opinión, bastante aceptada, que Ferraresi (5) expresa sin ambigüedades hacia el final de estas líneas: "Pero en poesía, desde siempre, no necesariamente todo lo simbólico debe tornarse alegoría explícita que ha de ser dilucidada por el poeta cuidadosa y metódicamente, condenando así al lector a una total pasividad." Creo que el prado mariano, y en general, los *Milagros* proponen la *quasi* identidad de María y de la Iglesia que la entroniza como madre y señora de la humanidad. (Recuérdese a Amador de los Ríos, —*Historia crítica* 253— cuando afirmaba que para Berceo sólo existe una supremacía, basada en un principio único: la supremacía sacerdotal, encarnada directamente de la autoridad divina.) Estoy lejos de atribuirle a Berceo la intención específica de homologar a la Virgen con la Iglesia. Asumo en cambio que tal homologación es consecuencia de mi propio acto interpretativo, que partió de preguntarme cuál es el significado general del texto de Berceo y del culto mariano en el siglo XIII.

En la tradición cristiana, son legión los textos que apuntan a la asociación de María y la Iglesia mucho antes de que se desarrolle el culto mariano.[7] Desde los primeros siglos, los padres trazan el

---

[6] Pienso en la afirmación de Northrup Frye (*Code*, 80): "Typology is a form of rhetoric, and can be studied critically like any other form of rhetoric."

[7] Del enorme número de estudios sobre la figura de María, dentro y fuera del culto mariano, que tocan siempre su asociación con la Iglesia, he consultado trabajos de alcances y méritos variados: Henri Barré, Juniper Carol, Michael Carroll, Hervé Coathalem, Yves Ma. Congar, Karl Delahaye, Hilda Graef, Charles Journet, Marie-Louise Thèrel, Marina Warner. También

paralelo entre las dos porque reconocen cualidades comunes, aunque nunca las identifican por completo. *Maria typus est Ecclesiae.* La expresión viene de San Ambrosio, aunque Alberto el Grande la atribuye a San Agustín (*figura est Ecclesiae*). Según Coathalem (33, 40, 42 y 85), el paralelismo de María y la Iglesia es concepción común desde los siglos IV y V y sus raíces se remontan hasta Tertuliano; con todo, el paralelismo, trazado siempre con restricciones, nunca llega a la identificación absoluta. Apunta Coathalem que nunca se dice, por ejemplo, que María es el tipo de la Iglesia, porque eso implicaría una identidad total. Se dirá en cambio: María es el tipo de la Iglesia porque, como ella, la Iglesia es virgen, esposa y madre. Esta relación, de larga tradición textual, se va enriqueciendo con asociaciones múltiples y se afianza por varios caminos. A principios del siglo V, la elaboración teológica ya ha formulado las grandes líneas del paralelismo. Progresivamente se introducen, entre los siglos V y VIII, las cuatro fiestas mariales en la Iglesia de Occidente. Hacia fines del VIII, la elaboración doctrinal desarrolla las prerrogativas de la Virgen y gradualmente va atribuyéndolas a la Iglesia. La identificación de María con la Iglesia no se completa sino cuando la Virgen, figura histórica, madre de Cristo, pasa a ser la abogada de la humanidad, y con ello, adquiere su papel de mediadora, trascendente y siempre actual (ver p. 205). Hacia fines del siglo XII florece el culto mariano, y el XIII será llamado el siglo de María.

Los grandes temas que relacionan a María y la Iglesia dan lugar a desarrollos vertiginosos de analogías y explicaciones que trataré de ilustrar aquí del modo más breve posible. María es esposa de José; la Iglesia, de Cristo; María es madre de la Cabeza (Cristo); la Iglesia, madre del Cuerpo y de sus miembros. Las dos son jardín de delicias: desde San Jerónimo (*Epistola IX, De Assumptione Beatae Mariae Virginis*, PL 30, col. 132), para quien la Virgen es el jardín donde

---

la obra editada por Hubert Du Manoir, colección comprensiva de estudios sobre los aspectos diversos del culto mariano en todo el mundo en la Biblia, en la patrística y la liturgia, en el dogma y la teología antigua y moderna; y el útil diccionario de Donald Attwater. Para el paralelismo de María y la Iglesia en la liturgia mozárabe, que privilegia la maternidad y la virginidad, me resultó útil el trabajo de Georges Frenaud (especialmente pp. 41-46).

crecen toda clase de flores y plantas de virtudes, hasta Honorius de Autun (*Speculum Ecclesiae, PL* 172, col. 833), ocho siglos más tarde, donde la Iglesia es el paraíso cuyas delicias son las sagradas escrituras, y Cristo, fuente y árbol de vida (véanse Pearsall y Salter 69-70 y Colombás 261-62). Nuevas Evas, María y la Iglesia comparten el mismo antitipo.[8] Por una parte, Eva y la Iglesia, esposas y compañeras, son formadas mientras el hombre duerme: Adán en el Génesis; el nuevo hombre que es Cristo, en el sueño de la cruz. Por la otra, como ya he señalado, María y la Iglesia también comparten los atributos de la virginidad y la maternidad universales. Apunta Henri Barré (66-81) que, en general, la analogía se cristaliza y organiza alrededor de estos tres puntos de comparación: virgen, esposa y madre, tres aspectos reunidos por Paulino de Nola (*Poemata*, XXV en *PL* 51, 636-37). La comparación sobre la base de los dos títulos de virgen y madre es constante, por ejemplo, en San Agustín, para quien la virginidad corporal de María, es la prefiguración de la virginidad espiritual de la Iglesia ("*Virginitatem[...] Christus Ecclesiae facturus in corde, prius Mariae servavit in corpore*" (*PL* 38, col. 1005).[9]

La maternidad de María remitió primero al simbolismo del paraíso: como esa tierra virgen de la que Dios se sirvió para formar al primer Adán, María fue la materia intacta escogida para encarnar al segundo. A la paradigmática maternidad de la Virgen corresponde la de la Iglesia: sólo hay una Iglesia como hay sólo una madre, fuera de la cual no hay verdadera vida. Sea que se la represente con las metáforas de amamantar y nutrir o con expresiones de la actividad de amar, educar y conducir, la maternidad universal es atributo de

---

[8] Los términos "tipo" y "antitipo" que uso aquí se refieren a la visión patrística, pero pueden confundir pues esta terminología no coincide con la de la visión medieval más tardía. En comunicación personal, Alan Deyermond, que advierte la confusión, sugiere desbrozar las dos visiones. Por una parte, en la patrística, Eva (tipo) > María (antitipo de Eva y tipo de la Iglesia) > Iglesia. En la visión medieval: Eva (tipo) > María (antitipo) < Iglesia (retrotipo).

[9] Para el paralelismo de María y la Iglesia véanse, en Coathalem: nuevas Evas (20-21); vírgenes y madres (35-37, 44-45); virginidad, tierra del paraíso (26-30); figuras de la mediación (91-92).

la Iglesia (véase el trabajo de Delahaye, dedicado por entero al tema). Si Eva fue mediadora de la desgracia, María lo es de la salvación. Madres, esposas y vírgenes, María y la Iglesia son también figuras de la mediación (véase Saugnieux, *Berceo* 57-70, quien trata la idea de la mediación en Berceo y la influencia de San Bernardo y de la observancia cisterciense). La metáfora del acueducto (María es el acueducto por donde pasa el agua de la gracia) es acaso la más famosa de toda una serie de imágenes en las que San Bernardo hace concreta y vívida la idea de la mediación: la Iglesia es el edificio y María su fundamento; la Iglesia es el cuerpo de Cristo y María, el cuello místico que une el cuerpo con la cabeza; la Iglesia es la familia de los hijos de Dios y María es la esposa del Dios redentor y la madre de sus hijos; la Iglesia es una realidad sacramental y María está en la fuente de los sacramentos. Las dos, en fin, derivan la autoridad de esa función trascendental de su relación con la Palabra.

Como María, en tanto virgen, retirada del mundo, y en tanto madre, en continua expansión, la Iglesia emerge, en la obra de Berceo, como la única verdadera *societas*. Penetrada por la palabra y vehículo de la encarnación de la Palabra, el poder de María es también el poder de la Iglesia, encargada de guardarla. Creo que el texto de Berceo acerca significativamente el poder de la Virgen al de los *oratores*, estamento que se define precisamente por la posesión de la palabra, en su papel de mediador entre el hombre y Dios. Ese lenguaje (*palabra-que-hace*) posee las mismas características performativas del discurso de María en los *Milagros*. Los representantes de la Iglesia, que detentan el lenguaje sagrado de los sacramentos, son, por así decirlo, administradores de las palabras de los hombres, y por eso, también de su conciencia.

EL NOTARIO, MANO DE LA COMUNIDAD

Las bases del *topos* de la autoridad de lo escrito son bien conocidas: las Sagradas Escrituras, hechas de palabras que se consideran divinas y por eso, incontestablemente verdaderas, contagian su valor de verdad a toda escritura. (Aunque vale la pena notar que la autoridad de las Escrituras viene precisamente de que los escribas no hablan con autoridad propia, sino en nombre de otros.) Dios otorga, esto es, autoriza: pensemos en la etimología común de *autorizar* y *otorgar*, de la que seguramente tiene conciencia Alfonso, cuando llama a Dios "otorgador" (*Setenario* 3); y también Berceo: "de vestir esta alva a ti es *otorgado*" (1, 63c). Howard Bloch ("Genealogy" 136) inserta el lugar común entre las manifestaciones de la "epistemología medieval de los orígenes," que se muestra también en la crónica del mundo, donde empezar por el principio confiere legitimidad; en la historia familiar, que responde a la genealogía; en el derecho feudal, que privilegia las costumbres más antiguas. Con todo, referirse a una fuente escrita es una de las formas fuertes de autorizar lo que se dice, pero no la única. Tan medieval como la autoridad de lo escrito es el privilegio de la palabra oral, que no se presta a falsificaciones y que se remonta a las enseñanzas de Cristo (Ong, *Presence*, 12-14). Por otra parte, en la primera mitad del siglo XIII, la figura del autor, no necesariamente de inspiración divina, adquiere importancia nueva: los prólogos, como muestra Alistair Minnis, muestran una preocupación por el papel mediador activo del autor humano y por sus intenciones. Otro tanto ocurre en la pintura y la escultura: Virginia Egbert (21) encontró una sola representación de un pintor antes del siglo XIII, en un manuscrito griego; su compilación de imágenes medievales de escultores, pintores y orfebres medievales, revela que la mayoría de los artistas que se representan en el acto de crear sus obras son del XIII y el XIV. De la historia a la leyenda, de la hagiografía y la literatura religiosa al *exemplum* y a la predicación, cada género favorece diversas operaciones para validarse; cada dimensión temporal, su propia clase de autoridad.[10]

Desde hace tiempo se reconoce que oralidad y escritura conviven en el interior mismo del mester de los clérigos. Libera (p. 18), Gallardo y Zumthor (*Letra* 84), para citar sólo algunos trabajos, han reflexionado sobre el carácter de la textualidad "oral" que tiene la literatura en la Edad Media. Sin embargo, la oposición de lo oral y lo escrito que, entre otras, fundaba la antinomia tradicional de

---

[10] Para las operaciones posibles de autentificación, son útiles las reflexiones que sobre el discurso histórico hace F. Hartog (6-7). Para las dimensiones temporales y su diversa autoridad, véase la caracterización interesante, aunque discutible, de Jacques Le Goff (*Imagination* 78-79).

juglaría / clerecía, siguió marcando nuestra lectura de los textos.[11]

Con todo, no es fácil resistir a la ilusión creada por las palabras. Con lucidez, Harriet Goldberg ("Voice" 227) critica a Artiles por leer literalmente pasajes que no son otra cosa que lugares retóricos de fidelidad al texto latino. Y sin embargo, al describir las diferentes actitudes de los autores de clerecía, se detiene en Berceo y cae en el mismo error, cuando trata de explicar las protestas de fidelidad de Berceo y las atribuye a la conciencia que tiene de su responsabilidad por transmitir los detalles más pequeños con la mayor exactitud posible. Se trata de un hábito mental difícil de romper, que influye, por una parte, en el modo de interpretar lo que se lee y, por la otra, en los lugares del texto que nos invita a ignorar o a no recuperar. Así, una lectura literal del lugar común de la autoridad de lo escrito contribuyó a crear la imagen del Berceo humilde que no osa decir lo que no lee en la fuente. La escrupulosa fidelidad de Berceo a la fuente latina y su originalidad para elaborarla fueron a veces percibidas como contradictorias. Domingo Ynduráin ("Notas") resolvía la supuesta contradicción afirmando que la fidelidad es notable, aunque en ocasiones Berceo se aparte de la fuente, impulsado por afanes de realismo. Con más coherencia, Teresa Labarta de Chaves (*Santo Domingo* 16) apreciaba la libertad de Berceo para imaginar acciones, gestos y diálogos, y aunque afirmaba que "no se atreve a inventar un dato específico si no lo lee," terminaba reconociendo las menciones a la fuente como recurso literario. Desde luego, tal contradicción no existe si se piensa que la fidelidad de Berceo al texto latino es perfectamente compatible con las diferencias inevitables impuestas por cualquier reescritura. Se confundían con frecuencia dos hechos diferentes: por un lado, las afirmaciones de fidelidad, gesto retórico protocolar (Dragonetti 41-62), y por el otro, la fidelidad efectiva de Berceo a la fuente, que sólo puede constatarse, con más o menos reservas, a partir del cotejo de su obra con el texto latino. Todas las obras de clerecía comparten

---

[11] Para el mester de clerecía, remito a las reflexiones de quienes han participado en la discusión sobre su validez, sea para confirmarla, negarla o matizarla: Willis, Deyermond ("Mester"), Zumthor (*Letra*), Salvador Miguel, López Estrada ("Repercusión" y "Mester"). Para una síntesis de esas reflexiones, véase Deyermond, *Historia y crítica, I, 1*, cap. 4.

este gesto notarial que recurre a respaldarse en fuentes escritas, especialmente cuando se trata de nombres de personas o lugares o datos específicos.[12]

Las afirmaciones de fidelidad a la fuente escrita admiten diferentes actitudes: Goldberg ("Voice") ha descrito las diferencias entre Berceo, el poeta del *Alexandre* y el del *Poema de Fernán González*. Así por ejemplo, si Berceo, con tono serio, se niega a ofrecer detalles cuando la fuente no los proporciona, el poeta del *Alexandre* asegura, con tono inequívoco de superioridad, que rectificará las omisiones del original. Reconocidos los matices diferentes que puede adquirir el gesto retórico, vale la pena notar que las menciones de Berceo al texto en latín proclaman una fidelidad peculiar del poeta lector. No puede indicar el nombre del monasterio al que pertenece el sacristán fornicario porque no lo lee en la fuente ("el logar no lo leo, decir no lo sabría" 2, 76b); no encuentra el nombre del confesor a quien María envía al clérigo embriagado para que se enmiende ("El otro omne bono, no.l sabría nomnar" 20, 494a); tampoco puede decirnos cuál fue la ocasión en la que unos enemigos matan al clérigo del milagro 3; del devoto prendido por la justicia y puesto en la horca nos dice que era ladrón pero no puede asegurar, porque no lo lee, si cometía algún otro pecado. En estos casos, una mirada rápida al texto latino confirma que, en efecto, la fuente no incluye esos detalles. Sin embargo, que Berceo, cuyas dotes de narrador son innegables, se detenga a subrayar la ausencia de detalles triviales o de nombres propios de personajes o lugares que no tienen importancia alguna en el relato, debería llamar la atención a propósito de los peligros de una lectura literal de estas referencias a la fuente. Contarnos por qué mataron al clérigo del milagro 3, o decirnos que el ladrón devoto tenía otras malas costumbres ("Si fació otros males, esto no lo leemos" 6, 143a) son datos que, de haberse incluido, habrían quitado a los relatos la directez y la economía que los caracteriza. En estos momentos Dámaso Alonso veía, no sin razón, la voluntad de presencia del escritor medieval en su propio texto.

---

[12] Bobes Naves, p. 354, señala la localización minuciosa como rasgo característico de los documentos notariales.

Sobre la base de este tipo de fórmulas, Gaudioso Giménez Resano, entre otros, afirmaba la rigurosa sumisión de Berceo al texto latino, "incluso, al precisar muchas veces los pormenores de las circunstancias que rodean el asunto" ("Fuentes" 17 y *Mester* 39). Bien miradas, esas menciones muestran una fidelidad a la fuente que no se manifiesta *incluso o hasta* en los pormenores de la narración, sino *sobre todo* en ellos. Esas referencias, que inventan silencios con el gesto de justificarlos, socavan la autoridad de lo escrito en el mismo acto de invocarla y, al hacerlo, revelan que la fuente latina es la transcripción de un original (en los *Milagros*, los hechos mismos de María). A mi juicio, las menciones al escrito, que tienen por objeto señalar sobre todo lo que la fuente latina no dice, muestran que el *topos* de la autoridad de lo escrito no sirve tanto para respaldar la veracidad de lo que se dice como para establecer la confiabilidad de quien tiene la palabra.

A diferencia de los Evangelios, que otorgan tan poco espacio a la madre de Cristo, en los *Milagros* María detenta también la autoridad irrefutable de las palabras sagradas:[13]

> Las quatro fuentes claras   qe del prado manavan,
> los quatro evangelios,   esso significavan,
> ca los evangelistas   quatro qe los dictavan
> quando los escrivién   con ella se fablavan.
>
> Quanto escrivién ellos,   ella lo *emendava*,
> esso era bien firme   lo qe ella laudava;
> parece que el riego   todo d'ella manava
> quando a menos d'ella   nada non se guiava. (21-22)

Emendar es, por una parte, asociable con el *legem emendare*, expresión típica para el procedimiento legislativo medieval (Burke, "Virtue" 249), pero también remite al *emendador* que revisa los textos traducidos antes de que se integren en el libro.[14]

---

[13] No se trata, claro está, de una innovación de Berceo, sino de la identificación de María con la Iglesia, gracias a la cual la Iglesia confirma y refuerza su investidura de autoridad suprema.

[14] Véase Solalinde y también Foz, 40; y para la ambigüedad entre los

En María, literalmente autora de los milagros, convergen las funciones de autora y protagonista. En este sentido, la transcripción escrita en latín en la que Berceo respalda sus historias resulta tan mediadora como la transcripción que hace Berceo del latín a la lengua romance. Creo que importa entender el carácter de intermediarios, de traductores y "notarios," de todos los que celebran, relatándolos, los milagros de María. Así mirado, Berceo no está ni más ni menos autorizado que los testigos oculares del milagro o que el pueblo anónimo que lo canta, lo cuenta y lo celebra. La memoria escrita es registro siempre mediador, objeto de lecturas múltiples y ubicuas, que permite que continúe generándose la incesante labor verbal de honrar a María. Los registros plurales de esa memoria comunitaria pueden representar una variedad de voces que, sin embargo, dependen siempre de lo que podría llamarse, de modo metafórico, "el discurso de los hechos mismos," discurso "proferido" únicamente por María, discurso que *es* María.

En los *Milagros*, el latín se manifiesta con un significado doble, casi opuesto pero no contradictorio: por una parte, en latín, como en romance, se transmiten los hechos de María (el "original"); por la otra, su valor de lengua primaria, también le permite funcionar como metáfora apta de ese "original." Después de la Caída, la historia de Babel representa, en la Edad Media, la otra gran experiencia devastadora. Haber perdido la lengua originaria, cuyos significados no necesitaban mediaciones, implica la pérdida de una sola comunidad humana y también de la comunidad con Dios: así, la vida temporal se vive no sólo como exilio del paraíso sino también como el exilio en las lenguas diversas y separadas, consecuencia de Babel. Esa *Ursprache*, primero identificada con el hebreo y luego con el latín, queda contagiada, en la visión nostálgica de la unidad primera, de aquellos valores de unicidad y transparencia.[15]

---

papeles de autor y traductor en la teoría y la práctica de la traducción en la Edad Media, Ellis I (1-14).

[15] Véanse, sobre el tema de Babel, Gellrich, 99-101; Bloch (*Etymologies* 35), quien señala la importancia del lugar de Babel, en tanto dispersión de hombres y de lenguas, en la mitología lingüística del Occidente cristiano; y Zumthor (*Letra* 145), que recuerda que para Dante (en *De vulgari eloquentia* I, vii), las lenguas vulgares son fruto de la confusión de Babel,

A diferencia de las lenguas vernáculas, en constante mutación, el latín, estable y cargado de todo el poder de los orígenes, es la lengua del clero. Esa fuerza del latín como lengua de la verdad y del origen asoma en la historia del mercader de Bizancio. El milagro de María se conmemora en una celebración que Berceo describe con inusitado detalle: es una fiesta de concordia, que reúne a "páuperes e potentes," donde se sirven comidas elaboradas y buen "vino piment" y donde cada uno hace su propia música ("fazién grand alegría todos con instrumentes"). Llega allí un arcediano, y pregunta cuál es el motivo de la espléndida fiesta que celebra el pueblo:

> Preguntó esta festa   cómo fo levantada,
> ca era grand fazienda,   noblement celebrada;
> *díssoli un latino   la raíz profundada*
> e sopiesse qe ésta   era verdat provada. (23, 701)

El relator anónimo que cuenta la historia al arcediano lo hace en latín, detalle que también explicita el texto de la fuente (*latine alloquitur*). El público de Berceo, que ya no entiende latín y que precisamente por eso le atribuye un valor casi mágico (Deyermond, *History* 61), no necesita más pruebas de la veracidad de la historia del mercader. De ahí que pueda pensarse la lengua latina de la fuente como metáfora apta de ese original monocorde (los hechos marianos) que Berceo y otros como él despliegan en las lenguas vernáculas, diversas, pero que reconocen un solo y mismo origen.

El clérigo del milagro 3 es "notario" (106d) y "cancellario" (107a) de María. Además del valor eclesiástico que tiene *cancellarius*, equivalente a 'secretario' (Dutton, *Milagros*, p. 114), vale también la pena recuperar del latín el sustantivo *cancellus* ('verja o barandilla enrejada'), de donde se deriva el verbo *cancellare* ('borrar'), porque quien cancela traza un enrejado sobre lo escrito (Corominas, *s.v. cancel*). El acto de escribir con la connotación de 'aprisionar' y 'encerrar,' que remite a la práctica de sellar cartas con cera (Deyermond, *Poetry* 71-72), se manifiesta también en el milagro 4,

---

símbolo y también origen de la dispersión de los discursos y de la pérdida de la única sabiduría.

donde la rima acerca significativamente los verbos *recabdar* y *notar*:

> El dicho de la duenna   fue luego *recabdado*,
> abrieron el sepulcro   apriesa e privado;
> vidieron un miraclo   non simple ca doblado,
> el uno e el otro,   fue luego bien *notado*. (111)

La historia de los ladrones que roban la iglesia ofrece un caso interesante de los desarrollos imaginativos a los que pueden prestarse el léxico y las fórmulas referidas a la escritura. Después de robar la toca que adorna la imagen de María en el altar, los dos ladrones son apresados por la multitud, que los hace confesar bajo tortura:

> Ante de los albores   *fueron bien recabdados*,
> quando el sol isió   fallólos bien domados... (24, 728ab)

El ladrón secular recibe de inmediato la muerte en acto público de justicia. Con el clérigo, en cambio, la muchedumbre refrena su furia y lo lleva ante el obispo, quien explica que el clérigo no pertenece a su jurisdicción y dictamina su exilio (740-743). Berceo concluye así el relato:

> Nunqa más lo veyeron   desqe lo envïaron,
> en todo el bispado   *nunqa lo testiguaron*;
> el miráculo nuevo   *fuertment lo recabdaron*,
> con los otros miraclos   en libro lo echaron. (743)

La situación ha despertado el deseo de *recabdar fuertemente* al clérigo, encarcelarlo e imponerle alguna clase de castigo. Después de ser expulsado por el obispo, el clérigo ladrón desaparece ("nunca lo testiguaron"). Berceo compensa esos deseos de venganza, aplicando al registro del milagro el verbo que describiría el castigo que no se impone: el milagro mismo es aprisionado ("fuertment lo recabdaron") y echado en la prisión de un libro. El desplazamiento es particularmente eficaz porque sugiere también la transferencia del verbo "atestiguar" (referido en el texto al clérigo que desaparece para siempre), al acto afirmativo de atestiguar el milagro y ponerlo por escrito.

El texto confirma en muchos lugares la consabida explicación medieval de toda escritura, cuya función es asegurar la memoria futura de lo que se pone por escrito:[16]

> Fue luego est miraclo   escripto e notado,
> por amor qe non fuesse   en oblido echado,
> cogieron muchos miedo   de facer tal peccado,
> de qebrantar eglesia   e logar consegrado. (17, 410)

El *escripto* es lugar donde "se guardan" los milagros de María; tumba donde "yazen" los santos ("Muchos foron los padres que ficieron tal vida, / yaze en Vitas Patrum d'ellos una partida..." *VSDom.* 61). La metonimia de tumbas por libros es reflejo de una cultura en la que el texto escrito no se piensa sólo como registro sino como encarnación misma de los hechos (Stock 62). Verdaderos yacentes en la tumba del "escripto," los servicios de Ildefonso ("dos yazen en escripto, éstos son más notados" 1, 51b), revelan asimismo la naturaleza paradójica de la memoria, que para existir necesita reificar lo que ha sido actividad viviente, y remplazarlo por la letra muerta (Arendt 95). En Berceo, esta reificación se aplica igualmente a la memoria y al olvido, espacio donde también pueden "echarse" cosas (14, 328 y 8, 215). Quien escribe encierra y atesora; preserva, en lugar protegido, un objeto de valor. Se trasladan las reliquias de los santos, se "interpretan" los milagros del latín a las lenguas vernáculas. Escribir es, sobre todo, llevar de un lugar a otro, de una a otra lengua, el milagro de María.

Hacia el final de muchos relatos, la comunidad cristiana rinde gracias a María con cánticos y fiestas y, en varias ocasiones, manifiesta su voluntad de dejar testimonio escrito del milagro. El momento de la escritura se presenta además como un rito de concordia, profundamente ligado con la presencia y con el canto. En algunos pasajes —véase, por ejemplo, 22, 617—, la voz pasiva o la tercera persona del plural no sirven para hacer de la anotación un

---

[16] Sobre el valor de la escritura en culturas orales, véanse las reflexiones de Ong (*Presence* 23) y de Zumthor (*Letra* 119).

acto impersonal sino colectivo. Ese registro de la memoria colectiva de los contemporáneos, gesta anónima de los hechos de María, es, como el himno, parte del canto y de las fiestas de la comunidad.

En varios lugares de los *Milagros*, la escritura de los hechos de María se presenta como actividad posterior a su existencia oral. Después de resucitar, el romero de Santiago retoma el camino junto con los otros peregrinos, con quienes, añade Berceo, "avién esti miraclo por solaz cada día." El milagro asoma aquí como tema de conversación y fuente de entretenimiento de las gentes. A diferencia del sabio antiguo de muchas obras didácticas, lejano en el tiempo y en el espacio, transmisor de un saber estático que sólo él posee, quienes escriben los hechos de María son testigos anónimos, que en el momento de la escritura registran lo que todos saben. Los testigos del milagro del romero de Santiago deciden, por ejemplo: "Esta tal cosa, deviemos escrivilla" (8, 215c); de las gentes que ven salir, sano y salvo, del horno al niño judío, dice el narrador: "cantaron grandes laudes, fizieron rica festa, / metieron est miraclo entre la otra gesta" (16, 370cd); los testigos del parto maravilloso afirman: "es esti tal miraclo bien qe lo escrivamos" (19, 445d). Lo que acaso deba interesar de estas escenas colectivas es la flagrante incongruencia de que sea ese pueblo quien hable de la necesidad de escribir el milagro. Metafóricamente, los plurales "devemos escrivilla," "metieron esti miraclo," "es... bien que lo escrivamos" proponen aquí a la escritura como paradójica actividad colectiva de una comunidad que no sabe leer ni escribir. Creo que éste es uno de los modos en que el poeta logra borrar provisoriamente, en la ficción del texto, las fronteras entre clero y pueblo analfabeto.

En ocasiones Berceo "corrige" la inverosímil escritura atribuida al pueblo analfabeto puntualizando la diferencia entre quienes escriben y quienes hacen escribir; en esos casos, en lugar de decir, por ejemplo, "metieron est miraclo entre la otra gesta," prefiere "fizieron en escripto meter toda la cosa" (12, 302d). El arcediano que oye el relato del milagro del mercader de Bizancio, pasa de inmediato a escribirlo:

> Plógo.l al arcidiano,   tóvolo por grand cosa,
> disso: "Laudetur Deus   e la Virgo gloriosa."
> Metiólo en escripto   la su mano cabosa,

déli Dios paraíso   e folganza sabrosa. (Amen). (23, 702)

Mencionar la mano del notario no es raro en documentos medievales. En esas referencias, como las del *Cartulario* de San Millán (Serrano, *Cartulario*; Ubieto Arteta) el sustantivo está, por lo general, en ablativo (*"manu mea," "manu propria roboro et confirmo"*) y no en nominativo; hacer de la mano el sujeto de la oración muestra, valga el juego de palabras, una mano de poeta. La sinécdoque de "mano" por "escriba" —en "metiólo en escripto la su mano cabosa"— es expresión feliz del valor instrumental de estos notarios de Berceo, que funcionan, en cierto sentido, como la mano de la comunidad.

El carácter anónimo y comunitario del registro del relato es a veces indistinguible de la composición igualmente anónima de los cánticos marianos. Después de que la mujer protagonista del parto maravilloso cuenta la milagrosa intervención de María, el narrador pasa a referir la reacción de los testigos:

> Ovieron del miraclo   todos grand alegría,
> rendieron a Dios gracias   e a sancta María,
> ficieron un buen cántico   toda la confradía,
> podriélo en la glesia   cantar la clerecía. (19, 452)

Siguen ocho coplas (453 a 460) que repiten el cántico aquí prologado y cuya clausura coincide formalmente con el final del milagro (Cacho Blecua, 60-61). La escena es, como diría Howard Bloch (*Literature* 2), un "happening" participatorio, como el texto medieval. En esa oración colectiva, la voz del discurso directo de quienes lo entonan termina fundiéndose con la voz del narrador. Copio aquí sólo las últimas dos coplas del milagro:

> "Sennor, qe sin fin eres   e sin empezamiento,
> en cuya mano yazen   los mares e el viento,
> denna tu bendición   dar en esti conviento,
> qe laudarte podamos   todos de un taliento.
>
> Varones e mugieres,   quantos aquí estamos,
> todos en ti creemos,   e a ti adoramos,

e [*sic*] ti e a tu Madre   todos glorificamos,
cantemos en tu nomne   el 'Te Deüm laudamus.'" (19,
459-460)

Los deícticos ("en *esti* conviento"; "quantos *aquí* estamos")
confieren a estas palabras una ubicuidad que les permite ser al
mismo tiempo discurso referido (el de la plegaria entonada por los
testigos del milagro) y también discurso directo, del narrador y de su
público, cada vez que el texto escrito se actualice en la lectura. Se
acercan así, hasta quedar fundidas en una, las voces de personajes,
narrador y público. El "convento" —pensemos en la etimología, del
latín *convenire*— no sólo indica a los testigos, sino al contexto
virtual de la lectura de los milagros, a la comunidad formada por
todos los que decidan integrarla y participar de la *concordia*
cristiana. Por añadidura, la última línea del milagro no es, en rigor,
un final, sino la introducción del "Te Deum," texto que conocen
narrador y oyentes por igual, otra plegaria colectiva. Esta inequívoca
fusión de relato, canto y plegaria es uno de los rasgos distintivos del
discurso de los *Milagros*.

Frente al *escripto*, objeto estable, cerrado y singular, plantado en
el pasado, es posible también encontrar en los *Milagros* referencias
a una escritura plural ("los dictados"), abierta a añadidos, presentes
y futuros:

Tantos son los exiemplos   qe non serién contados,
ca crecen cada día,   dízenlo los dictados. (18, 412ab)

Las menciones que se refieren al acto mismo de registrar por escrito
los milagros marianos y que aluden al acto de escribir como
pluralidad de instancias singulares, parejas con la fama, se acercan
notablemente a los gestos de la oralidad:

La fama d'esti fecho   voló sobre los mares,
no la retovo viento,   pobló muchos solares,
metiéronla en libros   por diversos lugares,
ond es oï bendicha   de muchos paladares. (22, 619)

Los milagros se escriben "por diversos lugares," en libros que, podría decirse, tienen la capacidad de las repercusiones incalculables del rumor o de la imprenta moderna. La fuerza connotativa del singular (*escripto, dictado*) y los plurales (*libros, dictados*) invita a pensar el espacio singular del *escripto* (caja, tumba, cárcel), lugar donde se reifica la memoria, como una figuración (indeliberada) de la escritura en latín, diferente de esas otras escrituras plurales de las lenguas vernáculas.

La importancia pareja de la palabra oral y la escritura observable en los *Milagros* es acaso la característica más notable de la escritura notarial, y no es improbable que se relacione con el nuevo arquetipo intelectual del XIII, esto es, con el clérigo escolar o letrado que quizá fue Berceo (Rico, "Clerecía" 140). Todos los procedimientos a los que recurre Berceo para validar su palabra, incluido el *topos* de la autoridad de la escritura, cooperan para producir una voz en la que preside lo que, en términos muy generales, podría verse como un gesto notarial.[17] En la tarea de los notarios singulares se manifiesta a las claras la conjunción de oralidad y de escritura que caracteriza a su discurso: el notario es, en efecto, quien transcribe una palabra oral y la atestigua por escrito con la autoridad que proviene de su estar presente ante la presencia indispensable de las partes: piénsese en la fórmula "Por ante mí..." que todavía se usa en los documentos notariales modernos. Como señala Rico ("Clerecía" 140), ésta es la función de todas las automenciones de Berceo, que ocurren sólo en las narraciones hagiográficas y en los milagros, obras que, por su naturaleza testifical requieren la inclusión del testigo. El "Amen" que cierra algunos relatos que, en la liturgia cristiana es la ratificación solemne de toda la asamblea, de lo que hace y dice el celebrante (Dalmais 107), funciona como una suerte de abreviatura de ratificación de este notario de María.

Si las fórmulas del escritor para referirse a su lectura del texto que traduce funcionan como elemento distanciador que lo separa de su auditorio, no sólo porque él "sabe más" sino porque lo ubican inequívocamente en el estamento de la clerecía, las escrituras plurales sirven para eliminar la distancia entre el pueblo y las figuras

---

[17] Para la representación literal de la figura del notario puede verse el trabajo, bastante anticuado, de Francesco Novati.

clericales de los que leen y escriben. Cerca del pueblo y también muy lejos, éste es el lugar imposible de donde el clero deriva su poder.[18]

OTRAS FIGURAS DEL TERCERO

> Gozo ayas, María,   qe a Christo parist,
> *la ley vieja cerresti   e la nueva abrist.* (3, 119cd)

Coherente con el culto al mediador que propaga el cristianismo, la figura del tercero está claramente privilegiada en los *Milagros*. Como la devoción mariana, como la Iglesia, el prado permanece igual a sí mismo y, paradójicamente, la condición de su inmutabilidad depende de este estado de continua expansión. La disposición en dos paneles confiere cierto estatismo a la alegoría, pero también tiene la función de autorizar al propio poeta: es él, y no el lector, quien va tejiendo, en la superficie literal de la segunda parte del texto, sus nítidas correspondencias; es Berceo quien nos devela el misterio del prado. La modalidad alegórica cumple una de sus funciones características, la de ser un eficaz instrumento ideológico al servicio del poder de las instituciones:

> Allegory is inextricably bound up with the *power* of a particular social institution. It is not surprising that resistance to allegory is seen as 'infidelity,' for 'infidelity', like heresy, was defined as obstinate opposition to the authority of the institution, the Catholic Church and its officials. (Aers 61)
>
> In one of its aspects allegory is a rhetorical instrument used by strategists of all sorts in their struggle to gain power or to maintain a system of beliefs[...] In addition to serving the expression of ideological aims, allegory is a fundamental device of hypothetical construction. (Hönig 179)

La antigua confusión, que se observa desde la baja latinidad, de las palabras *mysterium* ('secreto,' misterio,' 'ceremonia religiosa para iniciados', derivado del verbo griego *myein*, 'cerrar') y *ministerium*

---

[18] Este sector es versión abreviada y corregida de mi artículo "Notarios."

('servicio,' 'oficio,' del que se deriva nuestro *mester*) muestra bien la relación estrecha entre el intérprete de la alegoría y la figura del sacerdote, que se remonta a prácticas religiosas tempranas (Hönig 1-3). Sabido es también que en la Edad Media cristiana, la actividad crítica y exegética es función de los *oratores*. Como *enterpretador*, en el sentido del *interpres* latino, esto es, de traductor e intérprete, se autocaracteriza Berceo en la copla que clausura su obra. La palabra no se limita a denotar la idea de traductor:

> *Interpres* es 'entrepetrador' o 'latinero' o 'trasladador'; e es así dicho porque entre las partes es medianero de dos lenguas mientra que trasmuda. Mas otrosí aquel que es entre Dios, que interpetra, e entre los hombres, a quien demuestra los divinales misterios, es llamado *interpres*, esto es 'entrepretador' o 'medianero' (González Cuenca, *Etimologías romanceadas*, I, 383-384).

Berceo traduce del latín al castellano, y es también el tercero que media e interpreta entre las dos partes del texto. En otras palabras, se representa investido con la tradicional autoridad del sacerdote.

Más de una vez se ha amplificado, con profusión de citas bíblicas y patrísticas, la glosa que el mismo Berceo hace de su prado. Con todo, esas citas no agotan la significación del paisaje mariano. Pensemos en las correspondencias. Las cuatro fuentes claras son los evangelios, esto es, el *discurso referido* de la vida y la palabra de Cristo. La sombra de los árboles, las *oraciones* de María. Los frutos, sus milagros, que son, en rigor, el *discurso referido* de sus hechos ("los quales organamos ennas festas cabdales"). La melodía perfecta de las aves, el *canto* de los padres de la Iglesia, y de los herederos de ese canto. Las flores, los *nombres* de María. Así mirados, los cinco componentes del prado se presentan como la corteza significante de un meollo que está literalmente hecho de palabras. Aunque con diferente perspectiva, esta calidad verbal del prado fue observada por Germán Orduna:

> El autor enumera figuradamente los diversos modos de alabar a la Virgen que la tradición le ofrecía: romanzar un tratado sobre la Virgen o un himno (las aves—los exaltadores de María),

romanzar una oración mariana (las sombras - las oraciones),
recopilar una vida de la Virgen (las aguas: evangelios) o cantar
los loores en sus Nombres (las flores - nombres). De todos ellos
Berceo escoge la narración de sus milagros (los frutales). (452)

Dicho de otro modo, la materia de este prado alegórico es el lenguaje
mismo, invisible, mediador, incalculablemente poderoso. No
obstante, las labores verbales que bordan este prado no remiten a
cualquier lenguaje, sino al que se actualiza en la plegaria, al discurso
religioso y cristiano.

Parejos con la proliferación de intermediarios del milagro 10, los
repetidos viajes de María en favor de Teófilo, literalizan en todos sus
sentidos la figura de María como abogada. Si Teófilo necesita de la
mediación del judío para hacer su mal vasallaje, deberá recurrir a
María para deshacerlo. De hecho, María es la función que permite
el cambio de fortuna en la sintaxis narrativa de los milagros, igual
que en la historia sagrada. Si el jardín del Génesis fue el sitio del
error, marcado por la prohibición, la desobediencia y el exilio, el
prado de María es el lugar de entrada y el retorno, donde la manzana
es una más entre tantas otras "buenas arboledas." Entre uno y otro
media la encarnación de Cristo, por la cual la Gracia ha ocupado el
lugar de la Ley (San Pablo, Romanos 4. 13-16). María es mediadora
y madre del intermediario (entre la Caída y la Redención, entre el
Antiguo y el Nuevo Testamento, entre la muerte y la vida).

Los devotos apelan a María; María apela a Cristo. En esta
prominencia de la mediación, es posible encontrar homologías entre
las estructuras mentales que manifiesta el texto de Berceo y las del
clima intelectual de su tiempo. Es en 1215 cuando la apelación en
procedimientos judiciales se explica en términos de Roma: la
apelación fue instituida, dice Inocencio III, para proteger a los
oprimidos, para que siempre puedan recurrir a la Iglesia Romana,
madre común de todas las iglesias y único refugio de todos los fieles
de Cristo (Fliche 149-50).

En todas las sociedades han existido mensajeros. Pero en la
Europa latina medieval, precisamente hacia fines del siglo XII, y en
el XIII, la figura del mensajero pasa a ocupar un espacio y un poder
cada vez más notables. El trabajo de Donald Queller sobre la figura
del embajador nos proporciona información útil. Derivado de

ambactiare ('ir en misión'), el uso del embajador parece originarse en la Italia del XIII. En la Europa cristiana, la figura del embajador se designa con variedad de títulos (*nuncius, legatus, missus;* y luego, los más nuevos de *ambaxator* y *orator*), y sus funciones sufren cambios notables. El *nuncius*, 'alguien mandado en lugar de otro para que lo represente,' proporcionaba un canal para la comunicación. Enviar al *nuncius* o al *legatus* era equivalente a mandar una carta, superior a la escrita porque, además de indicar la importancia del destinatario, la actitud del mensajero y la entonación de sus palabras tenían siempre la posibilidad de comunicar el mensaje de un modo más completo. Si en lo que toca a la ceremonia, recibía los mismos honores y no se distinguía de la persona a quien representaba, en todos los otros aspectos, el mensajero no era sino "una carta viviente," sin otro poder que el de vocalizar las palabras de otro. A esa función original, se añaden otras, impuestas por la necesidad de una actividad diplomática progresivamente más intensa y frecuente entre estados cada vez más poderosos y mejor organizados. A diferencia del nuncio, el procurador o abogado, una suerte de ministro plenipotenciario, era instrumento apropiado porque tenía capacidad para negociar, administrar y concluir asuntos de quien representaba.

De un modo o de otro, el texto entero de los *Milagros* privilegia al tercero, figura extremadamente móvil, que puede llegar a ocupar casi todas las funciones de la situación dramática. Ese privilegio se manifiesta en múltiples niveles: en la figura de María; en el poeta y los notarios que registran por escrito los milagros marianos; en la apelación y en la embajada; en la romería y la plegaria; y en el poder de los *oratores*, dueños del lenguaje sagrado.

El que escribe está, como el resto de la humanidad, en el medio de su viaje. El texto, mediador, representa la experiencia igualmente "intermedia" del camino. En ese prado perfecto que es María, el romero que hace en un árbol su *scriptorium* es una voz más que se une a la comunidad del canto de las aves. Por un lado, en su traje de romero, Berceo es emblema de todos sus lectores; por el otro, anota, traduce e interpreta los hechos de María. En sus dos mediaciones, Berceo, como la Iglesia, como María, es el lugar de encuentro de lo único y lo múltiple, y puede serlo precisamente porque tiene la palabra. Texto, viajero, traductor, replican especularmente y en distintos niveles, la figura mediadora de María.

MARÍA Y LA IGLESIA: *LOCUS FELIX*, EL ESPACIO HABITABLE

Conceptualmente, el prado es lugar de reparo en medio del trajín de la romería, pero es también el sitio estable, lugar desde donde se escriben los milagros:

> quiero d'estos fructales   tan plenos de dulzores
> fer unos pocos viessos,   amigos e sennores.
>
> Quiero en estos árbores   un ratiello sobir
> e de los sos miraclos   algunos escrivir... (44cd-45ab)

Estas líneas mantienen la alegoría del prado pero llevan la coherencia del mundo allí representado hasta límites inesperados. Metido en la alegoría, imitando a las aves cantoras del prado, Berceo se subirá a los árboles para escribir allí su propio canto. Precisamente en el prado Berceo encuentra la forma más eficaz de autorizar su palabra, porque la inscribe en el modelo del canto clerical y porque la origina en el sitio de la gracia. La imagen propone la imposible conjunción material de canto y palabra escrita, de voz y de silencio: el *scriptorium* vuelto árbol; el escritor, cantor; el tema, literal fruto dulce, paradigmática conjunción de todo lo que place a los sentidos. A las promesas literarias tópicas del escritor que ofrece su obra a los lectores se añaden los motivos igualmente tópicos de la humildad del cantor y el encarecimiento de la materia.

La alegoría de Berceo comparte con las alegorías visionarias el paisaje significante (selva, ciudad, jardín, cárcel; véase Piehler). Pero, a diferencia de ellas, en donde la visión es momento único, recortada de la experiencia diaria, temporaria (pienso aquí también en la primera escena de *Razón de amor*), la estadía en este jardín feliz puede no tener límite para el que así lo quiera. Hay otra diferencia. Lo que en la alegoría visionaria es un escenario, que puede constituir una dimensión esencial de la figura alegorizada pero que no se confunde con ella, en la alegoría de Berceo, el prado es escenario de la visión del romero pero también cifra de María. Un poco como los dioses primitivos, que se asocian y casi no se distinguen de los lugares sagrados que habitan, María es, sobre todo, un espacio habitable. Sitio, continente, es la unidad central de su significado. La imagen de María como lugar habitable debe insertarse, aquí, en el rico cuerpo de metáforas que la tradición patrística desarrolla para expresar la oposición entre adentro y afuera: velo y realidad escondida, sombra y sustancia, cuerpo y espíritu, continente y contenido, tipo y acontecimiento cumplido. El mismo núcleo de significado común (espacio habitable, continente) comparten las imágenes de la Iglesia más importantes de la patrística primitiva (casa, cuerpo y mujer).

Son conocidas las reverberaciones simbólicas del cuadrado: recordemos el hombre cuadrado o perfecto de la tradición secular de la Antigüedad y la *forma quadrata*, esto es, firme y estable, de la historia en la visión cristiana (García Pelayo 52). El tópico tiene amplias repercusiones en la Edad Media. Como las cuatro vigas cuadradas con las que Noé construye el arca, que representan la Iglesia espiritual, las cuatro fuentes claras remiten a la *forma quadrata* del prado, que reproduce la del jardín en el claustro benedictino, y es metáfora apropiada de María y de la Iglesia. La estrofa misma de la cuaderna vía y la forma física del libro replican la figura (Nepaulsingh 203-208). El cuadrado es símbolo de la perfección moral del hombre y de la unidad de la Iglesia y se manifiesta en las cuadrados y cubos del templo de Salomón (McClung 54). Otra variante de la significación sagrada del cuatro es la que lo asocia con una intuición de la coherencia del espacio, ordenado por las direcciones cardinales: el claustro es el lugar hacia donde converge todo y de donde emerge todo, un jardín encerrado de delicias (Comito 34, 48-49). Esta última relación me interesa porque en el prado de Berceo, aunque los cuatro "cantos" sirven para sugerir esa asociación mental e intelectual (véase Deyermond, "Jerusalem" 283-84), nunca llegan a configurar verdaderamente el espacio representado.

William A. McClung (7) señala que las visiones utópicas por lo general comparten, todas, la representación de alguna clase de estructura que delimita el espacio: alguna clase de muro, natural o artificial, alrededor de jardines reales o metafóricos y alrededor del espacio claustral, es rasgo esencial que marca una síntesis entre el Edén y su arquetipo rival. Gerli describe el prado mariano como una variante del *hortus conclusus*, idea sugerida en la "puerta en sí bien encerrada" de la cuaderna 36, que evoca la *porta clausa* del jardín de Salomón; pero importa notar que la noción de *hortus conclusus*, aplicada al prado berceano en su totalidad, no cuenta con ningún apoyo textual.[19]

A diferencia de otros lugares especiales, protegidos por murallas o delimitados por umbrales que es necesario trasponer, el romero "caece" en este prado, que no tiene puertas ni muros. Agustín del Campo (18-19) reflexiona: "Pensemos: ¿Por dónde se introdujo el autor en la pradera? ¿Se encuentra ésta abierta o cerrada?" pero sólo se limita a comentar: "lo maravilloso ha empezado ya. El hombre que habla ha perdido la memoria de su vida anterior." No se trata, desde luego, de que el romero haya perdido la memoria —él mismo nos dice que encontró el prado cuando iba en romería y que ha perdido el "lazerio"— sino que su vida anterior, resumida en esa romería, carece de todo interés. La reflexión, con todo, que tiene el valor de estar anclada en el texto, subraya la ausencia de un espacio liminal.

El prado retoma el tema alegórico básico del *homo viator*, de larga tradición bíblica y patrística. El lugar se le ofrece sin que el romero lo haya buscado. Y si no encuentra en su camino a nadie que lo guíe, es porque no hay caminos en el prado, ni meandros físicos o intelectuales. En rigor, el lugar, sin puertas ni muros literales, parece ser todo lo que el romero ve, infinito pero abarcable en una sola mirada. No hay indicación temporal de la llegada del romero; la luz se infiere porque se ve un paisaje, pero no es la luz del día, ni de la tarde sino la luz de un tiempo sin tiempo. (Contra la concepción cristiana, recuperar la inocencia parece ser aquí un modo de

---

[19] Tony Hunt, que estudia el *hortus conclusus* del *Cantar de los cantares* (*CC*) en relación con el *locus amoenus* y, en general, con el jardín literario medieval, apunta que hay tres exégesis cristianas del *CC*: una tradición eclesiológica que, desde Orígenes hasta Santo Tomás, ve en el poema la unión de Cristo y la Iglesia; una interpretacion mariológica, característica del siglo XII, que se encuentra en San Ambrosio y se transmite de modo fragmentario por medio de la liturgia; y un acercamiento tropológico, cultivado por los cistercienses, que identifica al novio con Cristo o la Palabra y a la novia con el alma individual.

perder la historia.) El texto comunica la entrada a ese estado de gozo como experiencia repentina y totalizadora, con el carácter comprensivo que sólo tiene la intuición o el sentimiento, no un descubrimiento en el que entre en juego la razón. Entero como el paisaje, el gozo es también experiencia de completud, repentina y totalizadora. El prado en su enteridad se entrega a los sentidos del romero, quien a su vez hace entrega completa de su ser en este jardín apartado pero de acceso paradójicamente fácil, que se presenta como el paradigmático *locus felix*, sitio de la dispensación de la gracia.

Siete veces ocurre en el texto la palabra "prado," distribuidas casi simétricamente entre la descripción (2b, 11a y 13c) y la glosa de la segunda parte (19a, 20a y 31a). La cuarta instancia, en posición central, remite, en cambio, a los dos contextos por igual:

> Semeja *esti prado*   egual de Paraíso
> en qui Dios tan grand gracia   tan grand bendición miso;
> él qe crió tal cosa   maestro fue anviso,
> omne qe y morasse   nunqua perdrié el viso.
>
> El fructo de los árbores   era dulz e sabrido,
> si don Adam oviesse   de tal fructo comido
> de tan mala manera   non serié decibido,
> nin tomarién tal danno   Eva nin so marido. (14-15)

Son éstas las últimas dos coplas de la primera parte de la introducción. Formalmente, su función descriptiva (*"era* dulz e sabrido") las coloca en la primera parte, pero el presente ("semeja"), anticipa la explicación que Berceo ofrecerá en la segunda. Si en un sentido éste es un presente ahistórico, lo es, no por carecer de su valor temporal sino, casi podría decirse, por rebasarlo.

El demostrativo ("esti prado") es deíctico que reclama el aquí y el ahora de la presencia histórica (presente de Berceo y de su público, presente de los lectores de todos los tiempos), y tiene por consecuencia recuperar la valencia temporal del presente de la analogía. Este presente dúplice (simultáneamente ahistórico y temporal) se coloca en el lugar de la juntura, entre el prado y su explicación. Precisamente en este punto en el que se articulan las dos partes, se hace mención explícita del jardín edénico, de Adán y Eva, y del creador de este edén redimido, lugar de origen de la nueva alianza. La doble naturaleza (histórica y atemporal) del prado es, en rigor, la misma que comparten María y la Iglesia. De la naturaleza dual de María ya me he referido al comienzo de este capítulo. Una dualidad semejante es la que define a la Iglesia, institución que vive y tiene su origen en la historia (Iglesia Militante) pero que al mismo tiempo se inviste de un poder que sobrepasa los límites del tiempo (Iglesia Triunfante).

El prado carece de puertas porque es él mismo, como la Iglesia, una entrada, un espacio que, en su horizontalidad representada es también una vertical disparada hacia el cielo. Nada impide su acceso a quien quiera habitarlo. Tampoco se representa nada equiparable al ángel que blande su espada flamígera para custodiar en el Edén el árbol de la vida, porque en el prado de María ese árbol de la vida es todos los árboles. El romero se acuesta bajo la sombra de "un árbor fermoso" (6d), uno entre los muchos que pueblan el prado. La vida de Cristo, en las cuatro fuentes ("manavan *cada canto* fuentes claras, corrientes," 3c) simplemente delimita este lugar que no necesita defensas, porque es un sitio poblado de nombres poderosos que tienen la capacidad literal de hacer evaporar a las figuras del mal. Si en la descripción del jardín original, el espacio se organiza a partir de los dos árboles (el de la Vida y el del Conocimiento) que están en el centro del Edén (Génesis 2, 9), en el prado, la ausencia de referencias espaciales destruye toda perspectiva y dota a los componentes del prado de una ubicuidad peculiar que hace imposible visualizarlo como lugar cuadrado, que impide todo sentido de dirección, que carece de centro porque es, en su totalidad, puro centro.

La desnudez del romero en el prado significa, como ha señalado Gerli (*Milagros*, pp. 41-42), la recuperada inocencia original. Pero el eco tipológico no agota la significación de este escenario arquetípico, de temperatura pareja en invierno y en verano, donde la desnudez de quien lo habita es también la desnudez prenatal del regreso al vientre materno. Opuesto al infierno y al demonio (con sus paradigmáticos malos olores), el prado es, como el vientre materno, el lugar de temperatura perfecta. Desde dentro, ese espacio no tiene puertas porque es todo el espacio. Como el paraíso, sea que se sitúe en una geografía del más allá o en una historia providencialista o en el vientre materno, el prado ofrece la ilusión de una completud. En medio de su romería, el romero puede habitarlo, esto es, ser, mientras dure el viaje, hijo de María, sin salir de su matriz, de las paredes invisibles y protectoras de su Iglesia. Si el arte del emblema utiliza personajes como representantes de una nación o una posición social determinada, simbolizada en la ropa, o en alguna otra clase de ornamento, la desnudez del romero, emblema de la humanidad redimida, hace del prado la patria del cristiano. El hecho de que, después de la caída del Imperio Romano, la Iglesia Católica haya sido la institución que ofreció un sustituto de ciudadanía (Barrow 194) y que, en la Edad Media, sea la única fuerza unificada con eficacia de la sociedad occidental, nos lleva, una vez más, a la relación de María y la Iglesia.

El canto de los oratores

En época de Berceo, la Iglesia ya no es todo el pueblo de Dios. Georges Duby (*Orders* 29) mostró que en el primer texto que menciona los estamentos de la sociedad, los *oratores* no son todos los *oratores* sino los obispos, y los *defensores* no son todos los guerreros sino los reyes. En los primeros tiempos, hasta alrededor de los siglos IV y V, no hay clero entre el obispo y el pueblo (*Cambridge Medieval History* 144-145): San Pablo dirige sus epístolas a las comunidades, sin mención al clero local. El contacto de la gente con la clerecía se limitaba al bautismo, al entierro y al pago de diezmos. Roma no era todavía el gran centro administrativo en el que se convertiría después, sino la residencia de San Pedro, cuyas reliquias le otorgaban un poder especial.

La primacía del clero comienza a perfilarse en la definición de *Ecclesia* ("Ecclesia quae in sacerdotibus maxime constat") hacia el siglo IX. La reforma gregoriana, que empieza por atacar la simonía y el matrimonio clerical, impone al clero el ideal de la vida apostólica, en la que, con la renuncia a la propiedad privada, se independiza a la Iglesia del control de los señores feudales. Se distingue desde entonces la iglesia propiamente dicha y la *christianitas* o *populus christianus* (Thérel 119-120). Este movimiento culmina, un siglo y medio después, en una Iglesia que es la burocracia más avanzada de Europa. Durante el siglo XII, el poder del clero queda delimitado con precisión: se definen los sacramentos, se desarrolla el derecho canónico. La importancia que adquiere la eucaristía, en donde se concentra lo más puramente sobrenatural, se transfiere también al sacerdote que la administra, en cuyas manos se opera la transubstanciación. Bynum (9-10) explica este proceso de clericalización, que va acompañado por la distinción de órdenes y funciones dentro del clero, y que, aunque destinado a reforzar la unidad de la Iglesia y la sociedad, tiene como consecuencia una distancia más profunda entre clérigos y laicos. Aunque la separación, a la larga, preparó el camino para una valoración positiva de lo secular, el efecto inmediato fue el aumento de poder y la mayor prominencia del clero.

La tendencia a distinguir y definir no se limita a las relaciones entre el clero y los laicos sino que abarca también a la sociedad laica. Se ha señalado ya que la religión del XII no subraya la personalidad a expensas de la conciencia de grupos. Bynum apunta la necesidad de ubicar el nuevo interés del XII por el individuo en el contexto de otro movimiento complementario, el interés en la comunidad y la notable creatividad social e institucional. Si hay una preocupación por el "hombre interior" es precisamente a causa de una nueva preocupación por el grupo, por los tipos y ejemplos, por el "hombre exterior" (Bynum 85; Brown, "Society" 325). Comparada con la Edad Media temprana, la sociedad es mucho más jerarquizada; surgen en el XII un interés bastante autoconsciente en el proceso de pertenecer a grupos y cumplir papeles, y una preocupación por cómo se definen y evalúan los grupos, por cómo la conducta se adecua a los modelos, por la responsabilidad del hombre más que por el poder del demonio, por las relaciones humanas. El período se caracteriza tanto por la aparición de comunas, cofradías y escuelas, como por ermitaños, rebeldes y "wandering scholars."

La aceptación de esta diversidad de grupos sociales organizados, de órdenes y jerarquías religiosas, se expresa en metáforas de unidad corporativa, que provienen de San Pablo, de la literatura clásica o de los Evangelios: "hay muchos miembros pero un solo cuerpo," o "en la casa de mi padre hay muchas moradas" (Juan 14:2). Walter Ullmann (7-9) insiste en que esta noción del elemento corporativo es crucial en la concepción medieval de la sociedad: con el bautismo, el cristiano se convierte en *fidelis*, esto es, se vuelve miembro de la Iglesia, que es la corporación más importante, que abarca a toda la sociedad.[20]

En este contexto puede insertarse el canto de las aves en el prado de Berceo. La alegoría desarrolla el motivo de la diversidad de voces subordinadas a un canto rector. Las referencias a la música y al canto gregoriano, monódico y puramente vocal, reflejan las ideas medievales sobre la música divina, originada en las fórmulas pitagóricas del "uno y los muchos" y "los muchos en el uno," que gobierna las cosas del mundo (Gellrich 80). Las ideas medievales sobre la música, de raigambre platónica, se apoyan en lo que aparece como una relación natural entre la música y el orden del universo (Spitzer, *Harmony*). La concordia de voces que cantan *in choro* e *in corde* parece replicar la regularidad de las rotaciones celestes, el orden creado por Dios. El pecado, asociado siempre con el caos y el ruido, "desmusicaliza" esa armonía e instaura la discordia (Gellrich 87-88).

Pero el significado de ese canto coral no se agota en las ideas medievales sobre la música. Además de remitir a la unidad de la Iglesia temporal, se asocia con la unidad de la vida monástica. La palabra "monje," cuyo significado más antiguo es el de 'solitario' o 'singular,' remite a la idea del aislamiento del individuo con respecto a la sociedad, y también a la noción de una unidad interior, consecuencia de renunciar a los bienes del mundo, de liberarse de pensamientos múltiples, de consagrarse exclusivamente a Dios. Este acento en la unidad más que en el aislamiento lleva al otro significado de la palabra, que designa el hecho de realizar la unidad entre muchos. Si San Jerónimo hablaba de soledad real, de aislamiento de los hombres, San Agustín, habla de unión entre muchos, en el interior de una multitud (Leclercq, *Études* 7-9).

La liturgia, donde no existen espectadores, expone ese espíritu

---

[20] Véase Bynum 93. La importancia del elemento corporativo en la visión del mundo, del hombre y de la sociedad, en las teorías políticas, en la concepción del estado y de la Iglesia, cuenta con un nutrido número de estudios. Véanse las bibliografías citadas en los trabajos de Jeremy Cohen y Walter Ullmann. Refiriéndose al fenómeno de las corporaciones medievales, Maldonado (137) señala que, a pesar de no ser plenamente igualitarias, las cofradías y hermandades se apoyan en un principio que hace temblar al mundo feudal.

comunitario, lo crea y lo exige de los fieles: el momento culminante de la asamblea litúrgica es la eucaristía, entendida como sinaxis, reunión por excelencia (Dalmais 48; Garrido Bonaño 72 y 102-103). Esa asamblea es una epifanía de la Iglesia, en la que se cumplen las palabras de Cristo: "Porque donde están dos o tres congregados en mi nombre, allí estoy yo en medio de ellos" (Mateo 18, 20). Allí está la Iglesia en acto. También la fiesta es, por definición, un acto comunitario. En los *Milagros*, la concordia cristiana se presenta como atributo clerical: en la doble denotación de la palabra "convento" (del latín *convenire*, que significa 'monasterio' pero también 'compañía'), utilizada tantas veces por Berceo, está la clerecía, que se propone como modelo de comunidad humana.

María dirige el cauce de las aguas, esto es, controla lo que los evangelistas escriben:

> Quanto escrivién ellos,   *ella* lo emendava,
> esso era bien *firme*   lo qe *ella* laudava;
> parece que el riego   todo d'*ella* manava
> quando a menos d'*ella*   nada non se guiava. (22)[21]

La repetición de *ella*, en posición acentuada, en los cuatro versos, constituye, en el texto poético, el equivalente de ese punto firme que guía y da cauce al curso de las aguas, y que también impone una misma dirección a las voces de las aves. A diferencia de Merlín, patrón de las letras en el mundo artúrico, en cuyas muchas formas se subsumen también las posibilidades pluralistas de la escritura (Bloch, *Etymologies* 1-2), en los *Milagros*, María privilegia la palabra oral, y con ella, impone la univocidad sobre el pluralismo.

Cada una de las aves —explica Berceo— dice su sentencia:

---

[21] Lanchetas (18-19) se detuvo en esta copla y en la anterior (21): "Tal vez se hallaría en ellas alguna proposición que pudiera ser calificada de herética, de impía y hasta de blasfema." Ackerman (27) nota que la palabra "parece" salva a Berceo de esa casi afirmación herética y añade que Berceo desarrolla aquí una asociación tradicional de María con el Espíritu Santo. Lo cierto es que éste es un texto poético y que sería inadecuado exigirle limpiezas ortodoxas.

> Estos avién con ella   amor e atenencia,
> en laudar los sos fechos   metién toda femencia;
> *todos* fablavan d'ella,   cascuno su sentencia,
> pero tenién *por todo   todos* una creencia. (27)

Este empíreo cristiano, que recuerda el canto de la ascensión del alma de San Millán al cielo (cc. 302-306) no sólo es el sitio de la concordancia musical sino de la perfecta concordia cristiana.

Como la concordia (Gellrich 195), el prado es una arquitectura dinámica de sonidos, el lugar en el cada ave dibuja la línea melódica en su altura propia. Las aves *organan*, todas guiadas por el punto que no les permite desviarse:

> *Unas* tenién la quinta   e las *otras* doblavan
> *otras* tenién el *punto   errar* no las dexavan
> al posar, al mover   *todas* se esperavan,
> aves torpes nin roncas   y non se acostavan. (8)

Es casi imposible no ver, en esta relación de voces, una expresión de la dialéctica de opuestos que caracteriza la vida de lenguas, sociedades, culturas e ideologías. Por una parte, fuerzas centrífugas, que tienden a separar (Walsh 292); por la otra, fuerzas centrípetas, que favorecen la coherencia y la unión. Francisco Rico (*Predicación* 10) caracteriza la técnica del sermón como discurso centrípeto donde cada motivo vuelve al tema, como un trenzado y destrenzado de motivos, con estructura casi musical. El canto de las aves, como el sermón de los predicadores, es un discurso esencialmente centrípeto.

Alfonso ofrece la definición musical de punto y añade que Dios es también llamado "punto": "Punto es llamado con grant derecho; ca en él quedan todas las cosas de guisa que non han después mouimiento ssinon quando él quiere que sse mueuan" (*Setenario* 34). En el canto gregoriano, explica Dom Anselm Hughes ("Music" 297-298), hay una tendencia a que las partes se mantengan juntas, "as though fearful of straying too far apart." *Unas* y *otras* voces representan, en el alejandrino que inicia la copla, la variedad del canto gregoriano, regido por el punto, esto es, por la voz principal (*voz escrita*), diferente de las otras voces improvisadas sobre ella (Devoto, "Polifonía" 303-309). Como la Regla escrita de la orden benedictina, que se impone en Europa de modo absoluto y parejo en todas las casas de la comunidad, esas aves producen una música esencialmente monódica, regida por las voces a cuyo cargo está la melodía rectora que no es otra que la voz de la Iglesia. Aquí interesan las reflexiones que López Estrada hace a partir de examinar los valores de la palabra "clérigo," que de la acepción básica de 'sacerdote', amplía su campo semántico:

> La comunidad de valores religiosos y espirituales que estableció esta concepción amplia de la clerecía tuvo como vertebración el carácter universal de sus motivos, medios y fines, según la medida católica y romana, de índole fundamentalmente europea; se hallaba afincada en la unidad que inicialmente procedía de Roma y que había reflorecido en los Renacimientos medievales y en las enseñanzas de las Escuelas y Universidades, en trance de crecimiento. ("Repercusión" 255)

Dicho de otro modo, en el prado mariano, como en el lenguaje de la Iglesia, la posibilidad de Babel está absolutamente obliterada.

LA IGLESIA, INFLEXIONES MÚLTIPLES

La maternidad de la Iglesia, que imita a la de la Virgen, se inaugura en la escena de la adoración de los Reyes Magos. El gesto de María, al presentar a su Hijo a los reyes de Oriente, simboliza el gesto de la Iglesia que lleva a Cristo a las naciones y a los niños a la fe. Los Reyes Magos prefiguran los pueblos del universo que vienen, en el curso de los tiempos, a reconocer la soberanía del Hijo de Dios; en la persona de los Reyes Magos aparece entonces una noción de la Iglesia que está en el origen mismo de la palabra *ecclesia* y que designa la comunidad de creyentes (Thèrel 92).

La organización cristiana fue el medio de expresar esa conciencia penetrante de la unidad. Su historia abarca dos aspectos: por un lado, las comunidades individuales llegaron a ser completas en sí mismas, autosuficientes, microcosmos de la Iglesia; por el otro, esas comunidades organizadas procedieron a combinarse en una federación extensa (*Cambridge Medieval History* 167). Southern (*Society* 106-107) traza el crecimiento de la maquinaria del gobierno papal, que se advierte con claridad en la frecuencia de concilios en los siglos XII y XIII: Constantinopla (680), Nicea (787), Constantinopla (869), Letrán: 1123, 1139, 1179, 1215; Lyons 1245, 1274; Viena 1311-12.

En la primera mitad del XIII, frente a las herejías e invasiones, los grandes papas abogados (Inocencio III, Gregorio IX y Inocencio IV) inician la ofensiva y se comprometen en una empresa de renovación espiritual y organización eficaz. Berceo nace aproximadamente con el papado de Inocencio III (1198-1216). Me importa aquí señalar solamente la impronta del papado en el tono general de la época, y no valorar el impacto que pudo haber tenido en aspectos específicos, que parece haber sido mucho menor en la Península (véase Linehan). La multitud de decretos y sanciones en los que se traduce el programa de Inocencio III podrán no haberse visto cumplidos plenamente en Castilla, pero es imposible suponer que la Península pudiera sustraerse al nuevo espíritu de Letrán IV (véanse Lomax y Julio González I, 376). Los movimientos heréticos populares, difíciles de erradicar, inspiran desde el siglo anterior este deseo de unidad, que se traduce en decisiones doctrinales (el dogma de la Trinidad, la transubstanciación y, en general, en la precisión con que se definen los sacramentos).[22]

La gran reforma se logra gracias a una suerte de orquestación de multitud de medios: las escuelas y universidades, el trabajo de las órdenes mendicantes, el desarrollo del derecho canónico, la reducción del poder episcopal, el llamado periódico de sínodos locales y la centralización administrativa y espiritual. Este fragmento del primer canon de Letrán IV, que enuncia la constitución dogmática de la fe, es expresión patente de ese afán de unidad:

> Il y a une seule Église universelle des fidèles, hors de laquelle absolument personne n'est sauvé, et dans laquelle le Christ lui-même est à la fois le prêtre et la victime. Son corps et son sang, dans le sacrement de l'autel, sont vraiment conte-

---

[22] Apunta Fliche (29-30) que sería erróneo creer que Inocencio III ha animado tendencias que en rigor son anteriores a su pontificado. En el momento en que se hace papa, Inocencio se encuentra ante una Iglesia que está, ya desde el XII, muy centralizada.

nus sous les espèces du pain et du vin, le pain étant transsubs-
tantié au corps et le vin au sang, par la puissance divine; pour
que nous recevions de lui ce qu'il a reçu de nous, et que le
mystère de l'unité s'accomplisse. Ce sacrement, personne ne
peut le réaliser, sinon le prêtre ordonné dans les règles, selon le
pouvoir des clés de l'église, que Jésus-Christ lui-même a concédé
aux Apôtres et à leurs successeurs. (Dumeige 278)

No es concidencia que el siglo XIII, el período más fuerte del
papado en Occidente, sea el siglo de María. El papado imprime su
sello en el tono de la religiosidad cristiana. En nuestro propio siglo,
frente a la inflexión cristológica de papas como Juan XXIII, que se
manifiesta en preocupaciones sociales porque subrayan los evangelios de Cristo, potencialmente subversivos, los papas marianos como
Pío XII o Juan Pablo II tienden a acentuar el celo y el ascetismo
necesarios para preservar el orden eclesiástico, monárquico, célibe
y masculino. Perry y Echevarría (2) citan las palabras del fundador
del Opus Dei:

Mary continually builds the Church and keeps it together.
It is difficult to have devotion to Our Lady and not to feel closer
to the other members of the mystical body and more united to
its visible head, the Pope. That's why I like to repeat: All with
Peter to Jesus through Mary.

El culto mariano, que no es de origen popular sino que surge como
un desarrollo de la cristología, es la devoción que ha contribuido
más a consolidar la autoridad y el crecimiento institucional de la
Iglesia.

En los *Milagros*, las constantes afirmaciones de unidad e
integración de la comunidad cristiana revelan, a veces, la fe
monolítica de la *congregatio fidelium* en sus dos inflexiones. En
ocasiones, la Iglesia Militante, literalizada, muestra su presencia en
matanzas de judíos o en pleitos contra el demonio; en otras
ocasiones, la oración de acción de gracias que clausura los relatos,
o la fiesta, repetida anualmente (en un tiempo suspendido, como la
que celebra el milagro del mercader de Bizancio), constituyen el
lugar donde se produce la epifanía de la Iglesia Triunfante. En este

sentido, el prado que es María, es exordio y también epílogo, que anticipa el final recordando el origen.

James Burke ("Ideal" 30) se basa en un detalle significativo para defender el orden original de los milagros: el robo de la toca de María sería un final apropiado que establecería un puente con el primer milagro de la casulla de San Ildefonso. Con todo, la historia de Teófilo también incluye, precisamente muy cerca del final, una escena paradigmática que reúne, a mi juicio, todos los motivos importantes de los *Milagros* de Berceo:

El "Te Deüm laudamus"   fue altament cantado,
"Tibi laus, tibi gloria"   fue bien reïterado;
dizién "Salve Regina,"   cantávanla de grado
e otros cantos dulzes   de son e de dictado.

Desent mandó el bispo   fazer muy grand foguera,
veyéndolo el pueblo   qe en la glesia era;
echó aquesta carta   dentro en la calera,
ardió, tornó cenisa   pargamino e cera.

Desqe el pueblo ovo   tenido su clamor,
la carta fo qemada,   ¡gracias al Criador!
Recibió Corpus Dómini   el sancto confessor,
veyéndolo el pueblo   qe seyé derredor.

Adiesso qe Teófilo,   un cuerpo martiriado,
recibió Corpus Dómini   e fue bien confessado,
fue a ojo del pueblo   de claridat cercado,
un resplendor tan fiero   qe non serié asmado.

Fue el pueblo certero   qe era omne santo,
e era de grand mérito   por qui fazié Dios tanto,
e Dios qe lo cubrié   de tan precioso manto
e prendió el dïablo   en ello grand quebranto. (892-896)

Quemada ya la carta, en la iglesia, donde la congregación cristiana canta el "Te Deum," el "Salve Regina" y "otros cantos dulces de son e de dictado," Teófilo recibe la eucaristía. Un manto de luz rodea su figura. La escena tiene los motivos que se repiten en todo el libro: Iglesia Militante, en la quema de la carta infeliz y en la destrucción de la voz disonante del diablo, e Iglesia Triunfante, en el canto de concordia cristiana.

Frente al arado y a la espada, la identidad de los *oratores*, la base de lo que los define y los apodera, es precisamente la palabra. Sea que la devoción mariana se exprese en un voto, en un gesto verbal aparentemente gastado por el hábito, o en una plegaria, el amor a María es siempre el mismo acto de habla, el de *orar*, el de reafirmar con palabras de fe el orden de la cristiandad. Por eso, es posible proponer que los *Milagros* son un elogio no sólo de María sino de la voz humana en la plegaria; que el texto proclama con acento parejo no sólo el colosal poder de la Virgen sino la incalculable eficacia de la palabra; que Berceo, en fin, no sólo entona un himno mariano de alabanza sino un prolongado encomio al canto clerical. Himno a la palabra y elogio al estamento que por ella se define, a la clase de hombres que la administran, la cantan, la escriben y prescriben.

BIBLIOGRAFÍA

Ackerman, Jane E. "The Theme of Mary's Power in the *Milagros de Nuestra Señora.*" *Journal of Hispanic Philology* 8 (1983-84): 17-31.

Aers, David. *Piers Plowman and Christian Allegory.* Londres: Edward Arnold, 1975.

Agustín, San. *Œuvres de Saint Augustin. La cité de Dieu. Livres XIX-XXII.* Vol. 37. Texto latino de la 4a. edición de B. Dombart y A. Kalb. Trad. de G. Combès. París: Desclée de Brouwer, 1960.

Alciato, Andrés. *Emblemas.* Eds. Santiago Sebastián y Pilar Pedraza. Introducción de Aurora Egido. Madrid: Akal, 1985.

Alfonso X, el Sabio. *Cantigas de Santa María* (cantigas 1 a 100). Ed. Walter Mettmann. Clásicos Castalia, 134. Madrid: Castalia, 1986.

——. *Las siete partidas.* 3 vols. Madrid: Real Academia de la Historia, Imprenta Real, 1807.

——. *Primera crónica general de España que mandó componer Alfonso el Sabio y se continuaba bajo Sancho IV en 1289.* Ed. Ramón Menéndez Pidal. 2a. ed. 2 vols. Madrid: Gredos, 1955.

——. *Setenario.* Ed. Kenneth H. Vanderford. Buenos Aires: Instituto de Filología, 1945.

Allen, Judson Boyce. *The Ethical Poetic of the Later Middle Ages: A Decorum of Convenient Distinction.* Toronto: University of Toronto Press, 1982.

Alonso, Dámaso. "Berceo y los *tópoi.*" *De los siglos oscuros al de Oro.* Madrid: Gredos, 1958. 74-85.

Alter, Robert. *The Art of Biblical Narrative.* Nueva York: Basic Books, 1981.

Altman, Charles F. "The Medieval Marquée: Church Portal Sculpture as Publicity." *Popular Culture in the Middle Ages.* Ed. Josie P. Campbell. Bowling Green, Ohio: State University Popular Press, 1986. 6-15.

Alvar, Manuel. *El dialecto riojano.* México: UNAM, 1969.

Amador de los Ríos, José. *Historia social, política y religiosa de los judíos en España y Portugal.* Vol. I. Madrid: Imprenta de T. Fortanet, 1875.

——. *Historia crítica de la literatura española.* Vol. 3. Ed. facs. Madrid:

Gredos, 1969.

Analecta Hymnica Medii Aevi. Ed. Clemens Blume, S. J., vol. 53. Thesauri Hymnologici Prosarium. *Die Sequenzen.* H. A. Daniels und anderer Sequenzenausgaben. Leipzig, 1911. Nueva York: Johnson Reprint Corporation, 1961.

Andrachuk, Gregory Peter. "Berceo's *Sacrificio de la Misa* and the *Clérigos ignorantes.*" *Hispanic Studies in Honor of Alan D. Deyermond: A North American Tribute.* Ed. John S. Miletich. Madison: Hispanic Seminary of Medieval Studies, 1986. 15-30.

Antwerp, Margaret van. "*Razón de amor* and the Popular Tradition." *Romance Philology* 32 (1978-79): 1-17.

Arendt, Hannah. *The Human Condition.* Chicago: The University of Chicago Press, 1958.

Aristóteles. *The Rhetoric and The Poetics.* Trads. W. Rhys Roberts e Ingram Bywater. Introducción y notas de Friedrich Solmsen. Nueva York: Random House, 1954.

Artiles, Joaquín. *Los recursos literarios de Berceo.* Madrid: Gredos, 1968.

Attwater, Donald. *A Dictionary of Mary.* Nueva York: Kennedy, 1956.

Auerbach, Erich. "Dante's Prayer to the Virgin (Paradiso XXXIII) and Earlier Eulogies." *Romance Philology* 3 (1949-50): 1-26.

——. "Figura." *Scenes from the Drama of European Literature.* Trad. Ralph Manheim. Minneapolis: University of Minnesota Press, 1984. 11-76.

——. *Lenguaje literario y público en la baja latinidad y en la Edad Media.* Barcelona: Seix Barral, 1969.

——. *Mimesis: The Representation of Reality in Western Literature.* Trad. Willard R. Trask. Princeton, New Jersey: Princeton University Press, 1974.

Austin, John L. *How To Do Things With Words.* Cambridge, Mass.: Harvard University Press, 1962.

Bajtín, M. M. *Estética de la creación verbal.* México: Siglo XXI, 1982.

——. *The Dialogic Imagination: Four Essays.* Ed. Michael Holquist. Austin: University of Texas Press, 1981.

Bal, Mieke. *Death and Dissymmetry: The Politics of Coherence in The Book of Judges.* Chicago: University of Chicago Press, 1988.

Baldwin, John W. "The Intellectual Preparation for the Canon of 1215 against Ordeals." *Speculum* 36 (1961): 613-36.

Baños Vallejo, Fernando. "Lo sobrenatural en la *Vida de Santo Domingo.*" *Berceo* 110-111 (1986): 21-32.

Barfield, Owen. *Saving the Appearances: A Study in Idolatry.* Midletown, Conn.: Wesleyan University Press, 2a. edición, 1988.

Barney, Stephen. *Allegories of History, Allegories of Love.* Hamden, Conn.: Shoe String Press, Archon Books, 1979.

Barré, Henri. "Marie et l'Église du vénérable Bède à saint Albert le Grand." *Maria et l'Église*. Vol. II. Ed. Hubert Du Manoir. Bulletin de la Société d'Études Mariales. París: P. Lethielleux, 1951. 59-143.

Barrow, R. H. *The Romans*. Harmondsworth, Middlesex: Penguin Books, 1951.

Bartlett, Robert. *Trial by Fire and Water: The Medieval Judicial Ordeal*. Oxford: Clarendon Press, 1986.

Beauvoir, Simone de. *Le deuxième sexe*. Vol. 1. *Les faits et les mythes*. París: Gallimard, 1949.

Beichner, Paul. "The Allegorical Interpretation of Medieval Literature." *Publications of the Modern Language Association* 82 (1967): 33-38.

Beltrán Pepió, Vicente, ed. Gonzalo de Berceo. *Milagros de Nuestra Señora*. Barcelona: Planeta, 1983.

Benson, Robert L. y Giles Constable, eds. *Renaissance and Renewal in the Twelfth Century*. Cambridge, Massachusetts: Harvard University Press, 1982.

Bermejo Cabrero, José Luis. "El mundo jurídico de Berceo." *Revista de la Universidad de Madrid* 70-71 (1969: *Homenaje a Menéndez Pidal*, II): 33-52.

Bernheimer, Richard. *Wild Men in the Middle Ages: A Study in Art, Sentiment and Demonology*. Cambridge, Massachusetts: Harvard University Press, 1952.

Bertolucci Pizzorusso, Valeria. "Contributo allo studio della letteratura miracolistica." *Miscellanea di Studi Ispanici*. Testi e Studi Ispanici. Collana di Pisa: Istituto di Letteratura Spagnola e Ispano-Americana, 1963. 5-72.

Bétérous, Paule V. "Miracles Mariaux en rapport avec les Pyrénées d'après les collections du xiiie siècle dans la Péninsule Ibérique." *Cuadernos de Investigación Filológica* 2, 1 (1976): 25-33.

[*Biblia*=] *Sagrada Biblia*. Eds. Eloíno Nácar Fuster y Alberto Colunga. BAC, 1. Madrid: Editorial Católica, 1974.

Biglieri, Aníbal A. "Los *Milagros de Nuestra Señora* de Gonzalo de Berceo y la elaboración artística de las fuentes latinas." PhD. Diss. Syracuse Univ., 1982.

——. *Hacia una poética del relato didáctico: ocho estudios sobre 'El Conde Lucanor'*. Chapel Hill: University of North Carolina Press, 1989.

Bloch, R. Howard. *Etymologies and Genealogies: A Literary Anthropology of the French Middle Ages*. Chicago: University of Chicago Press, 1983.

——. "Genealogy as a Medieval Mental Structure and Textual Form." *La littérature historiographique des origines à 1500, Grundriss der Romanischen Literaturen des Mittelalters*. XI. i. (Partie historique) Eds. Hans Ulrich Gumbrecht, Ursula Link-Heer y Peter-Michel Spangenberg.

Heidelberg: Carl Winter, 1970. 135-56.
——. *Medieval French Literature and Law*. Berkeley: University of California Press, 1977.
Bloch, Marc. *Feudal Society*. I. Trad. L. A. Manyon. Chicago: University of Chicago Press, 1961.
Bloomfield, Morton. "A Grammatical Approach to Personification Allegory." *Modern Philology* 60 (1962-63): 161-71.
——. "Allegory as Interpretation." *New Literary History* 3 (1972): 301-17.
Bobes Naves, María del Carmen. "Cuestiones semánticas en torno a documentos leoneses." *Archivos Leoneses* 45-46 (1969): 351-59.
Boreland, Helen. "Typology in Berceo's *Milagros*: The *Iudïezno* and the *Abadesa preñada*." *Bulletin of Hispanic Studies* 60 (1983): 15-29.
Bouyer, Louis. *A History of Christian Spirituality*. I. *The Spirituality of the New Testament and the Fathers*. Nueva York: The Seabury Press, 1982.
Brandt, William J. *The Shape of Medieval History: Studies in Modes of Perception*. New Haven: Yale University Press, 1966.
Braswell, Mary Flowers. *The Medieval Sinner: Characterization and Confession in the Literature of the English Middle Ages*. Londres: Associated University Presses, 1983.
Brown, Peter. "Society and the Supernatural; A Medieval Change." *Society and the Holy in Late Antiquity*. Berkeley: University of California Press, 1982. 302-32.
——. *The Cult of the Saints: Its Rise and Function in Latin Christianity*. Chicago: University of Chicago Press, 1982.
Bugge, John. *Virginitas: An Essay in the History of a Medieval Ideal*. Archives Internationales d'Histoire des Idées, Series Minor 17. La Haya: Martinus Nijhoff, 1975.
Burgess, Theodore C. "Epideictic Literature." *Studies in Classical Philology* 3 (1902): 89-248.
Burkard, Richard. "Two Types of Salvation in Berceo's *Milagros de Nuestra Señora*." *Hispanic Journal* 9 (1988): 23-35.
Burke, James. "The Ideal of Perfection: The Image of the Garden-Monastery in Gonzalo de Berceo's *Milagros de Nuestra Señora*." *Medieval, Renaissance and Folklore Studies in Honor of John Esten Keller*. Ed. Joseph R. Jones. Newark, Delaware: Juan de la Cuesta, 1980. 29-38.
——. "Virtue and Sin, Reward and Punishment in the *Cantigas de Santa María*." *Studies on the 'Cantigas de Santa Maria': Art, Music, and Poetry*. Eds. Israel J. Katz, John E. Keller, Samuel G. Armistead y Joseph Snow. Madison: Hispanic Seminary of Medieval Studies, 1987. 247-52.
Burke, Kenneth. *Grammar of Motives*. Berkeley: University of California Press, 1969.
Bustos Tovar, José Jesús de. *Contribución al estudio del cultismo léxico*

medieval (1140-1252). Madrid: Real Academia Española, 1974.

Bynum, Caroline Walker. *Jesus as Mother: Studies in the Spirituality of the High Middle Ages*. Berkeley: University of California Press, 1982.

Cacho Blecua, Juan Manuel. "Género y composición de los *Milagros de Nuestra Señora* de Gonzalo de Berceo." *Homenaje a José María Lacarra*. Pamplona: Gobierno de Navarra (*Príncipe de Viana*, anejo II), 1986. 49-66.

Cambridge Medieval History. Eds. Henry M. Gwatkin *et al*. Vol. I. 2a. ed. Cambridge: Cambridge University Press, 1924.

Camille, Michael. "Seeing and Reading: Some Visual Implications for Medieval Literacy and Illiteracy." *Art History* 15 (March 1985): 26-49.

Cantera, Francisco, ed. *Fuero de Miranda del Ebro*. Madrid: CSIC, 1945.

Capuano, Thomas M. "Agricultural Elements in Berceo's Descriptions of Hayfields." *Hispania* [EE.UU.] 69 (1986): 808-12.

Carol, J. B., ed. *Mariología*. Trad. M. A. G. Careaga. BAC, 242. Madrid: Editorial Católica, 1964.

Carroll, Michael P. *The Cult of the Virgin Mary: Psychological Origins*. Princeton, New Jersey: Princeton University Press, 1986.

Cassirer, Ernst. *The Philosophy of Symbolic Forms*. Vol. II. Trad. Ralph Manheim. New Haven: Yale University Press, 1955.

——. *Language and Myth*. Nueva York: Dover Publications, 1953.

Cazelles, Brigitte. "Un héros fatigué: sens et fonction du mot 'las' dans les *Miracles de Nostre Dame* de Gautier de Coinci." *Romance Philology* 30 (1976-77): 616-22.

——. "Souvenez-vous." *Poétique* 60 (1984): 395-410.

Charity, Alan. *Events and Their Afterlife: The Dialectics of Christian Typology in the Bible and Dante*. Cambridge: Cambridge University Press, 1987.

Chaves, Maité y Teresa Labarta de Chaves. "Influencia de las artes visuales en la caracterización de la Virgen en los *Milagros de Nuestra Señora*." *Berceo* 94-95 (1978): 89-96.

Chénu, Marie-Dominique. *La théologie au douzième siècle*. Études de Philosophie Médiévale 45. París: J. Vrin, 1957.

Cicerón, Marco Tulio. *De Inventione*. Ed. H. M. Hubbell. Loeb Classical Library, 386. Cambridge, Massachusetts: Harvard University Press, 1949.

[Cicerón] *Rhetorica Ad C. Herennium*. Loeb Classical Library, 403. Cambridge, Massachusetts: Harvard University Press, 1989.

Cirot, Georges. "L'humour de Berceo." *Bulletin Hispanique* 44 (1942): 160-65.

Clark, Kenneth. *Landscape into Art*. Harmondsworth: Penguin, 1949.

Clifford, Gay. *The Transformations of Allegory*. Londres: Routledge and

Kegan Paul, 1974.

Coathalem, Hervé. *Le parallelisme entre la sainte Vierge et l'Église dans la tradition latine jusqu'à la fin du XIIe siècle*. Analecta Gregoriana, 74. Roma: Universidad Gregoriana, 1954.

Cohen, Jeremy. *The Friars and the Jews: The Evolution of Medieval Anti-Judaism*. Ithaca: Cornell University Press, 1982.

Cohn, Norman. *Los demonios familiares de Europa*. Madrid: Alianza Editorial, 1980.

Colombás, García M. *Paradis et vie angélique: le sens eschatologique de la vocation chrétienne*. Trad. Dom Suitbert Carron. París, 1961.

Comito, Terry. *The Idea of the Garden in the Renaissance*. New Brunswick, New Jersey: Rutgers University Press, 1978.

Communications, 11. *Recherches sémiologiques. Le Vraisemblable*. París, Seuil, 1968.

Congar, Yves Ma., O. P. *Études d'ecclésiologie médiévale*. Londres: Variorum Reprints, 1983.

——. "Marie et l' Église dans la pensée patristique." *Revue des sciences philosophiques et théologiques* 38 (1954): 3-38.

Constable, Giles. *Medieval Monasticism: A Select Bibliography*. Toronto: Toronto University Press, 1976.

——. "Papal, Imperial and Monastic Propaganda in the Eleventh and Twelfth   Centuries." *Prédication et propagande au Moyen Âge: Islam, Byzance, Occident*. Perin-Paris-Dumbarton Oaks Colloquia. París: Presses   Universitaires de France, 1983. 179-99.

Corominas, Joan. *Diccionario crítico etimológico de la lengua castellana*. 4 vols. Madrid: Gredos, 1954-57.

Crosby, Ruth. "Oral Delivery in the Middle Ages." *Speculum* 11 (1936): 88-110.

Curtius, Ernst Robert. *European Literature and the Latin Middle Ages*. Trad. Willard R. Trask. Nueva York: Harper and Row, 1963.

Dalmais, Irenée H. *Introduction to the Liturgy*. Trad. Roger Capel. Baltimore, 1961.

Daniélou, Jean. *From Shadows to Reality: Studies in the Biblical Typology of the Fathers*. Trad. Dom Wulstan Hibberd. Westminster, Maryland: Newman Press, 1960.

——. *The Bible and the Liturgy*. Notre Dame, Indiana: University of Notre Dame Press, 1966.

del Campo, Agustín. "La técnica alegórica en la Introducción a los *Milagros de Nuestra Señora*." *Revista de Filología Española* 28 (1944): 15-57.

Delahaye, Karl. *Ecclesia Mater chez les Pères des trois prémiers siècles*. Trads. P. Vergriete et É. Bouis. París: Les Éditions du Cerf, 1964.

Deutsch, Karl W. "Anti-Semitic Ideas in the Middle Ages: International

Civilizations in Expansion and Conflict." *Journal of the History of Ideas* 6 (1945): 239-54.

Devoto, Daniel. "Notas al texto de los *Milagros de Nuestra Señora* de Berceo." *Bulletin Hispanique* 59 (1957): 5-25.

——. trad. Gonzalo de Berceo. *Los milagros de Nuestra Señora*. Madrid: Castalia (Odres Nuevos), 4a. ed., 1967.

——. "Tres notas sobre Berceo y la historia eclesiástica española." *Bulletin Hispanique* 70 (1968): 261-99.

——. Gariano, Carmelo. *Análisis estilístico de los* Milagros de Nuestra Señora *de Berceo*. Madrid: Gredos, 1965. Reseña, *Bulletin Hispanique* 70 (1968): 196-98.

——. *Textos y contextos: estudios sobre la tradición*. Madrid: Gredos, 1974.

——. "Tres notas sobre Berceo y la polifonía medieval." *Bulletin Hispanique* 80 (1980): 293-352.

Deyermond, Alan D. "Mester es sen peccado." *Romanische Forschungen* 77 (1965): 111-16.

——. *Epic Poetry and the Clergy: Studies on the "Mocedades de Rodrigo."* Londres: Tamesis, 1969.

——. *A Literary History of Spain. The Middle Ages*. Londres: Ernest Benn, 1971.

——. "Lyric Traditions in Non-Lyrical Genres." *Studies in Honor of Lloyd Kasten*. Ed. John J. Nitti. Madison: Hispanic Seminary of Medieval Studies, 1975. 39-52.

——. "Berceo, el diablo, y los animales." *Homenaje al Instituto de Filología y Literaturas Hispánicas Dr. Amado Alonso en su cincuentenario, 1923-1973*. Buenos Aires, 1975. 82-90.

——. "¡Ay Jherusalem, estrofa 22: traductio y tipología." *Estudios ofrecidos a Emilio Alarcos Llorach*. Vol. I. Oviedo: Universidad de Oviedo, 1977. 283-90.

——. "Pero Meogo's Stags and Fountains: Symbol and Anecdote in the Traditional Lyric." *Romance Philology* 33 (1979-80): 265-83.

——. "The Interaction of Courtly and Popular Elements in Medieval Spanish Literature." *Court and Poet: Selected Proceedings of the Third Congress of the International Courtly Literature Society*. Ed. Glyn S. Burgess. Liverpool: Francis Cairns, 1981. 21-42.

——. *Historia y crítica de la literatura española. I. 1. Edad Media*. Barcelona: Editorial Crítica, 1991.

——. y Margaret Chaplin. "Folk-Motifs in the Medieval Spanish Epic." *Philological Quarterly* 51 (1972): 36-53.

Diz, M. Ana. "Berceo: la ordalía del niño judío." *Filología* 23 (1988): 1-15.

——. "Berceo y Alfonso: la historia de la abadesa encinta." *Cantigueiros* 5 (1993): 85-96.

——. "Los notarios de Berceo." *Filología* 26 (1993), 37-50.

——. "Berceo: sobre falsificaciones, literatura y propaganda." *Homenaje a David Lagmanovich*, en prensa.

——. "La metáfora obediente." *Homenaje a Aída Barbagelata*, en prensa.

Domínguez Rodríguez, Ana. "Iconografía evangélica en las *Cantigas de Santa María*." *Studies on the 'Cantigas de Santa Maria': Art, Music, and Poetry*. Eds. Israel J. Katz, John E. Keller, Samuel G. Armistead y Joseph Snow. Madison: Hispanic Seminary of Medieval Studies, 1987. 53-80.

Dragonetti, Roger. *La vie de la lettre au moyen-âge*. París: Seuil, 1980.

Drayson, Elizabeth. "Some Possible Sources for the Introduction to Berceo's *Milagros de Nuestra Señora*" *Medium Ævum* 50 (1981): 274-83.

Dronke, Peter. "Excursus: Flos florum." *Medieval Latin and the Rise of European Love Lyric. I. Problems and Interpretations*. Oxford: Clarendon Press, 1965. 181-92.

——. *Fabula: Explorations into the Uses of Myth in Medieval Platonism*. Mittellateinische Studien und Texte, Band 9. Leiden: Brill, 1974.

——. *La individualidad poética en la Edad Media*. Con estudio preliminar de Francisco Rico. Madrid: Alhambra, 1981.

Du Manoir, Hubert, ed. *Maria et l'Église*. Vol. II. Bulletin de la Société d'Études Mariales. París: P. Lethielleux, 1951.

Duby, Georges. *The Three Orders: Feudal Society Imagined*. Trad. Arthur Goldhammer. Chicago: University of Chicago Press, 1980.

——. "Conclusions et orientations de recherche." *La condición de la mujer en la Edad Media: Actas del Coloquio celebrado en la Casa de Velázquez del 5 al 7 de noviembre de 1984*. Eds. Yves-René Fonquerne y Alfonso Esteban. Madrid: Casa de Velázquez y Universidad Complutense, 1986. 519-24.

Dumeige, Gervais. *Histoire des conciles oecuméniques*. Vol. 6. *Latran I, II, III et Latran IV*. Ed. R. Foreville. París, 1965.

Dutton, Brian, ed. Gonzalo de Berceo. *Obras completas*. Londres: Tamesis. I. *Vida de San Millán de la Cogolla*, 2a. ed. 1984; II. *Milagros de Nuestra Señora*, 2a ed., 1980; III. *Duelo de la Virgen, Himnos, Loores de Nuestra Señora* y *Signos del Juicio Final*, 1975; IV. *Vida de Santo Domingo de Silos*, 1978; V. *Sacrificio de la Misa, Poema de Santa Oria* y *Martirio de San Lorenzo*, 1981.

——. "Gonzalo de Berceo and the *Cantares de gesta*." *Bulletin of Hispanic Studies* 38 (1960): 197-205.

——. "Gonzalo de Berceo: Unos datos biográficos." *Actas del Primer Congreso Internacional de Hispanistas*. Eds. Frank Pierce y Cyril A. Jones. Oxford: Dolphin, 1964. 249-54.

——. "Berceo's *Milagros de Nuestra Señora* and the Virgin of Yuso."

Bulletin of Hispanic Studies 44 (1967): 81-87.

------. "The Profession of Gonzalo de Berceo and the Paris Manuscript of the *Libro de Alexandre.*" *Bulletin of Hispanic Studies* 37 (1960): 137-45. Esta versión fue reeditada y traducida como "La profesión de Gonzalo de Berceo y el manuscrito *P* del *Libro de Alexandre*" en *Berceo* 80 (1968): 285-95.

------. "El reflejo de las literaturas romances en las obras de Gonzalo de Berceo." *Studia Hispanica in honorem R. Lapesa.* Vol. II. Madrid: Gredos y Cátedra - Seminario Menéndez Pidal, 1974. 213-24.

------. "La fecha del nacimiento de Gonzalo de Berceo." *Berceo* 94-95 (1978): 265-67.

------. "The Popularization of Legal Formulae in Medieval Spanish Literature." *Medieval, Renaissance and Folklore Studies in Honor of John Esten Keller.* Ed. Joseph R. Jones. Newark, Delaware: Juan de la Cuesta, 1980. 13-28.

------. "Berceo y la Rioja medieval: unos apuntes botánicos." *Berceo* 98-99 (1980-81): 3-29.

Dworkin, Steven N. "The Genesis of OSp. *sencido.*" *Romance Philology* 33 (1979-80): 130-37.

Dyke, Carolyn van. *The Fiction of Truth: Structures of Meaning in Narrative and Dramatic Allegory.* Ithaca: Cornell University Press, 1985.

Eidelberg, Shlomo. "Trial by Ordeal in Medieval Jewish History: Laws, Customs, and Attitudes." *Proceedings of the American Academy for Jewish Research* 46-47 (1978-79): 105-20.

Egbert, Virginia Wylie. *The Medieval Artist at Work.* Princeton, New Jersey: Princeton University Press, 1967.

Elliott, Allison Goddard. *Roads to Paradise: Reading the Lives of the Early Saints.* Hanover: Brown University Press y University Press of New England, 1987.

Ellis, Roger, ed. *The Medieval Translator: The Theory and Practice of Translation in the Middle Ages.* I. Woodbridge, Suffolk: D. S. Brewer, 1989. II. Centre for Medieval Studies, Queen Mary and Westfield College, University of London, 1991.

Ellul, Jacques. *Propaganda: The Formation of Men's Attitudes.* Trad. Konrad Kellen y Jean Lerner. Nueva York: Vintage Books, 1973.

Faral, Edmond. *Les arts poétiques du XIIe et du XIIIe siècle: recherches et documents sur la technique littéraire du moyen âge.* Bibliothèque de l'École des Hautes Études, 238. París: Honoré Champion, 1924.

Fărcaşiu, Simina M. "The Exegesis and Iconography of Vision in Gonzalo de Berceo's *Vida de Santa Oria.*" *Speculum* 61 (1986): 305-29.

Faulhaber, Charles. *Latin Rhetorical Theory in Thirteenth and Fourteenth*

Century Castile. Berkeley: University of California Press (Publications in Modern Philology, 103), 1972.

Fernández de la Cuesta, Ismael. "La interpretación melódica de las *Cantigas de Santa Maria.*" *Studies on the 'Cantigas de Santa María': Art, Music, and Poetry.* Eds. Israel J. Katz, John E. Keller, Samuel G. Armistead y Joseph Snow. Madison: Hispanic Seminary of Medieval Studies, 1987. 155-88.

Férotin, Marius. *Recueil des chartes de l'Abbaye de Silos.* París: Imprimérie Nationale, 1897.

Ferraresi, Alicia C. de. "Sentido y unidad de *Razón de amor.*" *Filología* 14 (1970): 1-48.

Flahaut, F. *La parole intermédiaire.* París: Seuil, 1978.

Fletcher, Angus. *Allegory: The Theory of a Symbolic Mode.* Ithaca: Cornell University Press, 1964.

Fliche, Augustin, Christine Thouzellier e Yvonne Azais. *Histoire de l'église depuis les origines jusqu'à nos jours.* Eds. A. Fliche y V. Martin. (26 vols.) X. *La chrétienté romaine (1198-1274).* París: Bloud and Gay, 1950.

Foresti Serrano, Carlos. "Sobre la introducción en los *Milagros de Nuestra Señora.*" *Anales de la Universidad de Chile* 107 (1957): 361-67.

——. "Esquemas descriptivos y tradición en Gonzalo de Berceo (locus amoenus - locus eremus)." *Boletín de Filología* 15 (1963): 5-31.

Foster, David William. *Christian Allegory in Early Hispanic Poetry.* (Studies in Romance Languages, 4) Lexington: University Press of Kentucky, 1970.

Foucault, Michel. "Technologies of the Self." *Technologies of the Self: A Seminar with Michel Foucault.* Eds. Luther H. Martin, Huck Gutman y Patrick H. Hutton. Boston: University of Massachussetts Press, 1988. 16-49.

Foulkes, A. P. *Literature and Propaganda.* Londres: Methuen, 1983.

Foz, Clara. "Pratique de la traduction en Espagne au moyen âge; les travaux tolédans." *The Medieval Translator: The Theory and Practice of Translation in the Middle Ages.* Ed. Roger Ellis. II. Centre for Medieval Studies, Queen Mary and Westfield College, University of London, 1991.

Fraker, Charles F. *La Celestina: Genre and Rhetoric.* Londres: Tamesis, 1990.

Frenaud, Georges. "Marie et L' Église d'après les liturgies du VIIe au XIe siècles." *Maria et l' Église.* Vol. II. Ed. Hubert Du Manoir. Bulletin de la Société d'Études Mariales. París: P. Lethielleux, 1951. 39-58.

Frisch, Teresa G. *Gothic Art: 1140-1450.* Toronto: University of Toronto Press, 1987.

Froelich, Karlfried. "'Always to Keep the Literal Sense in Holy Scripture

Means to Kill One's Soul': The State of Biblical Hermeneutics at the Beginning of the Fifteenth Century." *Literary Uses of Typology*. Ed. Earl Miner. Princeton, New Jersey: Princeton University Press, 1977. 20-48.

Frye, Northrop. *Anatomy of Criticism: Four Essays*. Princeton, New Jersey: Princeton University Press, 1971.

———. *The Great Code: The Bible and Literature*. Nueva York: Harcourt, Brace, 1982.

Funkenstein, Amos. "Basic Types of Christian Anti-Jewish Polemics in the Later Middle Ages." *Viator* 2 (1971): 373-82.

Gadamer, Hans-Georg. *The Relevance of the Beautiful and Other Essays*. Cambridge: Oxford University Press, 1986.

Gaiffier, Baudouin de. "Un thème hagiographique: mer ou fleuve traversés sur un manteau." *Analecta Bollandiana* 99 (1981): 5-15.

Gallardo, Andrés. "Alfabetismo en la oralidad del escritor medieval y la cultura del idioma." *Acta Literaria* 10-11 (1985-86): 133-43.

Garcia, Michel. "La médiation du clerc dans le *mester de clerecía" Les médiations culturelles*. Cahiers de l'UFR d'Études Ibériques et Latino-Américaines, 7, París: La Sorbonne Nouvelle, 1989. 47-54.

García de Cortázar y Ruiz de Aguirre, José A. *El dominio del monasterio de San Millán de la Cogolla (siglos X a XII): Introducción a la historia rural de la Castilla altomedieval*. Acta Salmanticensia. Filosofía y Letras, 59. Salamanca: Universidad de Salamanca, 1969.

———. "Introducción al estudio de la sociedad altorriojana en los siglos X a XIV." *Berceo* 88 (1975): 3-29.

García de la Concha, Víctor. "Los *Loores de Nuestra Sennora*, un 'Compendium Historiae Salutis'." *Berceo* 94-95 (1978): 133-89.

García de la Fuente, Olegario. *El latín bíblico y el español medieval hasta el 1300. I: Gonzalo de Berceo*. Logroño (CCEGB, V): Instituto de Estudios Riojanos, 1981.

García Pelayo, M. *El reino de Dios, arquetipo político*. Madrid: Revista de Occidente, 1959.

García Turza, Claudio. *La tradición manuscrita de Berceo, con un estudio filológico particular del MS. 1533 de la Biblioteca Nacional de Madrid*. Logroño (CCEGB, IV): Instituto de Estudios Riojanos, 1979.

———. ed. Gonzalo de Berceo. *Los milagros de Nuestra Señora*. Logroño: Colegio Universitario de La Rioja, 1984.

Gardiner, F. S. *The Pilgrimage of Desire: A Study of Theme and Genre in Medieval Literature*. Leiden: Brill, 1971.

Gariano, Carmelo. *Análisis estilístico de los "Milagros de Nuestra Señora" de Berceo*. Madrid: Gredos, 1965.

———. *El enfoque estilístico y estructural de las obras medievales*. Madrid: Edic. Alcalá, 1968.

Garrido Bonaño, Manuel. *Curso de liturgia romana*. BAC, 202. Madrid: Editorial Católica, 1961.

Garrosa Resina, Antonio. *Magia y superstición en la literatura castellana medieval*. Valladolid: Universidad de Valladolid, 1987.

Geary, Patrick. "Humiliation of Saints." *Saints and Their Cults: Studies in Religious Sociology and History*. Ed. Stephen Wilson. Cambridge: Cambridge University Press, 1983.

Gellrich, Jesse M. *The Idea of the Book in the Middle Ages: Language Theory, Mythology, and Fiction*. Ithaca: Cornell University Press, 1985.

Genette, Gerard. *Figures III*. París: Seuil, 1972.

Gerhardt, Mia I. *The Art of Story-Telling: A Literary Study of the Thousand and One Nights*. Leiden: Brill, 1963.

Gerli, E. Michael. "La tipología bíblica y la introducción a los *Milagros de Nuestra Señora*." *Bulletin of Hispanic Studies* 62 (1985): 7-14.

——. ed. Gonzalo de Berceo. *Milagros de Nuestra Señora*. Letras Hispánicas, 224. Madrid: Cátedra, 1985.

——. "Poet and Pilgrim: Discourse, Language, Imagery and Audience in Berceo's *Milagros de Nuestra Señora*." *Hispanic Medieval Studies in Honor of Samuel G. Armistead*. Madison: Hispanic Seminar of Medieval Studies, 1992. 139-51.

Giamatti, A. Bartlett. *The Earthly Paradise and the Renaissance Epic*. Princeton, New Jersey: Princeton University Press, 1966.

Giménez Resano, Gaudioso. "Cómo vulgariza Berceo sus fuentes latinas." *Berceo* 94-95 (1978): 17-27.

——. *El mester poético de Gonzalo de Berceo*. Logroño (CCEGB, II): Instituto de Estudios Riojanos, 1976.

Gimeno Casalduero, Joaquín. "Sobre la oración narrativa medieval: estructura, origen y supervivencia." *Estructura y diseño en la literatura castellana medieval*. Madrid: Porrúa Turanzas, 1975. 11-29.

Ginsberg, Warren. *The Cast of Character: The Representation of Personality in Ancient and Medieval Literature*. Toronto: University of Toronto Press, 1983.

Girard, René. *Violence and the Sacred*. Trad. Patrick Gregory. Baltimore: The Johns Hopkins University Press, 1979.

——. *El chivo expiatorio*. Trad. Joaquín Jordá. Barcelona: Anagrama, 1986.

Goldberg, Harriet. "The Voice of the Author in the Works of Gonzalo de Berceo and in the *Libro de Alexandre* and the *Poema de Fernan Gonzalez*." *La Corónica* 8 (1979-1980): 100-12.

——. "The Proverb in *Cuaderna vía* Poetry: A Procedure for Identification." *Hispanic Studies in Honor of Alan D. Deyermond: A North American Tribute*. Ed. John S. Miletich. Madison: Hispanic Seminary of Medieval Studies, 1986. 119-33.

González, Julio. *El reino de Castilla en la época de Alfonso VIII*. III. *Documentos (1190-1217)*. Vol. I. Madrid: Consejo Superior de Investigaciones Científicas. Escuela de Estudios Medievales, 1960.

González Cuenca, Joaquín. *Las etimologías de San Isidoro romanceadas*. 2 vols. Acta Salmanticensia, Filosofía y Letras, 139. Salamanca: Universidad y CSIC; León, Diputación Provincial, 1983.

Goodich, Michael. *Vita perfecta: The Ideal of Sainthood in the 13th Century*. Stuttgart: A. Hiersemann, 1982.

Graef, Hilda. *Mary: A History of Doctrine and Devotion*. Vol. I. *From the Beginnings to the Eve of the Reformation*. Nueva York: Sheed and Ward, 1963.

Grayzel, Solomon. *The Church and the Jews in the XIIIth Century*. Ed. rev. Nueva York: Jewish Theological Seminary in America, 1989.

Guerrieri Crocetti, C. *Gonzalo de Berceo*. Brescia: "La scuola" Editrice, 1947.

Guillén, Jorge. "Lenguaje prosaico: Berceo." *Lenguaje y poesía*. Madrid: Revista de Occidente, 1962. 13-39.

Guzmán, Catherine. "Antifeminism in the *Cantigas de Santa Maria* and the *Diálogo de mujeres* of Cristóbal de Castillejo." *Studies on the 'Cantigas de Santa Maria': Art, Music, and Poetry*. Eds. Israel J. Katz, John E. Keller, Samuel G. Armistead y Joseph Snow. Madison: Hispanic Seminary of Medieval Studies, 1987. 279-86.

Hamblin, Charles. *Imperatives*. Oxford: Basil Blackwell, 1987.

Hartog, F. *Le Miroir d' Hérodote*. París: Gallimard, 1980.

Harvey, John. *Medieval Gardens*. Beaverton, Oregon: Timber Press, 1981.

Herrmann-Mascard, Nicole. *Les reliques des saints: formation coutumière d'un droit*. París: Kincksieck, 1975.

Herrán, Laurentino M. "El servicio de amor en la devoción a Nuestra Señora (de San Ildefonso a San Bernardo)." *Estudios Marianos* 2da época, 36 (1972): 165-94.

Historia de la espiritualidad. A. Espiritualidad católica. I. Espiritualidades bíblicas, de los primeros siglos cristianos y de la Edad Media. Barcelona: Juan Flores, 1969.

Hönig, Edwin. *Dark Conceit: The Making of Allegory*. Evanston, Illinois: Nortwestern University Press, 1959.

Hughes, Dom Anselm, ed. "Music in the Twelfth Century." *New Oxford History of Music*. II. *Early Medieval Music to 1300*. Oxford: Oxford University Press, 1954.

Hunt, Tony. "The Song of Songs and Courtly Literature." *Court and Poet: Selected Proceedings of the Third Congress of the International Courtly Literature Society*. Ed. Glyn S. Burgess. Liverpool: Francis Cairns, 1981. 189-95.

Hyams, Paul. "Trial by Ordeal: The Key to Proof in the Early Common Law." *On the Laws and Customs of England: Essays in Honor of Samuel E. Thorne.* Eds. Arnold Morris, Thomas Green, Sally A. Scully y Stephen White. Chapel Hill: The University of North Carolina Press, 1981. 90-126.

Iglesia Ferreirós, A. "El proceso del conde Bera y el problema de las ordalías." *Anuario de Historia del Derecho Español* 51 (1981): 1-221.

Jacob, Alfred. "The *Razón de amor* as Christian Symbolism." *Hispanic Review* 20 (1952): 282-301.

Jauss, Hans Robert. "La transformation de la forme allégorique entre 1180 et 1240: d'Alain de Lille á Guillaume de Lorris." *L'Humanisme médiévale dans les littératures romanes du XIIe au XIV siécle.* Ed. Anthime Fourier. París, 1964. 107-44.

——. "Littérature médiévale et théorie des genres." *Poétique* 1 (1970): 79-101.

——. "Littérature médiévale et expérience esthétique." *Poétique* 31 (1977): 322-36.

——. "The Alterity and Modernity of Medieval Literature." *New Literary History* 10 (1979): 181-229.

——. *Aesthetic Experience and Literary Hermeneutics.* Trad. Michael Shaw. Minneapolis: University of Minnesota Press, 1982.

Johnson, Barbara. *The Critical Difference: Essays in the Contemporary Rhetoric of Reading.* Baltimore: The Johns Hopkins University Press, 1980.

Journet, Charles. *L'Église du verbe incarné: Essai de théologie spéculative.* II. *La hierarchie apostolique.* París: Desclée de Brouwer, 1951.

Jung, Marc-René. "Études sur le poème allegorique en France au moyen âge." *Romanica Helvetica* 82 (1971): 1-334.

Keller, John Esten. "King Alfonso's Virgin of Villa-Sirga, Rival of St. James of Compostela." *Middle Ages, Reformation, Volkskunde: Festschrift for John G. Kunstman.* Chapel Hill: University of North Carolina Press, 1959. 75-82.

——. *Alfonso X el Sabio.* TWAS, 12. Nueva York: Twayne, 1967.

——. *Gonzalo de Berceo.* TWAS, 187. Nueva York: Twayne, 1972.

——. "The Enigma of Berceo's Milagro XXV." *Symposium* 29 (1975): 361-70.

——. "More on the Rivalry Between Santa María and Santiago de Compostela." *Crítica Hispánica* 1 (1979): 37-44.

——. y Richard P. Kinkade. *Iconography in Medieval Spanish Literature.* Lexington: University Press of Kentucky, 1984.

Kelly, Douglas. "Topical Invention in Medieval French Literature." *Medieval Eloquence: Studies in the Theory and Practice of Medieval*

Rhetoric. Ed. James J. Murphy. Berkeley: University of California Press, 1978. 231-51.

Kirby, Steven D. "Legal Doctrine and Procedure as Approaches to Medieval Hispanic Literature." *La Corónica* 8 (1979-1980): 164-71.

Kupper, Jean-Louis. "Pouvoir et légitimation (Haut Moyen Âge)." *La littérature historiographique des origines à 1500, Grundriss der Romanischen Literaturen des Mittelalters*. XI. I. (Partie historique). Eds. Hans Ulrich Gumbrecht, Ursula Link-Heer y Peter-Michel Spangenberg. Heidelberg: Carl Winter, 1970. 829-33.

Labarta de Chaves, Teresa, ed. Gonzalo de Berceo. *Vida de Santo Domingo de Silos*. Clásicos Castalia, 49. Madrid: Castalia, 1973.

Ladner, Gerhart. *The Idea of Reform*. Cambridge, Massachussetts: Harvard University Press, 1959.

——. "*Homo viator*: Medieval Ideas of Alienation and Order." *Speculum* 42 (1967): 233-59.

Lampe, G. W. y J. J. Woolcombe. *Essays on Typology*. Londres: SCM Press, 1957.

Lanchetas, Rufino. *Gramática y vocabulario de las obras de Gonzalo de Berceo*. Madrid: Sucesores de Rivadeneyra, 1900.

Lausberg, Heinrich. *Manual de retórica literaria*. 3 vols. Madrid: Gredos, 1966.

Lawrence, C. H. *Medieval Monasticism: Forms of Religious Life in Western Europe in the Middle Ages*. Nueva York: Longman, 1984.

Le Goff, Jacques. *La civilización del Occidente medieval*. Barcelona: Juventud, 1969.

——. *Lo maravilloso y lo cotidiano en el Occidente medieval*. Barcelona: Gedisa, 1985.

——. *La naissance du purgatoire*. París: Gallimard, 1981.

——. *Tiempo, trabajo y cultura en la Edad Media*. Trad. Mauro Armiño. Madrid: Taurus, 1983.

——. *The Medieval Imagination*. Chicago: University of Chicago Press, 1988.

Lea, Henry C. *Superstition and Force: Essays on the Wages of Law, the Wages of Battle, the Ordeal, Torture*. 2a. ed. rev. Nueva York: Greenwood Press, 1968.

Leclercq, Jean. *The Love of Learning and the Desire for God: A Study of Monastic Culture*. Nueva York: Fordham University Press, 1961.

——. *Études sur le vocabulaire monastique du moyen âge*. Studia Anselmiana, 48. Roma: Herder, 1961.

Lewis, C. S. *The Discarded Image: An Introduction to Medieval and Renaissance Literature*. Cambridge: Cambridge University Press, 1964.

Libera, Alain de. "De la lecture à la paraphrase: remarques sur la citation au moyen âge." *Languages* 73 (1984): 17-29.

Linehan, Peter. *La Iglesia española y el papado en el siglo XIII*. Salamanca: Universidad Pontificia, 1975.

Lomax, Derek. "The Lateran Reforms and Spanish Literature." *Iberorromania* 1 (1969): 299-313.

López Estrada, Francisco. "Mester de clerecía: las palabras y el concepto." *Journal of Hispanic Philology* 2 (1977-78): 165-74.

——. "Sobre la repercusión literaria de la palabra 'clerecía' en la literatura vernácula primitiva." *Actas del I Simposio de Literatura Española*. Acta Salmanticiense, Filosofía y Letras, 125. Salamanca: Ediciones Universidad de Salamanca, 1981. 251-62.

Lubac, Henri de. *Exégèse médiévale: les quatre sens de l'Écriture*. 4 vols: I 1-2, París 1959; II 1, París 1961; II 2, París 1964.

Lyons, John. *Semantics*. 2 vols. Cambridge: Cambridge University Press, 1977.

McDanell, Colleen y Bernhard Lang. *Heaven: A History*. New Haven, Conn.: Yale University Press, 1988.

Maldonado, L. *Génesis del catolicismo popular: el inconsciente colectivo de un proceso histórico*. Madrid: Ediciones Cristiandad, 1979.

Manselli, Raoul. *La réligion populaire au moyen âge: problèmes de méthode et d'histoire*. 1973. Montreal: Institut d'Études Mediévales, Albert-le-Grand, 1975.

Martínez Díez, Gonzalo. *Álava medieval*. I. Diputación Foral de Alava. Vitoria: Consejo de Cultura, 1974.

McClung, William A. *The Architecture of Paradise: Survivals of Eden and Jerusalem*. Berkeley: University of California Press, 1983.

McLaughlin, Eleanor Commo. "Equality of Souls, Inequality of Sexes: Woman in Medieval Theology." *Religion and Sexism: Images of Woman in the Jewish and Christian Traditions*. Ed. Rosemary Radford Ruether. Nueva York: Simon and Schuster, 1974. 213-66.

McNamara, Jo Ann. "Sexual Equality and the Cult of Virginity in Early Christian Thought." *Feminist Studies* 3 (1976): 145-58.

Mendeloff, Henry. "La disensión conventual en Berceo." *Thesaurus* 30 (1975): 249-58.

Menéndez Pidal, Ramón. "*Razón de amor con los denuestos del agua y el vino.*" *Revue Hispanique* 13 (1905): 602-19.

——. *Poesía juglaresca y juglares*. Madrid: Espasa-Calpe, 1957.

Miner, Earl, ed. *Literary Uses of Typology from the Late Middle Ages to the Present*. Princeton, New Jersey: Princeton University Press, 1977.

Minnis, Alistair J. *Medieval Theory of Authorship: Scholastic Literary Attitudes in the Later Middle Ages*. Londres: Scolar Press, 1984.

Montgomery, Thomas. "Fórmulas tradicionales y originalidad en los

Milagros de Nuestra Señora." Nueva Revista de Filología Hispánica 16 (1962): 424-30.

———. y Spurgeon W. Baldwin, eds. *El Nuevo Testamento, según el manuscrito escurialense I. I. 6, desde el Evangelio de San Marcos hasta el Apocalipsis.* Madrid: Anejos del Boletín de la Real Academia Española, 1970.

Montoya Martínez, Jesús. "El milagro de Teófilo en Coinci, Berceo y Alfonso X el Sabio: estudio comparativo." *Berceo* 87 (1974): 151-85.

———. *Las colecciones de milagros de la Virgen en la Edad Media (El milagro literario).* Colección Filológica 29. Granada: Universidad de Granada, 1981.

———. "El prólogo de Gonzalo de Berceo al libro de los *Milagros de Nuestra Señora,* composición numérica." Carmona y Flores, eds., *La lengua en época de Alfonso X.* Universidad de Murcia, 1984. 347-62.

———. "El alegorismo, premisa necesaria al vocabulario de los *Milagros de Nuestra Señora." Studi mediolatini e volgari,* 30 (1984): 167-90.

———. "El 'burgués de Bizancio' en Gonzalo de Berceo." *Anuario de Estudios Medievales* 15 (1985). (*Estudios dedicados a la memoria de Don Claudio Sanchez Albornoz*). 139-49.

———. "El servicio amoroso, criterio unificador de los *Milagros de Nuestra Señora." Estudios Románicos dedicados al Profesor Andrés Soria Ortega.* I. U. Granada, 1985. 459-69.

———. ed., Gonzalo de Berceo. *El libro de los Milagros de Nuestra Señora.* Granada: Universidad de Granada, Publicaciones del Departamento de Historia de la Lengua Española, 1986.

———. "Algunas precisiones acerca de las *Cantigas de Santa Maria." Studies on the 'Cantigas de Santa Maria': Art, Music and Poetry.* Eds. Israel J. Katz, John E. Keller, Samuel G. Armistead y Joseph Snow. Madison: Hispanic Seminary of Medieval Studies, 1987. 367-85.

Morreale, Margherita. "La lengua poética de Berceo: reparos y adiciones al libro de Carmelo Gariano." *Hispanic Review* 36 (1968): 142-51.

Murrin, Michel. *The Veil of Allegory.* Chicago: University of Chicago Press, 1969.

Nelson, Benjamin y Joshua Star. "The Legend of the Divine Surety and the Jewish Moneylender." *Annuaire de l'Institut de Philologie et d'Histoire Orientales et Slaves* 7 (1939-1944): 289-338.

Nelson, Dana A. "In Quest of the Select Lexical Base Common to Berceo and the *Alexandre." Kentucky Romance Quarterly* 22 (1975): 33-59.

———. "'Nunca devriés nacer': clave de la creatividad de Berceo." *Boletín de la Real Academia Española* 56 (1976): 23-82.

Nepaulsingh, Colbert I. *Towards a History of Medieval Composition in Medieval Spain.* Toronto: University of Toronto Press, 1986.

Neuman, Abraham A. *The Jews in Spain: Their Social, Political, and Cultural Life*. I. Philadelphia: The Jewish Publication Society of America, 1942.

Novati, Francesco. "Il notaio nella vita e nella letteratura italiana delle origini." *Freschi e minii del dugento*. Milán: Cogliati, 1925.

Ong, Walter. *The Presence of the Word: Some Prolegomena for Cultural and Religious History*. Minneapolis: University of Minnesota Press, 1981.

——. "Wit and Mystery: A Revaluation in Mediaeval Latin Hymnody." *Speculum* 22 (1947): 310-41.

Orduna, Germán. "La introducción a los *Milagros de Nuestra Señora*: el análisis estructural aplicado a la comprensión de la intencionalidad de un texto literario." *Actas del Segundo Congreso Internacional de Hispanistas*. Nimega: Instituto Español de la Universidad, 1967. 447-56.

[PL=] *Patrologiae cursus completus, series latina*. Ed. Jacques Paul Migne, 221 vols. París, Garnier 1844-1865.

Patrides, C. A. *The Grand Design of God: The Literary Form of the Christian View of History*. Londres: Routledge and Kegan Paul, 1972.

Paz Alonso, María. *El proceso penal en Castilla (siglos XIII-XVIII)*. Salamanca: Universidad de Salamanca, 1982.

Pearsall, Derek y Elizabeth Salter. *Landscapes and Seasons of the Medieval World*. Toronto: Toronto University Press, 1973.

Pérez Ramírez, Dimas. "Los últimos auxilios espirituales en la liturgia del siglo XIII a través de los Concilios." *Revista Española de Teología* 10 (1950): 391-432.

Perry, Nicholas y Loreto Echevarría. *Under the Heel of Mary*. Londres: Routledge, 1988.

Piehler, Paul. *The Visionary Landscape: A Study in Medieval Allegory*. Montreal: McGill-Queen's University Press, 1971.

Plaks, Andrew H. *Archetype and Allegory in the "Dream of the Red Chamber'*. Princeton, New Jersey: Princeton University Press, 1976.

Pouchelle, Christine. "Le corps féminin et ses paradoxes: l'imaginaire de l' intériorité dans les écrits médicaux et religieux (XIIe-XIVe siècles)." *La condición de la mujer en la Edad Media: Actas del Coloquio celebrado en la Casa de Velázquez del 5 al 7 de noviembre de 1984*. Eds. Yves-René Fonquerne y Alfonso Esteban. Madrid: Casa de Velázquez y Universidad Complutense, 1986. 315-32.

Prudencio. *Cathemerinon Liber (Livre d'Heures*. Ed. y trad. M. Lavarenne. París: Société d'éditions (Les Belles Lettres), 1913.

Queller, Donald E. *The Office of Ambassador in the Middle Ages*. Princeton, New Jersey: Princeton University Press, 1967.

Quintiliano. *Oeuvres complètes*. Texto y traducción de M. Nisard. París:

Dubochet, Le Chevalier et Cie, 1850.

Raby, F. J. E., ed. *Oxford Book of Medieval Latin Verse*. Ed. rev. Oxford: Clarendon Press, 1959.

Radding, Charles M. "Superstition to Science: Nature, Fortune and the Passing of the Medieval Ordeal." *American Historical Review* 84 (1979): 945-69.

Rénan, Ernest. *Études d'Histoire Religieuse*. 7a ed. rev. París: Michel Lévy Frères, 1864.

Represa Rodríguez, A. "Berceo y su mundo: notas para el aprovechamiento histórico de un poeta." *Homenaje a Emilio Alarcos García*. II. Valladolid: Universidad de Valladolid, 1965-67. 763-73.

Ricard, Robert. "Notes sur Berceo." *Les Langues Néo-Latines* 172 (1965): 1-13.

Rico, Francisco. "Las letras latinas del siglo XII en Galicia, León y Castilla." *Ábaco* 2 (1969): 9-91.

——. *Predicación y literatura en la España medieval*. Cádiz: Universidad Nacional de Educación a Distancia, Centro Asociado de Cádiz, 1977.

——. "La clerecía del mester." *Hispanic Review* 53 (1985): 1-23 y 127-150.

Rodríguez Puértolas, Julio. *Historia social de la literatura española en lengua castellana*, I. Madrid: Castalia, 1978.

Roisin, Simone. *L'hagiographie cistercienne dans le diocèse de Liège au XIIIe siècle*. Lovaina: Bibliothèque de l'Université, 1947.

Rollinson, Philip. *Classical Theories of Allegory and Christian Culture*. Pittsburgh: Duquesne University Press, 1981.

Rosenmeyer, Thomas. *The Green Cabinet: Theocritus and the European Pastoral Lyric*. Berkeley: University of California Press, 1969.

Rozas, Juan Manuel. "Composición literaria y visión del mundo: *El clérigo ignorante* de Berceo." *Studia Hispanica in Honorem R. Lapesa*. Madrid: Gredos y Cátedra - Seminario Menéndez Pidal, III, 1975. 431-52.

——. *Los Milagros de Berceo como libro y como género*. Cádiz: Universidad Nacional de Educación a Distancia. Centro Asociado de Cádiz, 1976.

Salvador Miguel, Nicasio. "'Mester de clerecía,' marbete caracterizador de un género literario." *Revista de Literatura* 42 (1979): 5-30.

Saugnieux, Joel. *Literatura y espiritualidad españolas*. Madrid: Editorial Prensa Española, 1974.

——. "La tradition mariale et les *Milagros* de Berceo." *Les Lettres Romanes* 31 (1977): 32-65.

——. *Berceo y las culturas del siglo XIII*. Logroño (CCEGB, VII): Instituto de Estudios Riojanos, 1982.

——. *Cultures populaires et cultures savantes en Espagne du Moyen Âge aux Lumières*. París: Éditions du Centre National de la Recherche Scientifique, 1982.

——. ed. Gonzalo de Berceo. *Milagros de Nuestra Señora*. Madrid: Everest, 1986.

Scarry, Elaine. *The Body in Pain*. Oxford: Oxford University Press, 1985.

Schine Gold, Penny. *The Lady and the Virgin: Image, Attitude, and Experience in Twelfth Century France*. Chicago: University of Chicago Press, 1985.

Serrano, Luciano, ed. *Fuentes para la historia de Castilla* por los Padres Benedictinos de Silos. Vol. I. Colección diplomática de San Salvador de El Moral. Valladolid, 1906.

——. ed. *Cartulario de San Millán de la Cogolla (759-1076)*. Madrid, 1930.

Serres, Michel. *Le Parasite*. París: Grasset, 1980.

Shahar, Shulamith. *The Fourth Estate: A History of Women in the Middle Ages*. Londres: Methuen, 1983.

Smalley, Beryl. *Historians in the Middle Ages*. Londres: Thames and Hudson, 1974.

Smith, Barbara Herrnstein. *On the Margins of Discourse: The Relation of Literature to Language*. Chicago: University of Chicago Press, 1978.

Snow, Joseph T. "Gonzalo de Berceo and the Miracle of Saint Ildefonso: Portrait of the Medieval Artist at Work." *Hispania* [EE.UU.] 65 (1982): 1-11.

Sobejano, Gonzalo. "El epíteto en Gonzalo de Berceo." *El epíteto en la lírica española*. Madrid: Gredos, 1956. 185-91.

Solalinde, Antonio G. "Intervención de Alfonso X en la redacción de sus obras." *Revista de Filología Española* 2 (1915): 283-88.

——. ed. Gonzalo de Berceo. *Los Milagros de Nuestra Señora*. Clásicos castellanos, 44. Madrid: La Lectura, 1922.

Southern, Richard W. *Western Society and the Church in the Middle Ages*. (Pelican History of the Church 2.) Harmondsworth: Penguin, 1970.

Spitzer, Leo. *Classical and Christian Ideas of World Harmony: Prolegomena to an Interpretation of the Word 'Stimmung'*. Ed. Anna Granville Hatcher. Baltimore: Johns Hopkins University Press, 1963.

——. "Notes étymologiques." *Revista de Filología Española* 13 (1926): 113-128.

Stock, Brian. *The Implications of Literacy: Written Language and Models of Interpretation in the Eleventh and Twelfth Centuries*. Princeton, New Jersey: Princeton University Press, 1983.

Strubel, Armand. "'Allegoria in factis' et 'allegoria in verbis'." *Poétique* 23 (1975): 342-57.

Sumption, Jonathan. *Pilgrimage: An Image of Medieval Religion*. Totowa, New Jersey: Rowman and Littlefield, 1975.

Thérel, Marie-Louise. *À l'origine du décor du portail occidental de Notre-Dame de Senlis: le Triomphe de la Vierge-Église*. París: Éditions du Centre National de la Recherche Scientifique, 1984.

Todorov, Tzvetan. *Introduction à la littérature fantastique*. París: Seuil, 1970.

———. "Introduction au vraisemblable." *Poétique de la prose*, París: Seuil, 1971. 92-99.

———. *Symbolism and Interpretation*. Trad. Catherine Porter. Ithaca: Cornell University Press, 1982.

Trachtenberg, Joshua. *The Devil and the Jews: The Medieval Conception of the Jew and Its Relation to Modern Antisemitism*. Philadelphia: Jewish Publication Society, 1943.

Tuve, Rosemund. *Allegorical Imagery: Some Medieval Books and Their Posterity*. Princeton, New Jersey: Princeton University Press, 1966.

Ubieto Arteta, Antonio, ed. *Cartulario de San Millán de la Cogolla (759-1076)*. Valencia, 1976.

Ullmann, Walter. *The Individual and Society in the Middle Ages*. Baltimore: Johns Hopkins University Press, 1966.

Uría Maqua, Isabel, ed. *El poema de Santa Oria*. Clásicos Castalia, 107. Madrid: Castalia, 1981.

———. "Gonzalo de Berceo y el mester de clerecía en la nueva perspectiva crítica." *Berceo* 110-111 (1986): 7-20.

Walsh, John K. "The Other World in Berceo's *Vida de Santa Oria*." *Hispanic Studies in Honor of Alan D. Deyermond: A North American tribute*. Ed. John S. Miletich. Madison: Hispanic Seminary of Medieval Studies, 1986. 291-307.

Ward, Benedicta. *Miracles and the Medieval Mind. Theory, Record and Event. 1000-1215*. 2a. ed. Philadelphia: University of Pennsylvania Press, 1987.

Warner, Marina. *Alone of All Her Sex: The Myth and Cult of the Virgin Mary*. Nueva York: Alfred Knopf, 1976.

Wilhelm, J. J. *The Cruelest Month: Spring, Nature and Love in Classical and Medieval Lyrics*. New Haven: Yale University Press, 1965.

Wilkins, Heanon. "La función de los diálogos en los *Milagros de Berceo*." *Actas del Sexto Congreso Internacional de Hispanistas*. Eds. Alan M. Gordon y Evelyn Rugg. Toronto: University of Toronto, 1980. 798-801.

Willis, Raymond S. "*Mester de clerecía*: a definition of the *Libro de Alexandre*." *Romance Philology* 10 (1956-57): 212-24.

Wilson, Stephen, ed. *Saints and their Cults: Studies in Religious Sociology, Folklore and History*. Oxford: Oxford University Press, 1983.

Wright, Roger. "Indistinctive Features (Facial and Semantic)." *Romance Philology* 38 (1984-85): 275-92.

Ynduráin, Domingo. "Algunas notas sobre Gonzalo de Berceo y su obra." *Berceo* 90 (1976): 3-67.

Zumthor, Paul. *La letra y la voz*. Madrid: Cátedra, 1989.
——. "Jonglerie et language." *Poétique* 11 (1972): 321-36.

Blank Page

Indice analítico

Abelardo 101
acentos 199-200, 235
Ackerman, J. 190, 193, 235n
actos de habla 104
Ad Herennium 16n, 24
adjetivación 51, 203
Aers, D. 223
afirmar 48-55, 88; *v.* negar, Iglesia Triunfante e Iglesia Militante, litotes
Agustín, San 10, 11, 56, 76, 194, 197, 199, 208, 209, 234
aislamiento 61-70
Alberto el Grande 208
Alciato, A. 198
alegoría 4, 25, 76, 82, 189-93, 197, 204, 205-07, 223, 227, 234
Alfonso X, el Sabio 4, 21, 83, 162, 163, 169, 170
  Cantigas 41, 47n, 111. *C. 2:* 177 -78; *C. 4:* 131n, 162; *C. 6:* 162, 170; *C. 7:* 164, 166, 171-74; *C. 12:* 156n; *C. 17:* 171; *C. 19:* 17n; *C. 21:* 162; *C. 25:* 151n; *C. 26:* 59; *C. 43:* 162; *C. 53:* 162, 170; *C. 55:* 164, 171; *C. 82:* 69; *C. 345:* 81
  Partidas 11-12, 74n, 112, 139
  Primera Crónica General 21, 93, 118
  Setenario 11, 17-18, 48, 53, 71-72, 98, 132-33, 211
Allen, J. B. 38
Alonso, D. 213

Alter, R. 78, 81
alteridad 7, 9n, 38
Altman, Ch. 42
alto/bajo 87-88
Alvar, M. 75
Amador de los Ríos, J. 145n, 207
Ambrosio, San 76, 182, 199, 208, 229n
amor 86, 89; cortés 69, 161, 180, 182; mariano 69, 91-96, 105, 106, 161
amplificatio 24
Analecta 32, 202
Andrachuk, G. 156, 158n
Antiguo y Nuevo Testamentos 194, 196, 225
antisemitismo 109-14, 135
Antwerp, M. van 31
apatía 61, 70, 76; *v. simplicitas*
apelación 4, 225, 226
Arendt, H. 218
argumenta 24, 28
Aristóteles 13, 23-24, 28, 29, 189
arte 36, 41, 42
Artiles, J. 19, 47n, 52n, 60, 212
Attwater, D. 208n
Auerbach, E. 30, 87, 95, 201, 206n
Austin, J. 104n
autoagresión 87
autoridad 7, 37, 78, 85, 125, 185, 198, 207, 210, 211, 212, 214, 215, 222, 223, 227
Babel 215, 237